Avril Rowlands

Das Stinktier kann doch nichts dafür

Die schönsten
Schmunzelgeschichten
aus der Arche

BRUNNEN
Verlag Giessen · Basel

Sammelband der 3 Bücher:

Das Stinktier kann doch nichts dafür
Die englische Originalausgabe erschien unter dem Titel
„Tales from the Ark", bei Lion Publishing, Oxford
© 1993 Avril Rowlands

Wozu braucht ein Eisbär Honig?
Die englische Originalausgabe erschien unter dem Titel
„More Tales from the Ark" bei Lion Publishing, Oxford
© 1995 Avril Rowlands

Wie kommt der Floh zum Regenbogen?
Die englische Originalausgabe erschien unter dem Titel
„The Rainbow's End & Other Tales from the Ark"
bei Lion Publishing, Oxford
© 1999 Avril Rowlands

Illustrationen Band 1-3: Rosslyn Morran
Übersetzung aus dem Englischen:
Band 1 und 2: Barbara Trebing, Band 3: Ulrike Zellmer

1. Gesamtauflage 2013

© der deutschen Ausgabe:
Brunnen Verlag Gießen
Umschlagmotiv: Thomas Vogler
Umschlaggestaltung: Sabine Schweda
Satz: DTP Brunnen
Druck: CPI – Ebner & Spiegel, Ulm
ISBN 978-3-7655-4181-0

Inhalt

Das Stinktier kann doch nichts dafür

Wozu braucht ein Eisbär Honig?

Wie kommt der Floh zum Regenbogen?

Das Stinktier
kann doch nichts dafür

und andere Geschichten
aus der Arche

Herr Noah bekommt
einen Auftrag

Herr Noah war schon ziemlich alt, als Gott eines Tages ein ernstes Gespräch mit ihm führte.

„Es tut mir leid, dass ich es so sagen muss, Herr Noah. Aber unter all den Menschen dieser Erde, die ich geschaffen habe, bist du der Einzige, der nach mir fragt. Ich habe lange Geduld gehabt, aber die Menschen sind böse, und es wird immer schlimmer mit ihnen. Ich werde noch einmal ganz von vorn anfangen."

Herr Noah war sehr erschrocken, als er das hörte, aber er musste zugeben, dass Gott recht hatte.

„Was willst du tun?", fragte er.

Gott seufzte. „Ich werde wohl alles, was lebt, vernichten müssen", sagte er traurig. Aber dich will ich retten, Herr Noah, und deine Frau auch. Und auch deine drei Söhne, Sem, Ham und Jafet, und ihre Frauen. Und von allen Tieren, die es auf der Erde gibt, werde ich je zwei, ein Männchen und ein Weibchen, verschonen, denn sie sind alle sehr wichtig. Ich verlasse mich auf dich, Herr Noah. Du wirst dich um die Tiere kümmern und sie versorgen. Ich habe mir das folgendermaßen vorgestellt …"

Und dann erklärte Gott Herrn Noah, dass er aus

Holz ein großes Schiff, eine Arche, bauen sollte. Darin würden Herr Noah, seine Familie und die Tiere in Sicherheit sein, wenn Gott die große Flut schickte.

Herr Noah war handwerklich nicht besonders geschickt, aber seine Söhne und die Schwiegertöchter halfen ihm, und so wurde die Arche rechtzeitig fertig. Sie schafften jede Menge Futter und Nahrungsmittel herbei, und dann kam der große Tag, an dem Herr Noah, mit einer tiefen Sorgenfalte auf der Stirn und einer langen, langen Liste in der Hand, am Eingang der Arche stand und alle Tiere abhakte, die das Schiff bestiegen.

Da waren wilde und zahme Tiere, Reptilien und Insekten, Raubtiere und Vögel. Da waren große und kleine Tiere, hässliche und hübsche, angriffslustige und gutmütige. Je ein Männchen und ein Weibchen von jeder Sorte bestiegen die Arche.

Fische und andere Meerestiere waren allerdings keine dabei, denn die brauchten ja nicht vor einer Flut gerettet zu werden.

Als sie alle im Bauch des großen Schiffes verschwunden waren, schloss Gott hinter ihnen die Tür.

„Ist die Arche auch wasserdicht?", fragte Herr Noah besorgt.

„Natürlich", antwortete Gott. „Und jetzt hör endlich auf, dir Sorgen zu machen, Herr Noah. Sieh lieber zu, dass alle ihren Platz finden, denn in sieben Tagen werde ich den Regen schicken."

Also ging Herr Noah in die große Halle, die sich in der Mitte der Arche befand. Und wenn er sich vorher schon Sorgen gemacht hatte, dann packte ihn jetzt das blanke Entsetzen.

Denn da waren Löwen und Tiger, Lamas und Giraffen, Leoparden und Eidechsen, Schafe und Kühe, Pferde und Ziegen, Esel, Elefanten, Kamele, Affen, Schlangen, Vögel … alles, was du dir vorstellen kannst, und dazu noch all die anderen Tiere, die du dir nicht vorstellen kannst. Nicht nur eins, sondern zwei von jeder Sorte liefen in der großen Halle herum, diskutierten und stritten, quakten, kreischten und machten den fürchterlichsten Lärm, den man je gehört hat.

Frau Noah und ihre drei Schwiegertöchter hat-

ten sich ängstlich in einer freien Kabine eingeschlossen; ihre drei Söhne hockten in einer Ecke
und wurden von zwei böse blickenden Ameisen-
fressern bewacht.

Herr Noah schloss für einen Moment die Augen.

„Wieso ich, Gott?", fragte er. „Wo ich doch mit
Tieren überhaupt nichts anfangen kann …"

Aber Gott war gerade damit beschäftigt, den
mächtigen Sturm vorzubereiten, den er über die
Welt schicken wollte, und antwortete nicht. Außerdem hatte er volles Vertrauen zu Herrn Noah.

Herr Noah machte die Augen wieder auf.

„Ruhe!", schrie er, und seine Stimme klang viel
tapferer, als ihm eigentlich zumute war.

Zu seiner großen Überraschung wurden die Tiere tatsächlich still.

„Also dann", sagte Herr Noah. „Wir werden
hier mindestens vierzig Tage und vierzig Nächte
zusammen verbringen – denn so lange soll es regnen, hat Gott gesagt. Darum müssen wir versuchen, miteinander auszukommen. Jeder muss bereit sein, zu geben und zu nehmen."

„Alles klar", murmelte einer der Ameisenfresser.
„Gib mir ein paar Ameisen, dann hab ich mit dem
Nehmen keine Probleme."

Herr Noah beachtete ihn nicht weiter und fuhr fort:
„Ich schlage darum die folgenden Regeln vor …"

Der größere der beiden Löwen schüttelte seine prächtige Mähne und trat nach vorn.

„Entschuldige", sagte er mit verdrießlicher Miene. „Entschuldige, Herr Noah, aber ich bin der König der Tiere, und wenn irgendwelche Regeln aufzustellen sind, dann ist das meine Sache."

Einer der Tiger stand auf und streckte sich genüsslich. Seine großen Krallen kratzten über den Boden.

„Verzeihung", sagte er mit freundlicher Stimme. „Verzeihung, aber wir Tiger waren immer der Meinung, wir seien die wichtigsten Tiere. Und wenn hier irgendwelche Entscheidungen getroffen werden sollen, dann werden wir uns darum kümmern!"

„Ich fordere dich zum Zweikampf!", fauchte der Löwe.

„Wie Sie wünschen", erwiderte der Tiger honigsüß.

Beide Tiere fletschten die Zähne, und eine Minute später wären sie sich an die Gurgel gesprungen, wenn Herr Noah sich nicht eingeschaltet hätte.

„Benehmt euch!", schrie er.

Zu seinem größten Erstaunen schlichen der Löwe und der Tiger in verschiedene Ecken der Halle.

Durch den Erfolg ermutigt, redete Herr Noah weiter. „Ihr solltet euch schämen", sagte er ernst. „Gerade ihr beide solltet den anderen Tieren ein gutes Beispiel geben!"

Noch ehe der Löwe oder der Tiger etwas erwidern konnten, fuhr er eilig fort: „Regel Nummer eins: Kein Streit! Schreib das auf, Sem. Aus Gründen, die nur er selbst kennt, wollte Gott, dass je ein Pärchen von euch allen gesund und munter und unbeschadet das Ende dieser Reise erlebt. Und mir hat Gott den Auftrag gegeben, für euch zu sorgen. Ich hab den Job nicht gewollt, ich hab mich nicht danach gedrängt, und ich muss gestehen, dass ich so langsam denke, es wäre vielleicht auch besser gewesen, zusammen mit den anderen zu ertrinken, als hier mit euch allen eingesperrt zu sein. Falls ihr also irgendwelche Beschwerden habt – ich will nichts davon hören!"

Darauf erhob sich ein allgemeines Gemurmel und Gebrumm, ein Piepsen und Quaken, nur der Tiger meldete sich zu Wort. „Ich meine", sagte er gewichtig, „wir sollten eine Kommission bilden und ein paar von uns intelligenteren Tieren hineinberufen. Herr Noah kann den Vorsitz übernehmen, wenn er möchte."

„Was hat er gesagt?", fragte eine der Schlangen, die etwas schwerhörig war.

„Eine Kommission", wiederholte der Tiger etwas lauter, aus den gescheitesten Tieren."

„Wichtigtuer", gackerte eine Gans der anderen zu. „Diese großen Katzen sind alle gleich."

„Wer soll denn bestimmen, wer in die Kommission

gehört?", quiekte eine der Haselmäuse. „Du bist vielleicht größer als ich, aber ob du auch klüger bist?"

„Wir sollten alle zu der Kommission gehören", sagte die Giraffe und wackelte mit ihrem langen Hals. „Schließlich sind wir alle gleich, oder nicht? Hat Gott nicht gesagt, dass wir alle gleich sind?"

„Wichtig, hat Gott gesagt", erwiderte Herr Noah. „Das ist ein Unterschied."

Die Giraffe sah aus, als sei sie nicht einverstanden, deshalb redete Herr Noah schnell weiter. „Nein", sagte er. „Keine Kommissionen, keine Diskussionen. Wir sind hier, weil Gott wollte, dass wir gerettet werden."

Das Gemurmel und Gebrumm wurde wieder lauter.

„Wollt ihr denn nicht gerettet werden?", fragte Herr Noah verzweifelt.

Der Lärm wurde immer schlimmer. Schließlich flohen Herr Noah und seine Söhne in ihre friedlichen Kabinen und legten sich schlafen.

Aber Herr Noah konnte nicht schlafen. Er lag im Bett und hörte auf den Wind, der draußen tobte, und auf das Schnauben und Grunzen der Tiere drinnen. Dann redete er mit Gott.

„Hör mal, Herr", sagte er. „Es ist noch nicht zu spät. Für diesen Job brauchst du einen Raubtierbändiger oder einen Großwildjäger oder zumindest einen Tierpfleger. Ich bin dir natürlich sehr dankbar, dass du mich und meine Familie retten willst. Aber ich bin wirklich nicht der richtige Mann für diese Aufgabe, ehrlich!"

Gott hörte Herrn Noah, aber er antwortete nicht.

„Und dann muss ich dir noch etwas sagen, Gott", fuhr Herr Noah fort. „Darüber habe ich noch mit niemandem gesprochen, nicht einmal mit meiner Frau … Ich habe nämlich Angst vor Spinnen, und wir haben zwei Stück an Bord."

Da lachte Gott. Zum ersten Mal, seit er erkannt hatte, dass er die Welt vernichten musste.

„Ich habe den richtigen Mann ausgesucht, Noah", sagte er. „Schlaf erst mal, und überlass die Sorge um die Tiere ruhig mir. Ach … und wegen der Spinnen … das habe ich schon gewusst."

Seltsam, Herr Noah fühlte sich nach dieser Antwort richtig getröstet. Bald darauf war er eingeschlafen.

Wer ist hier der Chef?

Es war die erste Nacht, die Herr Noah und seine Familie mit den Tieren in der Arche verbrachten. Doch obwohl sie alle in Sicherheit waren, konnte keiner von ihnen richtig schlafen.

Herr Noah drehte und wälzte sich im Bett herum. Er träumte davon, dass er in der Flut ertrank … oder dass er von einem Tier gefressen wurde. Manche der Tiere schliefen sehr geräuschvoll, und davon wurde er immer wieder wach. Er hörte sie zischen und seufzen, poltern und murmeln, kreischen und quieken, trompeten und bellen. So ging das die ganze Nacht.

Auch der Löwe schlief nicht besonders gut. Ärgerlich lief er in seinem Verschlag auf und ab und schlug dabei mit seinem großen Schwanz auf den Boden.

„Ich protestiere", sagte er zu seiner Frau. „Ich protestiere ernsthaft."

„Mmm …?", erwiderte seine Frau verschlafen.

„Ich sollte für dieses Unternehmen die Verantwortung tragen. Gott hätte mich beauftragen sollen. Ich habe einen viel größeren Einfluss auf die Tiere als Herr Noah. Bin ich nicht das stärkste aller Tiere?"

„Ja, ja, mein Lieber", erwiderte seine Frau schläfrig. „Aber wir sind hier nicht im Dschungel."

Der Löwe blieb stehen. „Natürlich sind wir im Dschungel", entgegnete er. „Der Dschungel ist überall, und nur der Stärkste und Zäheste kann überleben." Er begann wieder auf und ab zu laufen, und sein großer Schwanz wedelte von einer Seite auf die andere. „Nur der Stärkste und Zäheste hat ein Recht darauf, zu überleben", fügte er hinzu.

„Nun sei endlich still und leg dich schlafen", sagte seine Frau. „Und hör auf, ständig hin- und herzulaufen. Mir wird schon ganz schwindlig."

Am nächsten Morgen wollte Herr Noah gerade aufstehen, als jemand an seine Kabinentür klopfte.

„Ja, bitte?", rief er knapp. Er hatte ziemlich miese Laune, weil er so schlecht geschlafen hatte. „Wer ist da?"

Der Löwe streckte seinen Kopf zur Tür herein. „Ich dachte, ich sollte dich davon in Kenntnis setzen", begann er mit majestätischer Stimme, „weil du ja hier angeblich die Verantwortung hast – dass ein paar von den Tieren versuchen, einander aufzufressen. Ob du sie davon abhalten kannst, ist eine andere Sache. Ich könnte es natürlich, aber ich bin ja nicht zuständig …"

Plötzlich fiel ihm auf, dass er zu einem leeren Zimmer sprach, denn Herr Noah war schnurstracks aus dem Bett gesprungen und aus der Kabine gerannt. Der Löwe rümpfte verächtlich die Nase.

„Also wirklich", knurrte er. „Manche Leute haben keine Manieren, überhaupt keine Manieren." Er verzog noch einmal die Nase. „Aber was soll's. Ich bin ja nur der Überbringer der Nachricht, ein völlig unbedeutendes Wesen."

Sein Blick fiel auf den Schlüssel, der im Schloss von Herrn Noahs Kabinentür steckte, und ein listiges Lächeln huschte über sein Gesicht.

„Völlig unbedeutend", sagte er mit veränderter Stimme und trottete hinter Herrn Noah her.

Herr Noah hatte inzwischen die große Halle erreicht, und er war schockiert über das, was er dort sah.

„Stopp!", schrie er. „Hört sofort auf, habt ihr gehört?"

„Warum?", fragte einer der Leoparden.

„Wir gehen immer auf die Jagd, wenn wir Hunger haben", ergänzte der andere.

„Aber das ist nicht nötig", sagte Herr Noah. „Für euer Essen ist gesorgt."

„Wie sollen wir uns denn sonst die Zeit vertreiben?", fragte einer der Füchse.

„Woher soll ich das wissen?", antwortete Herr Noah gereizt. Er war müde und zornig und kam sich außerdem ziemlich albern vor, weil er gerade gemerkt hatte, dass er immer noch im Nachthemd war.

„Sei doch kein Spielverderber", sagte der andere Fuchs und versuchte, eine kleine Haselmaus aus ihrem Versteck hervorzulocken. Wir machen doch nur Spaß, und sie lassen sich gern jagen."

„Nein, tun wir überhaupt nicht", wisperte die Haselmaus, die vor Angst am ganzen Körper zitterte.

Herr Noah stampfte mit dem Fuß auf.

„Dies", sagte er laut, „geht entschieden zu weit! Ich werde eine neue Regel aufstellen: ,Es ist den Tieren strengstens verboten, einander zu fressen, solange wir unterwegs sind.' Sem soll sie aufschreiben und aufhängen, damit jeder sie sehen kann."

„Wer von uns kann schon lesen?", fragte der Affe gelangweilt.

Herr Noah überhörte das. „Es ist mir egal, was ihr tut, wenn wir wieder auf dem trockenen Land sind. Aber solange wir in der Arche sind, wird getan, was ich sage", erklärte er streng. „Und nun benehmt euch. Ich muss mich jetzt erst einmal anziehen."

Als er gegangen war, entstand unter den Tieren ein allgemeines Gemurmel.

„Was bildet er sich denn ein, wer er ist?", fragte der Fuchs.

„Wahrscheinlich Gott", erwiderte der Löwe. Er bahnte sich einen Weg durch das Gewimmel, bis er in der Mitte der großen Halle stand. Ganz weit oben im Dach der Arche war ein Fenster, und durch dieses Fenster fiel ein Sonnenstrahl auf seine dicke goldene Mähne. Er sah sehr majestätisch aus.

Mit tiefer Stimme rief er: „Tiere, Freunde, Mitreisende …!"

„Du bist nicht mein Freund", sagte die Haselmaus leise.

„Mir scheint", fuhr der Löwe fort, „wir stecken für unbestimmte Zeit in dieser Arche hier fest. Einer von uns muss die Führung übernehmen, und das sollte der Stärkste sein. Das ist das Gesetz des Dschungels, wie ihr alle wisst."

Manche Tiere klopften zustimmend mit ihren Schwänzen auf den Boden.

„Dieser Herr Noah", fuhr der Löwe fort, „mag ja ein ganz guter Mensch sein im Vergleich zu anderen Menschen, aber der Stärkste ist er nicht. Wieso also sollte er hier den Chef spielen?"

„Vielleicht, weil er klug ist", meinte eine der Giraffen. Sie hatte die Stirn in Falten gelegt, weil sie so angestrengt nachdenken musste. „Wenn du Chef sein willst, musst du klug sein."

„Sehr richtig", stimmte der Löwe ihr zu. „Und vielleicht ist Herr Noah ja auch klug. Aber es ist nicht besonders klug von ihm, uns nach Lust und Laune herumzukommandieren, Gesetze aufzustellen und Regeln festzulegen, oder was meint ihr?"

Mehr Tiere klopften mit dem Schwanz auf, und es erhob sich ein zustimmendes Gemurmel. Der Löwe strahlte anerkennend.

„Aber", warf eine der Haselmäuse schüchtern ein, „Gott hat Herrn Noah doch den Auftrag gegeben."

Der Löwe warf ihr einen gelangweilten Blick zu.

„Falls Gott das wirklich getan hat", entgegnete er hoheitsvoll, „dann hat Gott eben mal einen Fehler gemacht."

Der Tiger spitzte die Ohren. „Worauf willst du hinaus?", fragte er misstrauisch.

„Das wirst du schon sehen", erwiderte der Löwe. Er drehte sich um und ging davon.

Während sich dies alles in der großen Halle ab-
spielte, zog Herr Noah sich eilig an. Dabei redete
er mit Gott.

„Ich stelle mich nicht besonders geschickt an,
nicht wahr?", fragte er demütig.

Gott lächelte, sagte aber nichts.

„Ich dachte", redete Herr Noah weiter und
schnallte den Gürtel um seine Taille, „wenn ich
fest und bestimmt auftrete und keine Angst zeige – wenn ich ein bisschen brülle und die Regeln
festlege –, dann würden sie sich anständig aufführen. Aber ich habe das Gefühl, sie beachten
mich gar nicht."

Herr Noah zog die Schuhe an. „Du hast mir die
Verantwortung übertragen, Herr. Kannst du nicht
dafür sorgen, dass sie tun, was ich sage? Es ist doch
zu ihrem eigenen Nutzen."

Gott seufzte. „Tut mir leid, Noah. Aber ich re-
giere nicht mit Gewalt."

Darüber musste Noah erst einmal nachdenken.
Doch plötzlich hörte er ein Geräusch an seiner
Kabinentür. Er drückte die Klinke herunter, aber
die Tür ließ sich nicht öffnen. Er rüttelte etwas
heftiger, aber die Tür blieb verschlossen. Sie war
von außen abgeschlossen worden.

Herr Noah setzte sich aufs Bett. „Was soll ich
tun, Gott?", seufzte er.

„Warten", erwiderte Gott. „Und nachdenken."

Äußerst zufrieden mit sich selbst schritt der Löwe in die Halle zurück. Herr Noah war erst einmal versorgt!

Er trat vor die versammelten Tiere. „Es ist alles geregelt", verkündete er. „Ich bin jetzt der Chef auf der Arche."

Der Tiger sah hoch. „Wer sagt denn das?"

„Ich", entgegnete der Löwe, „in meiner Eigenschaft als Herr aller Tiere, als stärkstes ...", er machte eine Pause und lächelte bescheiden, „und klügstes ..."

„Und eingebildetstes", warf der Affe säuerlich ein.

„Wo ist Herr Noah?", wollte der Tiger wissen.

„In Sicherheit", erwiderte der Löwe. „Kein Grund zur Beunruhigung. Ich habe mich um ihn gekümmert."

Er lächelte erneut, und der Haselmaus lief ein Schauer über den Rücken. „Du hast ihn doch nicht ... womöglich ... etwa ... gefressen?", fragte sie schwach.

„Natürlich nicht", sagte der Löwe. „Noch nicht."

Die Tiere schwiegen.

„Also", fuhr der Löwe hastig fort. „Als euer neuer Herrscher ..."

Der Tiger knurrte gefährlich. „Herrscher?", fauchte er. „Du? Das werden wir gleich sehen."

Er stürzte sich auf den Löwen, und alle stoben auseinander, als der Kampf begann. Die beiden tobten wild und heftig durch die ganze Halle, es ging hin und her, sie stießen an die Wände und trampelten über einige der kleineren Tiere hinweg, die sich nicht rechtzeitig in Sicherheit bringen konnten. Die Arche ächzte und schaukelte.

Herr Noah, eingesperrt in seiner Kabine, stützte den Kopf in die Hände. Frau Noah, Sem, Ham und Jafet und ihre Frauen waren zwar nicht eingesperrt, aber sie hatten viel zu große Angst, aus ihren Kabinen herauszukommen.

Auch die Tiere bekamen es mit der Angst zu tun. Eins nach dem anderen schlüpften sie aus der großen Halle und machten sich auf den Weg zu Herrn Noahs Kabine. Bald drängten sich viele von ihnen im Gang vor seiner Tür.

„Ich will nicht von dem Löwen regiert werden", sagte die Haselmaus.

„Oder vom Tiger", blökte die Ziege.

„Sollen wir nicht Herrn Noah fragen, ob er die Verantwortung wieder übernehmen will?", schlug die Haselmaus vor.

Die Ziege beugte sich zum Schlüsselloch.

„Herr Noah, wir haben über alles nachgedacht. Wir möchten, dass du der Chef bist. Kannst du nicht bitte gleich kommen und den Löwen und den Tiger auseinanderbringen?"

Herr Noah sprang vom Bett und ging zur Tür. „Hm, ja, doch", sagte er. „Natürlich gern. Aber leider bin ich eingesperrt."

Eine Minute später hörte er, wie der Schlüssel im Schloss gedreht wurde. Die Tür ging auf, und er war frei.

Herr Noah führte die Prozession zurück in die Halle. Je näher sie kamen, desto stiller wurden die Tiere und lauschten ängstlich auf den Kampflärm. Aber alles blieb still. Zu still.

„Vielleicht haben sie sich gegenseitig umgebracht", meinte die Ziege hoffnungsvoll.

„Das will ich nicht hoffen", antwortete Herr Noah und beschleunigte seine Schritte. Er rannte in die Halle und blieb dann plötzlich stehen, weil er seinen Augen nicht traute.

Da lagen sie, der Löwe und der Tiger. Müde vom Kampf waren sie eingeschlafen und schnarchten leise.

Die Ziege begann als Erste zu kichern, dann fing die Haselmaus zu quieken an, und bald lachten alle. Von ihrem Gelächter wurden der Löwe und der Tiger wach.

„Wa … was ist los?", fragte der Löwe. Er sprang hoch und fauchte den Tiger an.

„Ich glaube", erwiderte der Tiger würdevoll, „der Kampf endete unentschieden."

In dem Moment entdeckte der Löwe Herrn Noah. „Was machst du denn hier?", fragte er. „Du solltest doch eingesperrt in deiner Kabine sitzen."

Der Affe bahnte sich einen Weg nach vorn und ließ den Schlüssel von einem seiner langen Finger baumeln. „Du bist vielleicht stark", meinte er, „aber allzu gescheit bist du nicht. Du hast den Schlüssel auf dem Boden liegen lassen."

Die Tiere fingen wieder an zu lachen.

„Die Tiere haben mich gebeten, wieder die Verantwortung zu übernehmen", erklärte Herr Noah sanft.

„Ach so", sagte der Löwe, und man konnte ihm anmerken, dass ihm nicht recht wohl war in seiner Haut. „Ich verstehe."

Herr Noah hatte richtig Mitleid mit ihm. „Seht, ich muss mich bei euch entschuldigen", sagte er. „Ich dachte, ich könnte euch regieren, indem ich schreie und Gesetze aufstelle. Aber Gott regiert so nicht, und ich hätte es auch nicht versuchen sollen."

Er sah den Löwen an. „Ich bin nicht so stark wie du oder der Tiger, und ich bin auch nicht beson-

ders klug, aber ich bin froh, dass du mich eingeschlossen hast, weil ich dadurch gezwungen war,
mit Gott zu reden und nachzudenken. Ich glaube,
wenn wir auf dieser Reise überleben wollen, dann
müssen wir alle zusammenarbeiten. Wollen wir
noch einmal von vorn anfangen?"

Herr Noah streckte die Hand aus. „Löwe, willst
du mein Assistent sein, und du, Tiger, willst du
mein anderer Assistent sein?"

Einen Moment herrschte Schweigen, bevor der
Löwe huldvoll sagte: „Na gut, einverstanden."

„Ich auch", meinte der Tiger schnell.

Der Löwe hob seinen großen Kopf und blickte auf die versammelten Tiere, die sich dicht um
Herrn Noah drängten, damit ihnen auch ja nichts
entging.

„Nun kommt schon", sagte er mit gewichtiger
Stimme. „Macht Platz für Herrn Noah. Erweist
dem Mann, dem Gott die Verantwortung übertragen hat, euren Respekt."

Die Tiere wichen zurück, und majestätisch verließ der Löwe die Halle. Herr Noah seufzte und
folgte ihm. Der Tiger grinste belustigt und lief
zu seinem Verschlag, während die übrigen Tiere
sich alle in ihre Nester, Höhlen und Schlafstätten
zurückzogen. Auf der Arche kehrte Frieden ein.

Rettung in letzter Minute

Eines Tages fing es an zu regnen, wie Gott es angekündigt hatte. Am Anfang regnete es nur ganz sacht, aber dann wurde der Himmel immer dunkler, und es begann regelrecht zu schütten. Der Regen trommelte auf das hölzerne Dach, und in der Arche wurde es ganz still.

Plötzlich war durch den Lärm des Regens hindurch ein jämmerliches Blöken zu hören.

„Herr Noah, Herr Noah …!"

Ein Schaf kam durch die große Halle gerannt, seine vier schwarzen Beine rutschten auf dem glatten Boden in alle Richtungen, und sein wolliger Schwanz baumelte hin und her.

„Herr Noah, es ist etwas Furchtbares passiert!"

„Was denn?", fragte Herr Noah.

„Meine Frau ist fort!"

„Unmöglich", sagte Herr Noah. „Gott selbst hat die Tür der Arche geschlossen, nachdem wir alle drinnen waren. Und ich habe euch beim Einsteigen alle gezählt, und da waren zwei Schafe, ein Bock und ein Muttertier, genauso wie von allen anderen Tieren ein Männchen und ein Weibchen da sind."

„Ich weiß", antwortete der Schafbock. „Aber sie ist nicht mehr in der Arche. Ich habe überall nachgesehen."

Herr Noah überlegte einen Moment, dann wandte er sich an den Löwen und den Tiger. „Sie kann nicht weit fort sein", meinte er. „So groß ist die Arche nicht. Helft ihr mir suchen?"

„Na klar doch", erwiderte der Löwe wohlwollend. „Obwohl", fügte er leise hinzu, „ich ganz und gar nicht begreife, wie man sich wegen eines Schafes so aufregen kann."

„Es sei denn, du hast Hunger", knurrte der Tiger und fletschte die Zähne.

Die Tiere durchsuchten die Arche von vorn bis hinten und von oben bis unten, aber nirgends entdeckten sie auch nur eine Spur von dem fehlenden Schaf.

„O weh", sagte Herr Noah. „Ich werde mit Gott darüber reden müssen."

Also ging er in seine Kabine und schloss die Tür hinter sich.

Während Herr Noah mit Gott redete, stand das fehlende Schaf draußen auf dem Gipfel eines Berges. Unter einem Baum suchte es Schutz vor dem Regen – allerdings erfolglos. Die Regentropfen spritzten durch die Zweige, und allmählich ging ihm auf, dass seine Idee, die Arche so schnell wieder zu verlassen, vielleicht doch nicht gut gewesen war. Zumindest war es dort drinnen trocken.

Was war passiert? Als die Tiere alle zur Arche gegangen waren, war Frau Schaf ihrem Mann die Rampe hinauf gefolgt und hatte geduldig gewartet, während Herr Noah auf seiner langen Liste gesucht hatte.

„Schafe. Einen Moment … Schaben … Schlangen … nein, vor den Schlangen … ach ja, da: Schafe, zwei, ein Bock, ein Muttertier." Er hatte sie auf der Liste abgehakt, und sie waren in die Arche hineingegangen.

Frau Schaf hatte das riesige hölzerne Gebilde erstaunt betrachtet. Sie war von Deck zu Deck gelaufen und hatte nach etwas Vertrautem gesucht, einem Fleckchen frischem Gras, einem Baum. Aber es gab kein grünes Gras in der Arche und auch keine Bäume. Es gab zu fressen, ja, das schon, in großen hölzernen Behältern, genug für alle Tiere. Aber es gab nichts, worauf man sich bequem hinlegen, nichts, woran man genüsslich knabbern, und schon gar nichts, was man sich ansehen konnte.

„Warum sind wir hierhergekommen?", hatte sie ihren Mann gefragt.

„Weil Herr Noah es gesagt hat", hatte der erwidert. „Damit wir vor der Flut gerettet werden."

„Ich weiß nicht, ob ich wirklich an diese Flut glaube", hatte sie geantwortet. „Ich kann mir nicht vorstellen, dass die ganze Erde mit Wasser bedeckt werden soll, du etwa?"

Darauf hatte einer der großen Adler sich eingeschaltet. Er saß ganz oben in der Halle auf einem hölzernen Balken.

„Tut mir leid, gnädige Frau", hatte er traurig gesagt. „Aber ich glaube daran. Und obwohl ich nicht darüber reden würde, wenn Herr Noah in der Nähe ist, denn er ist ein guter Mensch, so denke ich, ganz unter uns gesagt, es ist nicht recht, dass alle anderen Tiere zurückbleiben mussten und nun ertrinken werden. Schließlich ist es nicht unsere Schuld, dass die Erde vernichtet werden muss – die Menschen sind schuld, nicht wir."

Er flog zum Oberdeck hinauf – denn ein Adler will immer so weit oben sitzen, wie es nur geht – und ließ den Schafbock und seine Frau in der Halle stehen.

„Es kommt mir immer noch ziemlich komisch vor", sagte Frau Schaf. „Schließlich wissen wir es nur von Herrn Noah, dass diese Flut kommen soll."

Sie verließ ihren Mann und ging zurück zum Eingang, an dem sich immer mehr Tiere drängten.

„Hmm", dachte sie. „Wenn erst einmal alle an Bord sind, dann wird es schrecklich eng."

Schon jetzt herrschte in der Arche ein ohrenbetäubender Lärm, denn die neu ankommenden Tiere schnatterten und quiekten, grunzten und heulten alle durcheinander, während sie versuchten, einen guten Platz für sich zu finden.

An Herrn Noah vorbei warf sie einen Blick auf die Waldlichtung, auf der die Arche gebaut worden war. Hinter den Bäumen sah sie die sanften Wellen der Berge mit ihrem dichten grünen Gras im Sonnenlicht liegen.

Und während Herr Noah noch dabei war, immer mehr Tiere in Empfang zu nehmen, schlüpfte Frau Schaf leise und unbemerkt aus der Arche heraus. Sie hüpfte durch den Wald, bis sie den Berg erreicht hatte, wanderte weiter und graste vergnügt. Das hohe, dichte Gras schmeckte köstlich und schien überhaupt kein Ende zu nehmen. Es war weich und federte unter ihren Füßen. Der Himmel war blau, Vögel flogen über ihrem Kopf dahin, und die Insekten summten und brummten träge.

Sechs Tage lief sie umher und merkte kaum, dass am Himmel die Wolken aufzogen, zuerst nur kleine Fleckchen, doch dann wurden sie größer und dicker, bis die Sonne schließlich ganz verdeckt war.

Als der erste Regentropfen fiel, machte es ihr gar nicht viel aus, denn sie hatte ja ein schönes dichtes Fell, das sie schützen würde. Erst als sie nass war bis auf die Haut, begann sie zu frösteln und suchte unter einem Baum Schutz.

„Hier will ich bleiben, bis der Regen aufhört. Dann kann ich mein Fell in der Sonne trocknen", dachte sie.

Aber der Regen hörte nicht auf, und auch die Sonne kam nicht hervor. Die dicken, runden Tropfen fielen immer schneller, und die Wolken wurden so dicht und dunkel, dass es aussah, als lägen sie direkt auf der Erde.

„Vielleicht hat es doch gestimmt, was der Adler gesagt hat", überlegte sie. „Vielleicht hätte ich in der Arche bleiben sollen. Aber woher sollte ich denn wissen, dass Herr Noah recht hat?" Sie seufzte. „Ich muss versuchen, den Rückweg zu finden. Hoffentlich lassen sie mich wieder rein."

Aber in der Zwischenzeit war alles unter einer dichten Nebeldecke verschwunden. Frau Schaf hatte keine Ahnung, wo die Arche stand oder wo sie selbst überhaupt war. Plötzlich bekam sie große, große Angst. Sie lief und lief, bergauf und bergab. Der Weg stieg an und wurde immer steiler, und während sie sich immer weiter vorwärtskämpfte, erkannte sie, dass sie sich hoffnungslos verirrt hatte. Und dabei regnete es noch immer.

Im Innern der Arche redete Herr Noah mit Gott.

„Ich bin verantwortlich für die Tiere in der Arche, Herr. Deshalb muss ich losgehen und das Schaf retten. Aber wie?" Er schwieg. „Ich kann nämlich nicht schwimmen, weißt du. Jedenfalls nicht besonders gut."

Gott lächelte. „Warum fragst du nicht die Tiere?", meinte er.

Herr Noah nickte. „Ja, das will ich tun." Er erhob sich. „Ach, übrigens, kannst du dich wohl um Frau Schaf kümmern, bis wir sie retten können?"

„Natürlich", antwortete Gott.

„Ja, klar", sagte Herr Noah. „Blöd von mir, zu fragen."

Er verließ seine Kabine, ging in die große Halle und rief alle Tiere zusammen.

„Eins von den Schafen fehlt", sagte er. „Wir müssen es wiederfinden."

„Wie denn?", fragte der Affe.

„Nun", sagte Herr Noah. „Ich muss die Arche

verlassen und es suchen." Er ging zur großen Tür und stieß dagegen. Aber sie ließ sich von innen nicht öffnen, denn Gott hatte sie gut verriegelt.

„Gefangen!", kreischte der Emu. „Wir sind eingesperrt!"

Die Tiere wurden still. Plötzlich ächzte die Arche und erbebte von einem Ende zum anderen.

„Wir schwimmen", verkündete der Affe.

„Das gefällt mir gar nicht", meinte der Vogel Strauß und versuchte erfolglos, seinen Kopf in den hölzernen Bodenplanken zu verstecken.

„Ich hab mir noch nie viel aus Schiffen gemacht." Der Hund war ganz blass geworden. „Seekrank zu sein ist etwas Fürchterliches."

„Bitte", sagte Herr Noah, „lasst mich nachdenken."

„Wir wollen alle nachdenken", meinte der Löwe.

„Wir könnten ein Boot bauen", sagte der Biber.

„Wir sind doch in einem Boot", entgegnete der Affe vorwurfsvoll.

„Ja, aber wenn wir ein kleineres Boot bauen, dann könnten wir rudern und dahin steuern, wo wir wollen. Die Arche können wir nicht steuern."

„Und woraus sollen wir es bauen?", fragte der Affe spöttisch. „Sollen wir das Holz von der Arche zerhacken?"

Der Biber schwieg.

„Ich finde, wir sollten das dämliche Schaf da lassen, wo es ist", zischte die Schlange.

„Ja", meinte der Emu. „Das denke ich auch. Sie hatte kein Recht, die Arche zu verlassen und einfach fortzugehen. Sie ist selber schuld."

Ein paar der Tiere pflichteten ihm bei.

„Es ist nicht recht, uns andere in Gefahr zu bringen", fuhr die Schlange fort. „Du musst auch an uns denken, Herr Noah."

Der Schafbock erhob sich. „Seht mal, ich verstehe euch sehr gut, und ich weiß auch, dass es dumm von meiner Frau war, einfach so davonzulaufen. Aber sie ist immer noch meine Frau. Ich liebe sie, und ich will nicht ohne sie hier in der Arche bleiben." Er wandte sich an Herrn Noah. Wenn sie niemand retten will, dann lass mich gehen, damit ich wenigstens bei ihr sein kann. Sie hat bestimmt ganz furchtbare Angst."

„Natürlich werden wir sie retten", beruhigte ihn Herr Noah. „Jeder von euch ist wichtig. Das hat Gott selbst gesagt. Und er hat mir die Verantwortung für euch übertragen, darum ist es meine Pflicht, sie zu suchen. Wenn ich nicht zur Tür herauskann, dann muss ich eben vom Dach springen. Wenn ich nicht mehr zurückkomme, Sem, dann übernimmst du hier die Verantwortung, unter Gottes Leitung."

Er ging zur Leiter, die
zur Falltür im Dach der
Arche führte. „Ein
Jammer, dass ich nie
richtig schwimmen
gelernt habe", mur-
melte er. Er war
völlig außer Atem.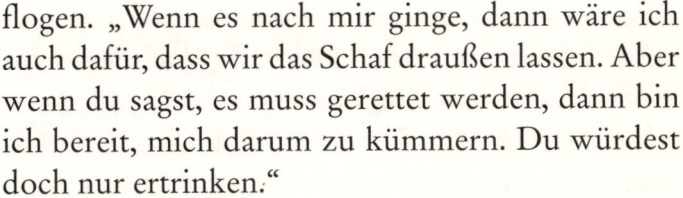

Der Adler, der sehr
gute Ohren hatte, rief
ihm von oben etwas zu.
„Halt, Herr Noah! War-
te!" Und er kam herunterge-
flogen. „Wenn es nach mir ginge, dann wäre ich
auch dafür, dass wir das Schaf draußen lassen. Aber
wenn du sagst, es muss gerettet werden, dann bin
ich bereit, mich darum zu kümmern. Du würdest
doch nur ertrinken."

Herr Noah betrachtete den Adler und seine
durchdringenden Augen und den scharfen Schnabel. „Bist du sicher?", fragte er zweifelnd.

„Ganz sicher", sagte der Adler. Er sah Herrn
Noah lange an. „Und mach dir keine Sorgen. Ich
verspreche dir, dass ich ihr nichts tun werde – auch
wenn sie es verdient hätte."

Herr Noah bedankte sich bei dem großen Adler und stieß die Klappe auf. Der Adler flog hin-

aus und hockte sich auf die Kante des Dachs. Er blickte hinaus in den strömenden Regen, auf das graue, wirbelnde Wasser und den weißen Nebel.

„Wie traurig, wie überaus traurig", murmelte er.

„Kannst du etwas sehen?", fragte Herr Noah besorgt.

„Nicht viel", antwortete der Adler. „Das Wasser steigt schnell, der Nebel ist dicht. Aber warte …"

Er breitete seine großen Flügel aus und stieg in den Himmel empor. Mit seinen scharfen Augen hatte er den Gipfel eines Berges entdeckt, der wie eine kleine Insel im tobenden, tosenden Meer aus den Fluten herausragte. Und ganz oben stand unter einem Baum das verlorene Schaf, nass und zitternd und völlig verängstigt. Es klammerte sich verzweifelt an ein Stück Fels.

Der Adler stieß aus dem Nebel herunter. Mit seinen starken Klauen packte er das Schaf an seinem wolligen Fell, hob es hoch und flog mit ihm über die zornigen Fluten zurück. Die Flügel taten ihm weh von der Anstrengung, seine Augen waren vom Regen fast blind, aber schließlich erreichte er die Arche.

Herr Noah öffnete von innen die Falltür, fing das Schaf in seinen Armen auf und zog es hinein.

„Es tut mir leid", sagte das Schaf.

„Schon gut", sagte Herr Noah. „Ich bin nur froh, dass du wieder da bist."

Dann sah er den nassen, frierenden Adler an. „Ich danke dir."

„Keine Ursache", antwortete der Adler, und im Handumdrehen war er eingeschlafen.

Darum heißen wir Klopfspechte

Als es erst einmal angefangen hatte zu regnen, hörte es nicht wieder auf. Schon bald schwamm die Arche wie ein Schiff auf dem Wasser, das die Erde bedeckte. Drinnen in der Arche war es trocken und warm, wenn auch nicht so richtig bequem. „Aber immer noch besser, als in den Fluten zu ertrinken", erklärte Herr Noah seiner Frau, und die meinte das auch.

Es kratzte an der Tür von Herrn Noahs Kabine, und der Löwe kam herein.

„Entschuldige, Herr Noah", sagte er. „Ich glaube, du solltest einmal kommen. Wir haben ein kleines Problem. Das heißt, eigentlich sind es mehrere Probleme."

Herr Noah hatte sich gerade etwas hingelegt, bevor es Zeit war, die Tiere zu füttern. Müde stand er auf und folgte dem Löwen aufs Oberdeck.

Schon als sie die Treppe hinaufstiegen, konnte er ein leises, tropfendes Geräusch hören. Je weiter sie nach oben kletterten, desto lauter wurde es. Als er um die letzte Ecke bog, sah er, dass Wasser auf den Fußboden tropfte.

„Das ist nicht das einzige Leck", erklärte der Löwe finster. „Der Tiger und ich haben schon insgesamt vier entdeckt."

„O weh", sagte Herr Noah und starrte auf die Pfütze. „Was sollen wir tun?"

Ein paar der Tiere waren ihnen gefolgt.

„Wir werden überhaupt nichts machen", sagte der Affe spitz. „Du hast doch schließlich die Arche gebaut – also kannst du dich auch um das Problem kümmern."

Herr Noah wirkte bekümmert. „Ich weiß, dass ich kein besonders geschickter Zimmermann bin, aber als wir abfuhren, hat Gott mir versichert, die Arche sei wasserdicht." Er rief seine Söhne. „Sem, Ham und Jafet, haben wir irgendwo noch Holz übrig, mit dem wir die Löcher stopfen können?"

Seine Söhne schüttelten den Kopf. „Wir haben alles zum Bauen gebraucht", sagte Sem.

„Und für Reparaturen haben wir nichts mitgenommen", ergänzte Ham.

„Wie dumm, dass ich daran nicht gedacht habe",

meinte Herr Noah. „Also gut", fuhr er dann lebhaft fort. „Als Erstes müssen wir die Tropfen auffangen."

Bald stand unter jedem Loch eine Schüssel. Wenn sie voll war, wurde sie durch die Falltür im Dach der Arche ausgeleert.

Aber nach ein paar Tagen wurden neue Löcher entdeckt. Herr Noah rief alle Tiere zusammen und bat sie um Hilfe.

Die Elefanten erklärten sich bereit, ihre langen Rüssel unter zwei der Löcher zu halten. Damit saugten sie so viel Wasser auf, wie sie nur konnten, und bliesen es anschließend zur Falltür hinaus.

Die Giraffen reckten ihre langen Hälse und stopften zwei weitere Löcher, indem sie ihre Köpfe dagegen pressten. Aber schon bald taten ihnen die Köpfe und Hälse weh, und sie mussten aufhören.

Der Pfau breitete, nach einigem Schimpfen, unter einem der Löcher seinen wunderschönen Schwanz aus wie einen Schirm. Die Biber boten an, sie könnten vor die Löcher einen Damm bauen, wenn genug Schlamm und Steine dafür gefunden würden. Aber nichts funktionierte richtig.

In der Arche wurde es allmählich feucht und stickig. Die Einzigen, die sich darüber freuten, waren die beiden Nilpferde, die sich nach den Teichen in ihrer Heimat sehnten. Stundenlang standen sie unter den Löchern und wälzten sich im Wasser, das immer weiter in die Arche tropfte.

Herr Noah hatte eine Unterredung mit Gott.

„Tut mir leid, dass ich dich stören muss, Gott, vor allem jetzt, wo du gerade mit der Flut und allem anderen deine Probleme hast. Aber wir haben hier auch ein Problem, und ich weiß nicht, was ich dagegen tun soll."

„Was ist los?", fragte Gott, obwohl er natürlich wusste, was los war.

„Du hast gesagt, die Arche sei wasserdicht. Und natürlich glaube ich dir auch. Aber im Moment ist sie eben nicht dicht. Sie hat ein Leck – das heißt, eigentlich hat sie eine ganze Menge Lecks –, und manche Lecks sind schon richtige Löcher. Wir schaffen es kaum noch, das ganze Wasser aufzufangen. Vielleicht bin ich noch ein viel schlechterer Zimmermann, als ich dachte", schloss Herr Noah kläglich.

„Deine Arbeit war ganz in Ordnung, Noah", versicherte Gott. „Die Arche war wirklich dicht, als ihr losgefahren seid. Halte einmal deine Augen und Ohren offen, dann wirst du bald merken, wo das Problem liegt."

In der Nacht, als alle Tiere schliefen, wurde Herr Noah von einem Geräusch geweckt. An das Grunzen und Schnarchen, das Pfeifen und Murmeln der Tiere hatte er sich inzwischen gewöhnt, und es störte ihn nicht mehr, aber dieses Geräusch war anders. Er blieb in seiner Kabine liegen und lauschte.

„Tack … tack, tack … tack …"

Dann hörte es auf, aber schon bald begann es erneut, diesmal etwas weiter fort. Herr Noah stand auf und verließ seine Kabine. Barfuß schlich er leise in die Richtung, aus der das Geräusch kam. Hin und wieder blieb er stehen, um zu horchen. Das Klopfen wurde lauter. Herr Noah stieg die Treppen hinauf. Vom Unterdeck zum Zwischendeck und weiter nach oben. Er schlich durch den Gang, und das Klopfen wurde immer lauter. Dann trat er um die Ecke …

… und stolperte beinah über zwei Spechte, die mit ihren langen Schnäbeln und harten Köpfen eifrig auf das Holz einhackten.

„Moment mal!", sagte Herr Noah mit lauter Stimme.

Die Spechte drehten sich um, und ein feiner Wasserstrahl tropfte durch die Löcher, die sie gerade gehackt hatten.

„Hallo, Herr Noah", sagte der eine Klopfspecht.

„Was treibt ihr denn da?", fragte Herr Noah streng.

„Das siehst du doch", antwortete der andere Klopfspecht. „Wir hacken Holz."

„Das machen wir immer", sagte der erste Specht.

„Deshalb nennt man uns auch ..."

„KLOPFSPECHTE!", riefen sie beide lachend.

„Aber wisst ihr denn nicht, was passiert, wenn ihr weiterhackt?", fragte Herr Noah. „Wenn ihr so weitermacht, dann gehen wir unter."

„Ach was", meinte der zweite Specht fröhlich.

„Gott wird uns retten, das wirst du schon sehen", sagte der erste voller Überzeugung.

„Tut mir leid, aber ihr müsst sofort aufhören", befahl Herr Noah mit fester Stimme. Die Spechte sahen leicht verärgert aus.

„Aber wir müssen doch irgendwo hacken", sagte der erste.

„Das liegt in unserer Art, weißt du", ergänzte der zweite.

„Wir brauchen die Löcher, damit wir darin wohnen können", erklärte der erste wieder. „Aber in den Löchern, die wir hier bis jetzt gemacht haben, können wir nicht wohnen."

„Sie sind viel zu nass", ergänzte der zweite vorwurfsvoll.

„Aber wir haben doch extra für euch Löcher angelegt", sagte Herr Noah.

Der zweite Specht rümpfte die Nase. „Das ist nicht dasselbe."

Der erste flatterte mit den Flügeln. „Und überhaupt, es macht uns Spaß, Holz zu hacken. Darum nennt man uns auch …"

„Schon gut, schon gut", unterbrach Herr Noah hastig. „Ich werde einmal überlegen, wie wir das Problem lösen können." Aber mit nassen, kalten Füßen konnte er nicht nachdenken. „Versprecht mir, dass ihr jetzt erst mal aufhört."

„Gut", sagte der erste Klopfspecht. „Für heute wollten wir sowieso Schluss machen."

Den Rest der Nacht verbrachte Herr Noah mit angestrengtem Nachdenken, und am Morgen wusste er die Antwort. Er ging zu den Spechten.

„Wie wär's, wenn ihr an einem harmlosen Stück Holz klopfen könntet? Vielleicht an einer Kabinentür? Wärt ihr damit auch zufrieden?"

Die Spechte überlegten einen Moment.

„Na ja, wenn das Holz gut ist", meinte der erste schließlich zögernd.

„In der Arche ist nur gutes Holz", erwiderte Herr Noah voller Würde. „Gott selbst hat es ausgewählt."

Darüber mussten die Spechte erst nachdenken.

„In Ordnung", sagte der erste schließlich. „Abgemacht."

Und so waren alle zufrieden, alle außer Sem, weil die Spechte sich seine Kabinentür aussuchten, sodass seine Tage und Nächte von nun an sehr laut und unruhig verliefen.

Aber da war noch immer das Problem mit den Löchern. Es regnete inzwischen heftiger, und immer mehr Wasser tropfte in die Arche.

„Was sollen wir tun, Gott?", fragte Herr Noah, schon ziemlich müde vom vielen Wasserschöpfen.

„Hast du die Tiere gefragt, ob sie eine Idee haben?", antwortete Gott.

„Natürlich", sagte Herr Noah. „Alle helfen. Die Elefanten halten ihre Rüssel in die Höhe …"

„Ja", unterbrach Gott. „Das weiß ich. Aber hast du wirklich alle gefragt?"

„Natürlich", entgegnete Herr Noah überzeugt. Aber plötzlich kamen ihm doch Zweifel. „Ich glaube es wenigstens."

Also wanderte er durch die Arche und redete mit den großen Tieren und den kleinen, den wilden und den zahmen, mit den Vögeln und den Insekten – aber keines hatte eine Lösung, wie man die

Löcher stopfen könnte. Herr Noah wollte schon aufgeben, als er in einem dunklen Winkel einen seltsamen schwarzen Haufen entdeckte. Er blieb stehen und betrachtete ihn, dann klopfte er höflich an. Zwei weiße, zappelnde, ameisenähnliche Wesen kamen hervorgekrochen.

„Entschuldigt bitte", sagte Herr Noah. „Wer seid ihr denn?"

„Also wirklich!", sagte das eine. „Das solltest du aber wissen, Herr Noah. Du hast uns doch auf deiner Liste abgehakt!"

„Tatsächlich?", meinte Herr Noah erstaunt. „Tut mir leid. Aber da waren so viele, das muss ich wohl vergessen haben. Seid ihr Ameisen?"

„Ameisen!!?" Die beiden klangen gekränkt. „Wir sind Termiten! Das ist ganz etwas anderes!"

„Wir sind entfernt verwandt", verbesserte die andere Termite nachsichtig. „Irgendwo über unsere Vorfahren."

„Sehr entfernt", ergänzte die erste.

„Es tut mir wirklich leid", sagte Herr Noah noch einmal. Dann klopfte er an den festen schwarzen Haufen. Könnt ihr mir wohl erklären, was das hier ist?"

„Das ist unser Haus", sagte die erste Termite.

„Das habt ihr gemacht?", fragte Herr Noah.

„Ja, natürlich!"

„Woraus?"

„Aus Holz."

Herr Noah staunte. „Aber ihr habt dazu doch wohl kein Holz von der Arche genommen?"

„Aber nein. Wir haben unser eigenes."

Nun staunte Herr Noah noch mehr. „Euer eigenes Holz?"

„Das ist ganz einfach", erklärte die zweite Termite. „Wir fressen Holz und lagern es in unserem Körper. Wenn wir ein Haus bauen wollen, dann können wir es einfach benutzen, so, wie wir es brauchen. Als wir hörten, dass wir bei dieser Reise mitfahren sollten, haben wir angefangen, ganz viel Holz zu lagern. Wir wussten ja nicht, wie das Leben hier auf der Arche aussehen würde."

„Und außerdem", ergänzte die erste, „wohnen wir lieber in unserem eigenen Nest."

Herr Noah klopfte noch einmal an den Termitenbau. „Und ist er fest?", wollte er wissen.

„Fest!", echote die erste Termite. „Ich will dir mal was sagen, Herr Noah. Dieser Bau ist um einiges fester als deine Arche."

„Oh, könntet ihr … wäre es euch dann wohl – bitte – möglich, uns zu helfen?", fragte Herr Noah eifrig. „Wir stecken in einer fürchterlichen Klemme, und ihr seid, glaube ich, die Einzigen, die uns heraushelfen können."

Die Termiten waren einverstanden, und Herr Noah lief sofort los, um den anderen Tieren Bescheid zu sagen. Die Spechte hackten und klopften weiter an Sems Kabinentür, die Biber sammelten die Holzspäne auf und brachten sie zu den Termiten. Die Termiten fraßen das Holz und verarbeiteten es zu der harten, schwarzen Masse, aus der sie ihre Häuser bauten. Die Elefanten griffen die Mischung mit ihren Rüsseln und klebten damit die Löcher zu. Und der Pfau fächelte mit seinem Schwanz Luft darüber, damit die Masse schneller trocknete.

So wurden die Löcher, eins nach dem anderen, gestopft, und die Schüsseln konnten wieder ihren eigentlichen Zwecken dienen. Die Arche schwamm weiter auf den hohen Wellen, die die Erde überfluteten, und der Regen fiel ununterbrochen, Tag für Tag.

Das Stinktier
kann doch nichts dafür

Jeden Abend machte Herr Noah einen Rundgang durch die Arche, um nachzusehen, ob alles in Ordnung war, und um allen gute Nacht zu sagen. Eines Abends, als er zum Zwischendeck hinaufstieg, hörte er zornige Stimmen.

„Tiere wie ihr sollten einfach nicht erlaubt sein!"

Herr Noah beeilte sich, die Treppe hinaufzukommen.

„Eine Schande!"

„Zumutung!"

„Über Bord mit ihnen, würde ich sagen!" Herr Noah holte Luft, dann schnupperte er noch einmal und rümpfte die Nase. Was kam da für ein grässlicher Duft durch den Gang geweht? Er sah ein paar Tiere zusammenstehen, und in dem Maße wie ihre Stimmen lauter klangen, wurde auch der Geruch stärker.

„Was glaubt ihr eigentlich, wer ihr seid?", blökte die Ziege. „Einfach so die Bude zu verpesten!"

„Auf dieser Arche wird es für ehrliche, anständige Tiere immer schwieriger", sagte der Emu geziert.

„Für Insekten auch", meinte die Ameise.

„Und für die Vögel", sagte der Geier. „Wir Geier haben sehr empfindliche Nasen."

Eine Wolke übel riechender Luft ließ die Tiere zurückweichen, und jetzt konnte Herr Noah die beiden schwarz und weiß gestreiften Stinktiere sehen, die mit dem Rücken zur Wand standen.

Dem Emu wurde es schlecht, und er fiel platt auf den Boden, genau auf den Igel. „Au, au. Du tust mir weh! Oh, dieser Gestank!"

„Tut mir leid", sagte der Igel höflich und versuchte, unter dem Emu hervorzukriechen.

Die Stinktiere sagten gar nichts. Sie standen auf ihren Vorderfüßen, fletschten ihre scharfen Zähne und stampften auf den Boden. Dann fielen sie wieder auf alle viere, hoben den Schwanz in die Höhe und gaben eine neue Duftwolke von sich, worauf die anderen Tiere sich schleunigst zurückzogen.

Die Ziege trottete zu Herrn Noah.

„Hast du das gesehen?", fragte sie.

„Ja", antwortete Herr Noah. „Nicht nur gesehen."

„Es ist nicht recht", meinte der Emu schwach. „So was sollte verboten werden."

Die Gans wackelte mit ihrem langen, dünnen Hals auf Herrn Noah zu. „Was willst du dagegen unternehmen?", fragte sie.

„Ich glaube", meinte Herr Noah, „wir sollten eine Versammlung einberufen."

Kurze Zeit später trafen sie sich in der großen Halle. Alle Tiere waren gekommen – außer den beiden Stinktieren –, und es ging hoch her. Die Ziege stellte sich Herrn Noah in den Weg, kaum dass er den Raum betreten hatte.

„Dieser Gestank ist wirklich unerträglich", beschwerte sie sich.

„Wenn ich das gewusst hätte", zischte die Schlange, „dann wäre ich überhaupt nicht mitgekommen."

„Bitte", rief Herr Noah, „können wir nicht versuchen, das Problem friedlich beizulegen? Wir haben alle irgendwelche Angewohnheiten, die den anderen nicht gefallen, aber wir müssen miteinander auskommen. Könnt ihr nicht versuchen, euch an den Geruch zu gewöhnen?"

Nein", sagte der Fuchs unverblümt.

„Wenn ihr mich nach meiner Meinung fragt, auch wenn sie sicher ganz unmaßgeblich ist", begann das Kamel leise und bedächtig, „ich finde, wir sollten den Stinktieren ganz unmissverständlich klarmachen, dass wir nicht bereit sind, ihr Verhalten länger zu dulden. Und wenn sie nicht sofort aufhören, die Gegend zu verpesten, dann sehen wir keine andere Möglichkeit, als sie unverzüglich aus diesem ... aus diesem ...", es sah sich um, „... diesem Gebäude zu entfernen."

„Wovon redet er?", fragte die Giraffe.

„Wenn sie nicht aufhören zu stinken, schmeißen wir sie raus", sagte der Fuchs.

Der Löwe sah zu Herrn Noah. „Wenn du meinen Rat hören möchtest – ich weiß, dass ich nur dein Assistent bin –, ich glaube, wenn nicht bald etwas geschieht, dann wird es hier einen Aufstand geben."

„Okay", seufzte Herr Noah. „Ich gehe zu ihnen."

Er ging zu den Stinktieren zurück. Doch als er sich ihnen näherte, standen sie auf und starrten ihn an.

Herr Noah sprach ganz schnell. „Seht mal, Freunde", sagte er. „Es tut mir leid, dass ich es sagen muss. Aber ihr habt die Tiere ganz schön wütend gemacht."

Die Stinktiere erhoben sich auf ihre Vorderfüße. Herr Noah, der selbst schon ganz schwach auf den Beinen war, machte einen Schritt zurück.

„Ich muss euch dringend bitten, dass ihr aufhört, die Gegend zu verpesten! Sonst müssen wir härter durchgreifen!"

Die Stinktiere stampften ein paarmal heftig auf den Boden, sahen ihm direkt in die Augen und gaben einen furchtbaren Gestank von sich. Herr Noah fiel lang auf den Boden und schlug dabei so heftig mit dem Kopf auf, dass er das Bewusstsein verlor.

Als er aufwachte, lag er in seiner Kabine. Der Kopf tat ihm weh.

„Was soll ich tun, Gott?", fragte er.

„Versuch doch mal, mit ihnen zu reden", schlug Gott vor.

„Das habe ich gerade getan", erwiderte Herr Noah gekränkt. „Du siehst ja, wohin das geführt hat."

„Du hast nicht mit ihnen geredet, du hast versucht, auf sie einzureden", entgegnete Gott geduldig.

„Dann rede du doch mit ihnen", meinte Herr Noah mürrisch. „Vielleicht hören sie ja auf dich. Wenigstens wirst du davon keine Kopfschmerzen bekommen."

Gott lachte.

„Das ist überhaupt nicht zum Lachen", sagte Herr Noah ernst. „Du solltest uns lieber helfen."

Herr Noah fühlte sich wirklich sehr schlecht, sonst hätte er nicht in solchem Ton mit Gott gesprochen.

„Ich bin doch schon dabei, dir zu helfen, Noah", antwortete Gott freundlich. „Ich gebe dir einen Rat. Sprich mit den Stinktieren und versuche herauszufinden, was los ist."

Aber Noah wollte Gottes Rat nicht befolgen. Er blieb im Bett liegen und pflegte seinen Kopfschmerz, während der Gestank immer stärker wurde und sich in der ganzen Arche ausbreitete. Eins nach dem anderen kamen die Tiere zu seiner Kabine, um sich zu beschweren. Herr Noah aber weigerte sich, aufzustehen. Doch schließlich wurde der Gestank so durchdringend, dass er etwas tun musste. Er ließ den Löwen und den Tiger kommen.

„Löwe", sagte er mit schwacher Stimme, „und Tiger, meine Assistenten. Ihr wisst, dass ich mit angeschlagenem Kopf hier liege und darum nichts gegen den Gestank unternehmen kann. Aber irgendetwas muss gemacht werden."

„Die Tiere sind alle sehr wütend", sagte der Löwe. „Wahrscheinlich werden sie die Angelegenheit bald selbst in die Hand nehmen."

„Du meinst …?"

„Ihnen die stinkigen Hälse umdrehen", sagte der Tiger.

Herr Noah war entsetzt. „Löwe … Tiger … würdet ihr … könntet ihr … in meinem Auftrag mit den Stinktieren reden?"

„Nein", sagte der Tiger geradeheraus.

„Auf euch würden sie hören", bettelte Herr Noah. „Ihr seid Tiere wie sie."

„Aber du bist der Boss", meinte der Löwe freundlich. „Gott hat dir die Verantwortung übergeben. Wie könnte ich, ein einfacher Löwe, diese Verantwortung an mich reißen?" Er sah Herrn Noah mit großen Augen an. „Wer weiß, wie das enden würde? Die Tiere könnten womöglich verlangen, dass ich, dass wir", verbesserte er sich schnell, als der Tiger zu knurren begann, „das Kommando übernehmen."

„Ja", sagte Herr Noah. „Gut. Also, natürlich werde ich mich um die ganze Sache kümmern – sobald es mir etwas besser geht."

Der Löwe lächelte honigsüß. „Ich würde nicht zu lange warten", meinte er und ging mit dem Tiger davon.

Herr Noah ließ seinen ältesten Sohn kommen.

„Sem", sagte er, „ich habe eine wichtige Aufgabe für dich."

„Ja, Vater?"

„Ich möchte, dass du versuchst herauszubekommen, warum die Stinktiere so fürchterlich stinken. Und dass du sie überredest, damit aufzuhören."

Sem wurde ganz blass. „Ich, Vater?"

„Ja, du."

„Gut, Vater."

Sem verließ die Kabine, aber schon nach wenigen Augenblicken war er zurück. Er war ganz benommen und sah aus, als wäre ihm übel.

„Ich hab's versucht, Vater, ich hab's wirklich versucht. Aber ich bin nicht an sie herangekommen."

„Schon gut, schon gut", sagte Herr Noah gereizt. „Schick Ham zu mir."

Als Ham kam, gab Herr Noah ihm denselben Befehl. Ham wurde im Gesicht ganz grün.

„Ich, Vater? Du meinst, ich sollte gehen?"

„Ja", sagte Herr Noah.

„Aber ich bin sowieso schon seekrank. Der Gestank wird mir den Rest geben."

„Geh und tu, was ich dir sage", befahl Herr Noah.

Also verließ Ham die Kabine, aber er kam noch schneller zurück als sein Bruder.

„Tut mir leid, Vater."

„Du hast es gar nicht probiert", brummte Herr

Noah. „Schick Jafet zu mir. Er ist ein guter, gehorsamer Junge."

Aber Jafet bekam schon beim bloßen Gedanken an die Stinktiere solche Angst, dass er seinem Vater ausrichten ließ, ihm sei so übel, dass er nicht einmal seine Kabine verlassen könne. Herr Noah sank ins Bett zurück.

„Noah."

Das war Gott.

„Noah, ich habe dich und deine Familie nicht vor der Flut gerettet und dir die Verantwortung für alle Tiere übertragen, die in der Welt übrig bleiben sollen, damit du mir jetzt ungehorsam wirst."

„Ich, Herr?"

„Ja, du. Ich habe dir gesagt, du solltest mit den Stinktieren reden, nicht der Löwe oder der Tiger oder deine Söhne."

„Ich dachte, ich würde einfach versuchen, die beste Lösung zu finden", meinte Herr Noah mit schwacher Stimme. „Solange es mir nicht so gut geht."

„Das hast du nicht gedacht", sagte Gott. „Nun komm schon, Noah. Steh auf."

„Und du … bist mir nicht … böse?", fragte Herr Noah ängstlich.

„Nein", sagte Gott. „Nur ein bisschen traurig."

Herr Noah schämte sich. „Es tut mir leid, Gott."

Herr Noah stand auf, zog sich an und machte sich auf den Weg zu den Stinktieren. Der Gestank war inzwischen furchterregend, und Herr Noah hielt den Atem an, als er die Treppe hinaufstieg. Die Stinktiere saßen an ihrem gewohnten Platz. Sie waren umgeben, allerdings in sicherer Entfernung, von einem Kreis drohender Tiere.

„Wirfst du sie jetzt über Bord?", fragte der Fuchs.

„Wenn nicht, dann würde ich ihnen gern die Kehle durchbeißen", meinte der Leopard und rannte auf und ab. „Dann wird der Gestank bald aufhören."

„Lasst mich einmal mit ihnen reden", sagte Herr Noah. „Aber allein."

Die Tiere waren überrascht, doch sie taten, was er sagte, und zogen sich zurück. Herr Noah streckte die Hand aus.

„Kommt einmal her", sagte er, „ich tue euch nichts."

Die Stinktiere erhoben sich, und Herr Noah schluckte heftig.

„Ich möchte nur, dass ihr mir einmal ganz genau erzählt, warum ihr solch einen Gestank verbreitet", bat er mit zitternder Stimme.

Eines der Stinktiere begann auf den Boden zu stampfen.

„Bitte", sagte Herr Noah. „Es tut mir leid, wenn ich euch einen Schrecken eingejagt habe. Ich hatte Angst. Ich habe auch jetzt Angst."

„Angst?", sagte eines der Stinktiere. „Du? Dass ich nicht lache!"

Das andere Stinktier zischte: „Halt die Klappe, du Dummkopf. Der will uns doch nur reinlegen." Es wandte sich zu Herrn Noah um und ließ eine stinkende Wolke auf ihn los. Aber Herr Noah duckte sich blitzschnell und konnte ihr gerade noch ausweichen.

„Es ist mir egal, was ihr macht", sagte er und kämpfte mit der Übelkeit. „Es ist mir egal, ob ich wieder bewusstlos werde. Ich will euch nur helfen."

Die Stinktierfrau wollte ihn erneut mit einer Wolke einhüllen, aber ihr Mann hielt sie davon ab.

„Warte doch." Dann wandte er sich an Herrn Noah. „Du willst wissen, warum wir so stinken, habe ich das richtig verstanden?"

„Genau", sagte Herr Noah.

„Würdest du nicht auch stinken, wenn du vor Angst nicht mehr wüsstest, was du sonst tun kannst?", fragte er unverblümt.

„Aber wieso habt ihr Angst?", wollte Herr Noah wissen.

„Hättest du denn keine Angst, wenn dich ein Haufen Tiere bedroht, von denen die meisten größer sind als du?"

„Aber wieso haben sie euch bedroht?"

„Die Gans hat angefangen", sagte das andere Stinktier schmollend. „Ist herumgeflattert und hat behauptet, wir hätten sie gestoßen. Und dann kam eins zum anderen. Alle fingen an zu schreien und sagten, sie wollten uns den Hals umdrehen oder aus dem Fenster werfen. Kein Wunder, dass wir stinken mussten."

„Wir hatten Angst, weißt du, und wenn wir Angst haben, dann fangen wir an zu stinken", erklärte das erste Stinktier. „Funktioniert meistens ganz großartig."

„Verstehe", sagte Herr Noah. „Aber jetzt hört

mal zu. Gott hat mir die Verantwortung für diese ganze Reise übertragen. Obwohl ich nicht so recht verstehe, warum, denn ich mache meine Sache wirklich nicht besonders gut. Aber wenn ich euch jetzt sage, dass ihr keine Angst zu haben braucht, glaubt ihr mir dann?"

„Solange die anderen Tiere nicht wieder versuchen, uns Angst zu machen", antwortete das Stinktier.

„Dann kommt mit", sagte Herr Noah.

Er ging mit den Stinktieren in die große Halle. Da standen sie neben ihm, obwohl ihnen recht ungemütlich zumute war, während er den Tieren erklärte, dass die Stinktiere den Gestank nur von sich gegeben hätten, weil sie solche Angst hatten. Nach einigem Hin und Her erklärten sich die Tiere bereit, den Stinktieren keine Angst mehr einzujagen, wenn sie mit dem Stinken aufhören würden. Ein paar von den kleineren Tieren, die selbst sehr gut wussten, wie es ist, wenn man Angst hat, gaben sich besonders große Mühe, damit die Stinktiere sich sicher fühlen konnten.

So wurden die Stinktiere ein Teil der großen Familie auf der Arche, und das kleine Schiff trieb weiter auf den Fluten.

So schön wie das Zebra

Als der Esel in die Arche kam, konnte er nur staunen über all die vielen verschiedenen Geschöpfe, die er rings um sich sah. Während seine Frau zu der Kabine ging, die ihnen für die Reise zugeteilt worden war, wanderte er bedächtig durch die große Halle.

„So etwas habe ich noch nie gesehen", bemerkte er zu seiner Frau, als er sich endlich zu ihr gesellte.

„Meine Liebe, da ist ein ganz unglaubliches Tier – das heißt, es sind natürlich zwei – mit einer riesigen, langen Nase, die bis auf den Boden reicht. Wusstest du das? Es ist sehr, sehr groß und ungeheuer schwer. Ich glaube, Herr Noah hat Angst, dass die Arche Schlagseite bekommt, wenn beide in einer Kabine wohnen."

„Ich nehme an, du meinst die Elefanten, mein Lieber", erwiderte seine Frau, die stolz auf ihre Allgemeinbildung war.

„Wahrscheinlich", meinte der Esel. Er ging wieder davon, kam jedoch bald zurück.

„Da ist noch ein Tier", berichtete er aufgeregt, „ein großes Ding mit einem langen, langen Hals und einem ganz kleinen Kopf obendrauf."

„Eine Giraffe", sagte seine Frau.

„Wenn du meinst", erwiderte der Esel. Er verschwand erneut, kam aber bald zurückgetrottet.

„Wusstest du, dass es ein Tier gibt, das so schnell laufen kann wie der Wind?", fragte er staunend. „Es rennt durch die große Halle, um sich fit zu halten."

„Oh, ein Gepard", sagte seine Frau gleichgültig.

„Und da ist noch ein Tier mit furchtbar kräftigen Hinterbeinen. Man hat mir gesagt, es könnte über weite Strecken springen. So ein seltsames Geschöpf habe ich noch nie gesehen."

„Nun, mein Lieber", sagte seine Frau. „Kängurus leben in einem ganz anderen Erdteil. Kein Wunder, dass wir sie noch nie gesehen haben."

Der Esel verließ erneut die Kabine und kam erst wieder zurück, als es schon dunkel wurde.

„Da gibt es ein Tier", flüsterte er atemlos, „das spendet Licht. Es glüht. Man nennt es Glühwurm", fügte er schnell hinzu, bevor seine Frau den Mund aufmachen konnte. „Willst du nicht einmal mitkommen und dir all die wunderbaren Wesen in der Halle ansehen?"

„Später, mein Lieber", wehrte sie ab. „Im Moment bin ich einfach froh, dass ich nicht zu arbeiten brauche. Ich genieße die Erholung."

Also machte sich der Esel wieder allein auf den Weg. Er wanderte durch die Arche und staunte und wunderte sich über all die vielen Lebewesen, die Gott erschaffen hatte. Doch als ein Tag nach dem anderen verging, wurde aus seinem Staunen allmählich Neid. Er sah an sich selbst herunter und seufzte.

„Es gibt so viele schöne Tiere auf der Arche", sagte er. „Daneben sehe ich mit meinem alten grauen Fell ganz langweilig aus."

„Das macht doch nichts", erwiderte seine Frau zärtlich. „Mir gefällst du so, wie du bist."

Aber das konnte den Esel nicht trösten. „Warum müssen wir so grau sein?", fragte er.

„Gott hat uns so gemacht", antwortete sie.

„Ich finde, das ist ungerecht", meinte der Esel. „Unser Leben ist so schon langweilig genug. Warum konnte Gott uns nicht ein bisschen schöner machen? Warum hat er uns nichts gegeben, worauf wir stolz sein könnten – vielleicht so einen wunderschönen Schwanz wie der Pfau einen hat?"

„Der Schwanz bei der Pfauenfrau ist furchtbar langweilig", sagte seine Frau trocken, aber der Esel hörte nicht hin.

„Wer sind wir überhaupt? Einfache Lasttiere, gerade gut für Handlangerdienste", sagte er düster. „Wenn wir nicht arbeiten, werden wir angebunden, und wenn wir nicht schwer genug arbeiten, werden wir geschlagen."

„Irgendjemand muss die Arbeit ja tun", meinte seine Frau praktisch. „Es können ja nicht alle schön oder gescheit sein. Und überhaupt, wir können uns doch nicht ändern, also müssen wir das Beste daraus machen."

Aber gerade das konnte der Esel nicht. Vielleicht, so dachte er, kann ich mich doch ändern, wenn ich mich nur genug anstrenge. Seiner Frau sagte er allerdings nichts davon. Doch er begann heimlich, den Elefant mit seinem langen Rüssel zu beobachten. Er versuchte, an seiner eigenen Nase zu ziehen und hoffte, sie würde etwas wachsen. Aber alles, was passierte, war, dass ihm die Nase wehtat.

Er versuchte, seinen Hals zu strecken, und hoffte, er würde länger werden und so interessant aussehen wie der Hals der Giraffe. Aber alles, was passierte, war, dass ihm der Hals wehtat.

Er übte Springen und forderte das Känguru zu einem Wettbewerb heraus. Er verlor.

Er versuchte zu rennen, aber mehr als einen schnellen Trott brachte er nicht zustande, und bald war er müde.

Die anderen Tiere hatten bald herausbekommen, was der Esel vorhatte. Einige lachten ihn aus, andere zeigten Verständnis.

„Der arme, alte Esel. Möchte interessanter aussehen", sagte der Elefant.

„So wie ich", sagte der Pfau stolz und schlug ein prächtiges Rad.

„Man sollte ihm sagen, dass es keinen Zweck hat", riet der Elefant.

„Ich weiß wirklich nicht, warum er sich so aufregt", meckerte die Ziege.

„Wenn ich so langweilig aussähe wie er", erwiderte der Leopard, der sehr stolz auf seine Flecken war, „dann würde ich mich auch aufregen."

„Mit diesen Eseleien macht er sich doch nur lächerlich", sagte der Fuchs und verschluckte sich fast, weil er über seinen eigenen Scherz so lachen musste. „Wahrscheinlich fängt er demnächst an, von den Tischen zu springen, weil er meint, er könnte fliegen", stieß er hervor, als er endlich wieder reden konnte.

Nach ein paar Tagen war der Esel ganz verzweifelt. Es würde ihm nie gelingen, ein bisschen interessanter auszusehen. Da sah er eines Tages ein Tier, das er noch nie gesehen hatte. Es sah fast genauso aus wie er und war auch fast genauso groß, aber sein Fell war ganz anders, denn es trug am ganzen Körper schwarze und weiße Streifen. Der Esel war hingerissen.

„Entschuldigen Sie", begann er schüchtern. „Wer sind Sie?"

„Ich?", fragte das Tier und schüttelte den Kopf. „Ich bin ein Zebra. Und du bist ein Esel."

„Ja", gab der Esel zu. Er schämte sich. „Bitte …
können Sie mir sagen … woher haben Sie diese erstaunlichen, diese wunderschönen Streifen?"

„Ich bin damit geboren worden", antwortete das
Zebra.

„Oh", sagte der Esel traurig.

„Nun erzähl mir nur nicht", sagte seine Frau, als
er in seine Kabine zurückkam, „du hättest das Zebra getroffen."

„Wie kommst du darauf?", fragte der Esel.

„Ich habe es vermutet. Irgendwann musste es ja
passieren."

Der Esel seufzte und ging wieder fort. Es gab so
viel, worüber er nachdenken musste. Wie bekommt
man Streifen? Wie, ach wie konnte auch er so wun-
dervolle schwarze und weiße Streifen bekommen?
Den ganzen Tag grübelte er darüber nach. Er son-
derte sich von den anderen Tieren ab und verpasste alle Mahlzeiten. Doch als die Nacht hereinbrach
und die anderen Tiere sich alle zum Schlafen hin-
legten, war er noch kein bisschen weitergekommen.
Plötzlich merkte er, dass er sehr, sehr hungrig war.

Der Esel trottete davon, um die Vorratsräume zu
suchen. Dabei verirrte er sich, und schließlich landete er in der Küche, in der Herr und Frau Noah
die Mahlzeiten für sich und ihre Familie zuberei-
teten. Die Küche war leer.

Er wollte gerade wieder gehen, als er eine große Schüssel fand, die bis an den Rand mit etwas
gefüllt war, das wie Futter aussah. Der Esel trottete hinüber und schnupperte mit der Nase daran. Die Schüssel rutschte vom Tisch, fiel auf den
Boden, und der Esel wurde in eine weiße Wolke
eingehüllt. Es war Mehl. Erschrocken trat er einen
Schritt zurück und stieß an eine Wasserschüssel,
die sich über ihn ergoss.

Jetzt bekam er wirklich Angst und wollte gehen.
Er drehte sich um, und wen sah er da? Das Zebra.

„Tut mir leid", sagte der Esel entschuldigend.

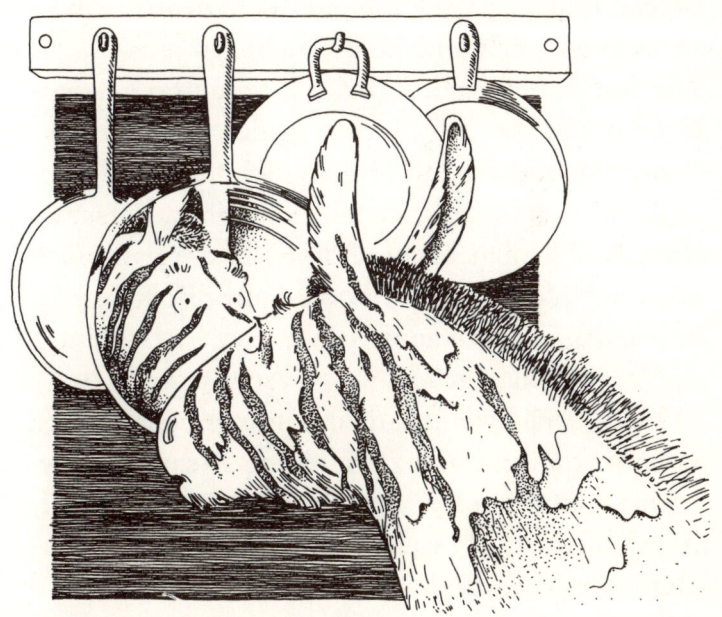

Ich wusste nicht, dass dies dein Raum ist. Ich gehe schon."

Das Zebra antwortete nicht. Es sah ihn nur mit vor Angst weit aufgerissenen Augen an, und das Wasser rann über seinen Rücken und tropfte langsam auf den Boden. Da erkannte der Esel, dass er sich selbst anstarrte. Sein Gesicht spiegelte sich in einer der glänzenden Pfannen, die in der Küche hingen.

Er schaute und schaute und konnte seinen Augen nicht trauen. „Das bin ich", murmelte er schließlich. „Und ich habe Streifen." Er sah an seinen Beinen hinunter. „Ich bin ein Zebra geworden. Es ist … es ist ein Wunder."

Wie im Traum verließ er die Küche und gelangte in die große Halle. Der Affe wurde vom Getrappel seiner Hufe wach und öffnete schläfrig ein Auge.

„Ach, du bist das", sagte er mürrisch. „Hast du eben den Lärm gemacht? Kannst du ein armes Tier nicht schlafen lassen?" Doch dann öffnete er das andere Auge und staunte.

„Na, jetzt habe ich alles gesehen", sagte er.

Das Meerschweinchen, das nur einen leichten Schlaf hatte, blinzelte zu dem Esel hinauf und begann zu kichern. Die Eule kam im Sturzflug herabgeflattert, um besser zu sehen, was los war. Es dauerte nur Sekunden, bis alle wach waren und den Esel anstarrten. Sie starrten und staunten, und dann begannen sie zu lachen. Sie lachten … und lachten … und lachten.

„So was Komisches habe ich noch nie gesehen." Das Krokodil schnappte nach Luft und hielt sich mit den Klauen die schuppigen Seiten.

Der Esel sah sich verwirrt um. Warum lachten sie denn alle? Warum bewunderten sie nicht sein neues Zebrafell?

Von dem Lärm wurde schließlich auch seine Frau wach und kam in die große Halle. Doch als sie ihren Mann sah, schüttelte sie nur den Kopf. „Dummes, altes Ding", sagte sie zärtlich.

„Wieso?", fragte der Esel, der jetzt ganz durcheinander war. „Was habe ich denn gemacht?"

Eine neue Woge des Gelächters ging durch die Reihen, und nun kam auch Herr Noah herbeigeeilt. Als er den Esel erblickte, blieb er vor Staunen stehen, aber er lachte nicht. Er wurde nicht einmal böse, als ihm aufging, dass das Mehl für das Brot des nächsten Tages nun an dem Fell des Esels klebte.

„Komm mit, Alter", sagte er. „Wir wollen dich erst einmal sauber machen."

Er führte den verwirrten Esel davon und wusch ihm alles Mehl aus dem Fell. Das dauerte ziemlich lange, denn das Mehl hatte sich mit dem Wasser

vermischt, und daraus war eine harte Paste ent-
standen. Er redete ganz freundlich mit dem Esel,
aber der stand nur mit gesenktem Kopf da und
sagte kein einziges Wort. Sobald er sauber war,
trottete er langsam davon.

„Er wird schon darüber hinwegkommen", meinte Herr Noah zu sich selbst.

Aber der Esel kam nicht darüber hinweg. Er hörte auf, mit seiner Frau zu reden, er hörte auf, durch
die große Halle zu wandern, er hörte auf, sich in
jemand anderen verwandeln zu wollen, ja er hörte
sogar auf zu essen. Er blieb einfach in seiner Kabine liegen und wurde immer schwächer.

Schließlich ging seine Frau zu Herrn Noah.

„Kannst du nicht etwas tun, Herr Noah?", fragte sie. „Ich habe versucht, mit ihm zu reden. Die
Tiere sind gekommen und haben ihn besucht und
sich entschuldigt, weil sie ihn ausgelacht haben,
aber es hilft alles nichts. Ich mache mir wirklich
Sorgen. Wenn er nicht bald wieder frisst, wird er
sterben."

Als sie gegangen war, redete Herr Noah mit
Gott.

„Wie kann ich dem Esel helfen?", fragte er. „Seine
Frau und die anderen Tiere haben alles versucht."

Gott dachte einen Augenblick nach. Dann sagte
er: „Geh zu dem Esel und sag ihm Folgendes: Sag

ihm, dass ich gerade die normalen, ganz alltäglichen Tiere besonders gernhabe. Sag ihm, dass jene, die geschlagen, verspottet und ausgelacht werden, einen Platz ganz nah an meinem Herzen haben. Und dazu gehört auch er. Auch wenn die anderen meinen, er sei ein Narr, und er selbst glaubt, er sei langweilig und töricht, wird es sich doch noch zeigen, dass er klüger ist als viele Menschen. Sag ihm das. Und sag ihm auch dies: Eines Tages wird ein Esel, so wie er, meinen Sohn auf seinem Rücken tragen und ihn stolz durch eine große Stadt reiten lassen, und die Menschen werden ihm zujubeln und frische Blätter auf seinen Weg werfen. Sag ihm das alles – denn für mich ist er etwas ganz Besonderes."

Und so ging Herr Noah zu dem Esel und erzählte ihm alles, was Gott ihm gesagt hatte. Am Anfang wollte der Esel nicht zuhören. Doch nach einer Weile erhob er sich und begann auch wieder zu fressen. Und als Herr Noah und seine Frau ihn schließlich überreden konnten, in die große Halle zu gehen, da wurde er von allen Tieren herzlich begrüßt, und niemand lachte ihn aus, sodass es ihm bald wieder gut ging.

„Vielleicht ist es doch nicht so verkehrt, ein Esel zu sein", sagte er eines Nachts zu seiner Frau. „Schließlich sind wir für Gott etwas ganz Besonderes."

Es soll nicht wieder vorkommen

Während der langen Reise wechselten sich Noahs drei Söhne Sem, Ham und Jafet und ihre Frauen beim Kochen und Putzen ab. Sie versorgten die Tiere und achteten darauf, dass die Arche in gutem Zustand blieb. Es gab immer eine Menge zu tun, und am Anfang beschwerte sich niemand. Sie waren ja alle heilfroh, dass sie am Leben bleiben durften.

Aber es war eng auf der Arche, und mit der Zeit wurde die Stimmung schlechter. Es regnete unablässig, Tag für Tag. Vor allem Ham wurde immer unzufriedener.

„Mir ist langweilig", sagte er eines Tage zu seinem älteren Bruder.

Sem war erstaunt. „Das verstehe ich nicht", erwiderte er. „Wie kann dir denn bei der vielen Arbeit langweilig werden?"

„Doch", sagte Ham. „Mir ist langweilig. Und mir stinkt's. Das ist doch keine Arbeit für uns – hinter den Tieren herputzen, Tiere füttern, Tieren zu trinken geben, immer aufpassen, dass sie alle glücklich und zufrieden sind."

„Nun, wenn wir uns nicht darum kümmern würden, dass sie glücklich und zufrieden sind, dann hätten wir wirklich nichts zu lachen", antwortete Sem.

„Aber ob ich glücklich bin", murmelte Ham, als er die Kabine verließ, „darum kümmert sich niemand."

Vor der Kabine stolperte er über den Igel.

„Kannst du nicht aufpassen, wo du hingehst?", schimpfte er.

„Das könnte ich dich auch fragen", antwortete der Igel sanft. „Aber ich tu's nicht. Guten Tag."

Eines Tages kam der Löwe zu Herrn Noah.

„Im Auftrag der Tiere", begann er mit wichtiger Miene, „hat man mich zu dir geschickt, um dir mitzuteilen, dass wir über das Verhalten deines zweiten Sohnes Ham nicht sehr glücklich sind. Er hat eine ganze Reihe von uns verärgert."

„Kannst du bitte deutlicher werden?"

„Gestern hat er das Kaninchen getreten", sagte der Löwe.

„Das ist nicht gut", meinte Herr Noah.

„Und zum Warzenschwein hat er gesagt, er sei überrascht, dass Gott überhaupt ein so hässliches Tier geschaffen habe", fuhr der Löwe fort. „Es war sehr verärgert, wirklich."

„Kein Wunder", antwortete Herr Noah.

„So etwas würde ich keinem meiner Jungen durchgehen lassen, und wir meinen, es ist höchste Zeit, dass du etwas dagegen unternimmst."

„Ja, natürlich", entgegnete Herr Noah. „Ich werde sofort mit ihm reden."

Als Ham kam, trat Herr Noah ihm entschlossen entgegen.

„Du ärgerst die Tiere. Das muss aufhören."

„Ich? Ich habe überhaupt nichts gemacht", sagte Ham.

„Der Löwe war hier mit einer ganzen Reihe von Beschwerden."

„So ein Feigling! Und überhaupt, was haben die sich denn zu beschweren? Sie sollten uns dankbar sein, dass wir sie retten!"

„Nein, Ham", sagte Herr Noah. „Nicht uns. Gott müssen sie danken. Er hat sie vor der Flut gerettet. Er hat auch uns gerettet. Gerettet, vergiss das nicht."

Ham verließ seinen Vater und ging zum Vorratsraum. Heute Abend war er an der Reihe, das Futter und die Getränke zu verteilen. Aber er war viel zu wütend, um mit den Gedanken bei seiner Arbeit zu sein, und so kam es, dass die Tiere an diesem Abend nur wenig Futter und überhaupt nichts zu trinken erhielten.

„Die Bedienung auf dieser Reise lässt wirklich nach", murrte die Emufrau und stocherte in ihrem Trog.

„He, Löwe, du bist doch der Assistent, hast du eine Ahnung, warum unsere Futterrationen gekürzt worden sind?", fragte der Bär ganz direkt.

„Und das Wasser", rief der Otter. „Ich brauche Wasser, und meine Wanne ist ganz trocken!"

„He!", fauchte das Wiesel und schubste den Iltis wütend zur Seite. „Nimm deine schmutzige Nase aus meinem Futtertrog!"

Der Iltis stieß das Wiesel zurück, und es dauerte keine Minute, da jagten sie sich durch die große Halle.

„Was ist denn hier los?" Herr Noah kam eilig herbeigelaufen.

„Er hat angefangen", sagte das Wiesel.

„Das stimmt überhaupt nicht, er war es", wehrte sich der Iltis.

„Jetzt reicht's", unterbrach Herr Noah bestimmt. „Löwe, was ist passiert?"

„Es ist wegen des Futters", sagte der Löwe. „Herr Noah, wird das Futter knapp?"

„Nein, natürlich nicht", antwortete Herr Noah erstaunt.

„Oder das Wasser?", fragte der Otter besorgt.

„Wir haben genug Wasser. Gott hat mir ganz genau gesagt, wie viel wir mitnehmen sollten."

„Aber warum haben wir dann heute Abend alle nur eine kleine Portion Futter und überhaupt kein Wasser gekriegt?", erkundigte sich der Bär.

„Ich hab's ja gewusst", sagte der Affe in seinem Ich-hab's-euch-ja-gesagt-Tonfall. „Ich hab's die ganze Zeit gewusst. Wir werden verhungern und verdursten." Er schwang sich von einem der Balken herab. „Wenn wir nicht vorher schon alle ertrinken."

„Unsinn", sagte Herr Noah. Er warf einen Blick in die Futtertröge und Wasserbehälter. „Seltsam. Ich kümmere mich darum."

Er verließ die Halle und rief seine drei Söhne.

„Sem, Ham und Jafet, wer von euch hat gerade die Futtertröge und Wasserbehälter aufgefüllt?"

„Ich, Vater", sagte Ham.

„Warum hast du ihnen so wenig Futter gegeben und gar kein Wasser?"

„Hab ich nicht!", sagte Ham.

Herr Noah seufzte. „Ich bin es langsam leid", meinte er. „Geh und gib ihnen so viel Futter und Wasser, wie ihnen zusteht, und dann komm zu mir zurück. Und ich denke, du solltest dich bei den Tieren dafür entschuldigen, dass du sie hast hungern und dursten lassen", fügte er noch hinzu.

Ham war aufgebracht. „Entschuldigen? Ich? Bei denen? Bei einer Horde schmutziger, stinkender Tiere? Du machst wohl Witze?"

„Es war mir nie so ernst", sagte Herr Noah.

„Dann entschuldige du dich doch bei ihnen!", rief Ham. „Ich tu's nicht!"

Er verließ die Kabine und knallte die Tür hinter

sich zu. Herr Noah seufzte, während Sem und Jafet einander ansahen.

„Wir kümmern uns um die Arbeit", sagte Sem.

„Ich wäre froh, wenn ihr helfen könntet", erwiderte Herr Noah. „Aber auf eine Art hat Ham recht. Ich sollte mich bei den Tieren entschuldigen, denn schließlich hat Gott mir die Verantwortung übertragen."

Also ging Herr Noah in die große Halle und rief alle Tiere zusammen.

„Es tut mir leid, dass ihr heute Abend nur so kleine Futterportionen und gar kein Wasser be-

kommen habt", sagte er. „Es soll nicht wieder vorkommen, das verspreche ich euch."

„Wieso ist es überhaupt vorgekommen?", fragte
der Affe verdrießlich.

„Weil mein zweiter Sohn nicht darauf geachtet
hat, was er tut", erklärte Herr Noah.

„Nicht nötig, ihn zu entschuldigen", rief der Bär.
„Wir wissen alle, dass er uns nicht mag."

„Wenn er nicht dein Sohn wäre, dann würde ich
kurzen Prozess mit ihm machen", fauchte der Tiger.

Als Herr Noah das hörte, wurde er sehr traurig.
Er ging in seine Kabine und besprach das Problem
mit Gott.

„Es ist nicht leicht für ihn, Gott, weißt du – es ist
für uns alle nicht einfach –, Tag für Tag hier eingesperrt zu sein. Und nichts ist so deprimierend,
als wenn es ständig regnet. Aber er sollte sich den
Tieren gegenüber wirklich etwas besser zusam-
mennehmen, sonst hört der Ärger überhaupt nicht
mehr auf."

Während Herr Noah mit Gott sprach, redete Ham
mit seiner Frau.

„… und dann sagte er, er erwarte, dass ich mich bei
den Tieren entschuldige … Das war zu viel. Ich wei-
gere mich, auch nur einen Handgriff für diesen Haufen fauler, nichtsnutziger Tiere da draußen zu tun."

„Aber dein Vater …", begann seine Frau.

Ham unterbrach sie. „Vater! Weißt du, was ich glaube? Ich glaube, er hat den Verstand verloren. Er ist ganz einfach durchgedreht. Was diese Tiere brauchen, ist eine starke Hand, die keinen Unfug duldet." Er rannte in der Kabine hin und her.

„Aber Gott …", begann seine Frau.

„Ich weiß schon, was du sagen willst", sagte Ham. „Gott hat meinem Vater die Verantwortung übertragen, also müssen wir uns einfach damit abfinden. Aber weißt du, was ich denke? Ich denke, es war ganz schön unfair von Gott, einen alten Mann mit dieser Reise zu belasten. Einen kranken alten Kerl wie ihn …"

„Er ist nicht krank …", widersprach seine Frau.

„Zu wem hältst du denn eigentlich?", fragte Ham, ohne auf ihre Antwort zu warten. „Gott hätte einen jüngeren Mann aussuchen sollen, einen fähigeren. Meinen Bruder Sem zum Beispiel … obwohl er etwas zu nachgiebig ist, wie Vater. Nein, Gott hätte mir die Verantwortung übertragen sollen."

Es klopfte an der Tür, und Jafet steckte den Kopf herein.

„Vater sagt, du sollst in seine Kabine kommen."

„Ach ja, sagt er das …", begann Ham.

„Ja", erwiderte Jafet. „Sofort."

Kurz darauf klopfte Ham an Herrn Noahs Kabinentür und trat ein.

„Also, Vater", begann er. „Ich habe nachgedacht ..."

„Ich habe auch nachgedacht", schnitt ihm sein Vater das Wort ab. „Und was noch wichtiger ist, ich habe mit Gott geredet. Hast du in der letzten Zeit mit Gott gesprochen?"

„Nein, aber ich verstehe nicht ...", begann Ham.

„Das ist genau das Problem", sagte sein Vater. „Du siehst nicht weiter als bis zu deiner Nasenspitze."

Ham versuchte es erneut. „Hör mal, Vater. Es tut mir leid, wenn ich so grob war, aber es hat mich geärgert, dass du einer Horde wilder Tiere mehr glaubst als mir."

„Ich glaube meinen eigenen Augen", sagte Herr Noah. „Die Tiere hatten Hunger und Durst."

„Ja, aber, also … ist das wirklich so wichtig? Wenn du mich fragst, du machst dir viel zu viele Gedanken um die Tiere, das ist gar nicht gut für sie. Und für dich auch nicht. Du bist schließlich nicht mehr der Jüngste."

Sein Vater schwieg.

„Sieh mal", fuhr Ham fort. „Gott hat uns dazu auserwählt, zu überleben. Unsere Familie. Also meint er doch, wir seien etwas Besonderes. Er hat uns die Verantwortung für die Tiere übertragen. Er hat uns Macht über sie gegeben."

„Er hat uns nicht die Macht gegeben, damit wir sie vernichten", warf Herr Noah ein. „Gott möchte, dass wir mit ihm zusammen dafür sorgen, dass alle auf dieser Arche am Leben bleiben, und das ist eine große Verantwortung. Ich weiß nicht, warum Gott uns ausgewählt hat und warum wir überleben sollen. Ganz sicher nicht, weil wir klüger oder weiser wären als andere, und wir sind bestimmt nicht klüger und weiser als Gott."

Ham schwieg.

Herr Noah sah ihn an. „Geh jetzt – und wir wollen auch nicht mehr von meinem Alter sprechen. Wenn Gott meint, ich sei geeignet für die Aufgabe, wie könnte ich ihm dann widersprechen? Er wird mir die Kraft geben, die ich brauche."

Ham kehrte zurück in seine Kabine und dachte lange über alles nach, was sein Vater gesagt hatte. Dann ging er in die große Halle und sagte den Tieren, es tue ihm sehr leid, dass er so grob zu ihnen gewesen sei und ihnen nicht genug zu essen und zu trinken gegeben habe.

„So ist es recht", brummte der Bär.

„Wollen hoffen, dass es nicht noch mal passiert", schnüffelte der Emu.

„Wird es bestimmt", keifte der Affe.

„Ach, hör doch auf", sagte der Igel friedfertig. „Er sagt, es tut ihm leid. Dabei wollen wir es lassen."

Also beließen sie es dabei. Ham schimpfte nicht mehr auf die Tiere und drückte sich nicht mehr vor der Arbeit, und die Tiere hatten immer genug Futter und Wasser. Und eine Zeit lang herrschte Frieden auf der Arche.

Wo habt ihr das Futter versteckt?

Der Ameisenbär und die Gans behaupteten hinterher, die Schweine seien selbst schuld, weil sie
so gierig und gefräßig seien. Die beiden Schweine
sagten, der Affe habe angefangen. Der Affe sagte
gar nichts. Was war passiert?

Die Arche schwamm schon eine lange Zeit auf
dem Wasser. Gott hatte Herrn Noah gesagt, der Regen würde vierzig Tage und vierzig Nächte dauern,
und Sem, Herr Noahs Sohn, hatte einen Kalender
angelegt, der nun in der großen Halle hing. Jeden
Morgen machte Herr Noah ein Kreuz über den
vergangenen Tag. Auf der Tafel waren inzwischen
zwanzig Kreuze.

„Was bedeutet", sagte die Eule, die gern rechnete, „dass wir schon zwanzig Regentage hatten. Mit
anderen Worten …" Sie schwieg eine Weile und
rechnete im Kopf noch einmal nach, „wir haben
noch zwanzig Regentage vor uns."

„Man könnte also sagen", meinte das Kamel
bedächtig, nachdem es ein Weilchen nachgedacht
hatte, „dass die Hälfte der Reise vorüber ist."

„Oder dass die Hälfte noch vor uns liegt", mischte der Affe sich ein.

„Kommt drauf an, wie man die Sache betrachtet", erklang der Adler von seinem Balken ganz oben in der großen Halle. „Für alle, die eher die Sonnenseite sehen, haben wir die halbe Reise hinter uns. Aber für die, die immer schwarzmalen, liegt die Hälfte noch vor uns."

„Und die zweite Hälfte ist immer die schlimmste", sagte der Affe.

„Wieso das?", fragte der Igel.

„So ist das Leben", erwiderte der Affe.

„Mir hat die erste Hälfte der Reise gut gefallen", flüsterte die Haselmaus. „Und ich hoffe, dass die zweite noch schöner wird."

„Ich bin froh, dass du so glücklich bist", meinte der Affe mit säuerlicher Miene. „Ich persönlich könnte mir etwas Schöneres vorstellen, als hier festzustecken. Besonders wenn ich mir die Manieren von einigen unserer Mitreisenden ansehe", fuhr er fort und sah zu den beiden Schweinen hinüber, die unter viel Grunzen und vergnügtem Schnüffeln ihr Futter hinunterschlangen.

Der Emu kicherte, dann rümpfte er missbilligend die Nase. „Kein schöner Anblick", sagte er, „für alle, die es gelernt haben, sich zu benehmen."

„Tatsächlich, überhaupt kein Stil", pflichtete der Ameisenbär bei.

Nun wandten sich alle Tiere den beiden Schweinen zu, die ihre eigenen Futtertröge inzwischen leer gefressen hatten und zwischen den Trögen der anderen umherwanderten und hungrig alle Reste verschlangen.

„Wenn ihr meine Meinung wissen wollt", sagte der Gänserich laut, „ich finde, so gefräßige Tiere wie sie hätte Gott gar nicht auf die Arche lassen sollen."

„Pst", mahnte die Gans. „Sie könnten dich hören."

„Geschieht ihnen recht."

Die Schweine hatten es tatsächlich gehört, und zwar nicht nur das, was der Gänserich gerade gesagt hatte, sondern auch alles andere vorher. Sie waren zutiefst verletzt, denn Schweine sind empfindliche Tiere und regen sich schnell auf.

„Das Problem ist, dass sie recht haben", sagte die Sau am Abend zu ihrem Mann. „Wir sind gefräßig."

„Nein, das sind wir nicht", antwortete der Eber. „Was ist daran gefräßig, wenn man einen gesunden Appetit hat?"

„Ich habe einfach immer solch einen Hunger", sagte die Sau unglücklich. „Vielleicht sollten wir Herrn Noah bitten, uns größere Rationen zuzuteilen."

Der Eber schüttelte den Kopf. „Nein, Liebling, das können wir nicht machen. Das wäre den anderen Tieren gar nicht recht."

„Sie können uns sowieso nicht leiden", klagte die Sau. „Du hast ja gehört, was sie gesagt haben, nur weil wir ihre Reste gefressen haben. Und ich hasse es, etwas umkommen zu lassen."

Also fraßen die Schweine auch weiterhin die Reste, die die anderen Tiere in ihren Futtertrögen übrig ließen. Es dauerte nicht lange, da warteten einige Tiere nach den Mahlzeiten schon auf die beiden Schweine, um sich über sie lustig zu machen.

„Die alten Fresssäcke sind im Anmarsch", krähte die Krähe mit schriller Stimme.

„Wenn sie noch dicker werden, platzen sie bald", witzelte der Skorpion, als die Schweine herangewackelt kamen.

Die Schweine versuchten, einfach nicht hinzuhören. Aber das war nicht einfach, vor allem als die Bemerkungen immer bissiger wurden.

Dann begannen die Tiere, sie beim Fressen zu schubsen und zu stoßen. Das Krokodil stieß ihren Futtertrog um und sagte, es sei ein Versehen und tue ihm leid – aber dabei hatte es dieses niederträchtige Grinsen auf dem Gesicht, und es kicherte laut, als die Schweine begannen, auf dem Boden nach ihrem Fressen zu wühlen.

An diesem Abend war die Sau in Tränen aufgelöst, und ihr Mann war sehr böse.

„Könnten wir nicht doch zu Herrn Noah gehen?", schnüffelte sie.

„Nein", erwiderte er. „Dann müssten wir petzen, und außerdem hat Herr Noah schon genug Probleme."

„Aber lange halte ich das nicht mehr aus", jammerte die Sau.

Nicht alle Tiere machten mit.

„Könnt ihr sie nicht in Ruhe lassen?", fragte das Känguru. „Schließlich fressen sie nur das, was wir sowieso nicht wollen!"

„Sie stehlen", erklärte die Gans mit selbstgerechter Miene.

„Ach was", antwortete das Känguru. „Sie schaden niemandem. Es ist nicht recht, sie so zu piesacken."

„Wir piesacken sie nicht, wir machen uns nur über sie lustig", sagte darauf der Skorpion.

Das Känguru zuckte die Schultern. „Wo ist da der Unterschied?" Und es hüpfte davon.

„Wir machen doch nur Spaß", rief die Krähe hinterher.

„Für die Schweine ist es aber nicht sehr spaßig", murmelte der Igel, aber er traute sich nicht, es laut zu sagen, weil er Angst hatte, die Tiere könnten stattdessen ihn aufs Korn nehmen.

Am Abend hatte der Gepard die Idee, das Futter der Schweine zu verstecken. Gespannt sahen die Tiere zu, wie die Schweine zum Essen kamen und voller Entsetzen stehen blieben, als sie ihre leeren Futtertröge sahen.

„Nun kommt schon, wo habt ihr es hingetan?", fragte der Eber.

„Was hingetan?", fragte der Gepard unschuldig.

„Unser Futter."

„Was für Futter?", sagte der Ameisenbär.

„Wieso sollten wir denn euer Futter irgendwo hintun?", fragte der Skorpion.

„Futter? Futter? Ich sehe kein Futter", rief die Krähe und flatterte wie wild mit den Flügeln. Dabei lachte sie so heftig, dass sie fast von ihrer Stange gefallen wäre.

„Ich hab so 'n Hunger", jammerte die Sau, und die Tränen standen ihr in den Augen.

„Geschieht dir recht. Warum bist du auch so gefräßig?", sagte der Ameisenbär.

Das war zu viel für den Eber. Mit einem wütenden Quiekser stürzte er sich auf den Ameisenbär, und schon bald war die große Halle voller balgender Tiere. Futtertröge fielen um, Futter klebte an den Wänden oder wurde zertrampelt, und jeder kämpfte gegen jeden.

„Was ist hier los?"

Das war Herr Noah.

Die Kämpfe hörten sofort auf, und der Löwe setzte seine würdevolle Miene auf. „Wir hatten eine kleine Meinungsverschiedenheit", sagte er leichthin. „Und darauf gab es ein kleines Handgemenge. Aber im Grunde ist nichts passiert."

„Es sieht aber so aus, als sei eine ganze Menge passiert", meinte Herr Noah und sah von einem Tier zum anderen. Keines sagte ein Wort.

Herr Noah seufzte. „Wir haben kein Futter übrig. Tut mir leid. Ihr räumt jetzt am besten hier auf und sammelt alles, was noch essbar ist, zusammen. Das wird dann zum Abendessen reichen müssen."

Kaum war er gegangen, als die Tiere sich wieder auf die Schweine stürzten.

„Euch haben wir es zu verdanken, dass wir jetzt nichts zu fressen haben", schimpfte der Emu.

Die Schweine wichen einen Schritt zurück.

„Das vergessen wir euch nie", zischte die Gans und wackelte mit ihrem langen Hals.

Die Schweine wandten sich um und flohen. In dieser Nacht flüsterten sie lange miteinander.

„Was meinst du, was sie vorhaben?", fragte die Sau.

„Ich weiß es nicht, Liebling."

„Ob sie uns je wieder etwas zu essen lassen?"

Der Eber schwieg.

„Ich habe solchen Hunger. Mir knurrt schon der Magen", jammerte die Sau.

„Sei mal einen Moment still", meinte der Eber. „Ich muss nachdenken."

„Es ist so gemein!"

Der Eber erhob sich. „Komm mit", sagte er. „Aber leise."

Auf Zehenspitzen schlichen sie durch die dunklen Gänge. Die Sau folgte dem Eber ganz aufgeregt. Plötzlich blieb er stehen, und sie stieß mit ihm zusammen.

„Da!"

„Wo?", fragte die Sau und rieb sich die schmerzende Nase.

„Ich hatte es mir gedacht", sagte der Eber. Er war ganz stolz auf sich.

Er stieß eine Tür auf, und die beiden Schweine betraten den riesigen Vorratsraum, in dem alles

Futter für die Reise gelagert war. Voller Staunen sahen sie sich darin um.

„Am besten machen wir uns gleich ans Fressen", meinte der Eber mit praktischem Sinn. „Wir dürfen uns nicht erwischen lassen."

Also begannen die beiden Schweine zu fressen, so schnell sie nur konnten. Sie aßen und aßen, und als sie wirklich keinen Bissen mehr hinunterwürgen konnten, torkelten sie zurück zu ihrem Stall und fielen sofort in einen tiefen, zufriedenen Schlaf.

Am nächsten Abend wartete dieselbe feixende Tierschar auf die Schweine. Wieder war ihr Futter versteckt worden. Die Sau begann zu weinen.

„Komm, Liebling", sagte der Eber. „Das brauchen wir uns nicht gefallen zu lassen." Und er führte sie aus der großen Halle.

In der Nacht, als alle schliefen, machten sie sich wieder auf den Weg zum Vorratsraum und fraßen sich voll.

Als Herr Noah am nächsten Morgen in den Vorratsraum trat, glaubte er, seinen Augen nicht zu trauen.

„Sem, Ham und Jafet", rief er. „Habt ihr den Tieren zusätzliches Futter gegeben?"

„Nein, Vater."

„Warum haben die Vorräte dann so abgenommen?"

„Vielleicht haben ein paar von den Tieren sich selbst bedient", meinte Ham. „Ich habe dir ja gesagt, du sollst ein Schloss an die Tür hängen."

„Ich dachte, ich könnte ihnen vertrauen", sagte Herr Noah traurig.

„Soll ich die Tiere zusammenrufen, Vater?", fragte Sem. „Du wirst ja sicher wissen wollen, wer der Schuldige ist."

Herr Noah überlegte einen Augenblick, dann dachte er an die Streitereien. Er schüttelte den

Kopf. „Das ist zu kompliziert. Ich werde erst einmal mit Gott reden."

Als die Schweine in dieser Nacht zum Vorratsraum kamen, wartete Herr Noah mit ernstem Gesicht auf sie. Die Schweine quiekten vor Schreck laut auf.

„Oh, oh", sagte die Sau. „Mein Herz. Ich kriege bestimmt einen Herzinfarkt!"

„Komm, setz dich ganz ruhig hin, Liebling", beschwichtigte sie der Eber. Dann wandte er sich an Herrn Noah. „Ich kann dir alles erklären", begann er. „Wir holen uns nur unsere Futterrationen."

„Aber ihr bekommt doch eure Ration mit den anderen Tieren", antwortete Herr Noah verwirrt.

„Hm, nein, nicht richtig."

„Dann erzähl mir mal, was los ist", forderte Herr Noah ihn auf.

Er hörte schweigend an, was die Schweine erzählten, und unterbrach sie kein einziges Mal.

„Aber ist euch nicht klar, dass ihr stehlt?", fragte er schließlich, als sie fertig waren.

Die Schweine sahen sich betreten an. „Nein, so haben wir das nicht gesehen. Weil die anderen Tiere unser Futter verstecken, dachten wir, wir holen uns einfach, was uns zusteht, erklärte die Sau.

Herr Noah sah sich im Vorratsraum um. „Nun, ihr habt aber viel mehr gefressen als nur euren Anteil. Von jetzt an werden wir alle etwas weniger essen müssen."

„Es tut mir leid", sagte der Eber. „Es war meine Idee, hierherzukommen."

„Mir tut es auch leid", sagte die Sau. „Aber wir hatten Angst, weißt du."

„Warum seid ihr nicht zu mir gekommen und habt mir gesagt, dass die Tiere euch ärgern?", fragte Herr Noah freundlich.

Einen Moment lang herrschte Schweigen. Dann sagte der Eber: „Ich wollte das nicht. Es tut mir leid. Es tut mir wirklich leid."

Am nächsten Morgen rief Herr Noah alle Tiere zusammen und erzählte ihnen, was geschehen war. Er sagte ihnen auch, dass ihre Futterrationen für den Rest der Reise gekürzt werden müssten.

„Diese Schweine!", knurrte das Krokodil. „Wartet nur, bis ich meine Zähne in euch bohre!

„Du wirst die Schweine in Ruhe lassen", sagte Herr Noah streng. „Und es ist auch nicht allein ihre Schuld. Ihr seid alle mitschuldig. Die Schweine hätten nicht stehlen sollen, aber von euch war es gemein, euch über sie lustig zu machen und sie zu ärgern und zu erschrecken."

„Wir haben nicht alle die Schweine geärgert", sagte der Löwe würdevoll.

„Vielleicht nicht", entgegnete Herr Noah. „Aber

alle, die wussten, was los war, und nichts dagegen unternommen haben, sind fast genauso schlimm."

Die Tiere schwiegen.

„Ich habe den Vorratsraum nie abgeschlossen, weil ich euch vertrauen wollte", fuhr Herr Noah fort. „Wollt ihr, dass ich ihn jetzt abschließe?"

„Nein", sagte der Igel. „Ich werde mich als Wache davorstellen, wenn es dir recht ist."

Der Gepard lachte. „Schöne Wache." Dann wandte er sich an Herrn Noah. „Es tut mir leid, dass ich die Schweine geärgert habe. Du hast recht. Wir sind alle mit schuld. Ich werde dafür sorgen, dass es nicht wieder vorkommt, und ich bin sicher, dass du den Vorratsraum nicht abzuschließen brauchst."

Die anderen Tiere waren einverstanden, und als es Zeit zum Füttern war, herrschte in der Arche wieder Frieden.

„Aber ich habe immer noch Hunger", jammerte die Sau.

„Hier", sagte der Igel. „Du kannst etwas von meinem Futter haben. Ich brauche nicht so viel wie du."

„Danke", sagte die Sau leise. Sie trocknete sich die Tränen und war zufrieden.

Ich will nie wieder Angst vor euch haben

Als alle Tiere vor der Arche Schlange standen, da staunte Herr Noah über die unzähligen Arten, die es auf der Welt gab. Ganz zum Schluss kamen die Insekten. Sie krochen und schlichen, zappelten und wanden sich, flogen und hüpften. Sie kamen in allen Formen und Größen, und mehr als einmal jagten Herrn Noah bei ihrem Anblick kalte Schauer über den Rücken.

Doch keines von all den Geschöpfen, die in die Arche kamen, erschreckte Herrn Noah mehr als die beiden schwarzen, behaarten, langbeinigen Spinnen.

„Du musst nämlich wissen, Gott", sagte Herr Noah, nachdem er sich in seiner Kabine in Sicherheit gebracht hatte, „ich habe Angst vor Spinnen."

Aber das wusste Gott schon.

Die Tür der Arche wurde verschlossen. Herr Noah ging seinen täglichen Pflichten nach und versuchte, nicht zu oft an die Spinnen zu denken.

„Schließlich", sagte seine Frau, „hat Gott sie erschaffen, genau wie dich und mich. Und vielleicht haben sie sogar Angst vor uns." Womit sie durchaus recht hatte, aber das half Herrn Noah nicht viel.

Was jedoch noch schlimmer war: Die Spinnen gingen unheimlich gern auf Entdeckungsreisen. Sie erkundeten die ganze Arche, und am liebsten – so schien es Herrn Noah jedenfalls – untersuchten sie seine Kabine.

„Bitte", sagte Herr Noah, als er sie einmal über den Fußboden huschen sah. „Würde es euch etwas ausmachen, erst anzuklopfen, bevor ihr hier hereinkommt?"

„Wieso?", fragte eine der Spinnen.

Weil dies mein Privatraum ist. Alle anderen Tiere klopfen an, wenn sie zu mir wollen."

„Aber wir wollen eigentlich gar nicht zu dir", meinte die andere Spinne. „Wir sind nur auf Entdeckungsreise."

„Und außerdem", erklärte die erste Spinne, „können wir gar nicht klopfen. Unsere Beine sind dafür nicht stark genug. Du würdest uns gar nicht hören."

Herr Noah betrachtete die vielen schwarzen Beine, die an den Spinnenkörpern hingen, und versuchte, nicht zu erschauern.

„Du magst uns nicht, stimmt's?", sagte die zweite Spinne plötzlich.

„Wie kommst du denn darauf?", fragte Herr Noah. „Natürlich mag ich euch."

„Nein, das stimmt nicht", beharrte die Spinne. „Denk nur nicht, wir hätten es nicht gemerkt."

„Wenn Gott dir nicht befohlen hätte, für uns zu sorgen, dann würdest du uns vermutlich zerdrücken", ergänzte die erste Spinne. „Das machen die meisten Menschen."

„Aber nein, das würde ich nie tun", entgegnete Herr Noah, aber das klang nicht sehr überzeugend.

„Schon gut", meinte die erste Spinne freundlich. „Wir haben schon verstanden."

„Ich begreife nicht, warum die Menschen uns nicht mögen", sagte die zweite Spinne nachdenklich.

„Wir sind doch so nützlich, und es gibt unzählige Tiere, die viel hässlicher sind als wir."

„Tut mir leid", meinte Herr Noah. „Ich weiß nicht, warum das so ist. Aber ich kann es auch nicht ändern."

„Wir können doch nichts dafür, wie wir aussehen", sagte die erste Spinne. „Ich wäre vielleicht auch lieber nicht mit all diesen haarigen Beinen geboren." Sie wedelte mit ihren langen Beinen durch die Gegend. „Vielleicht sähe ich lieber aus wie du …" Sie betrachtete Herrn Noah einen Augenblick, „… oder wie jemand, der etwas hübscher ist."

„Und wir wollen doch einmal ehrlich sein", ergänzte die zweite Spinne, „wir tun niemandem etwas Böses, außer den Insekten natürlich."

„Nun komm schon", sagte seine Frau. „Es hat keinen Sinn, noch länger hierzubleiben. Ich spüre es genau, wenn wir nicht erwünscht sind."

Also huschten sie davon. Herr Noah sah ihnen nach und war froh, dass sie endlich seine Kabine verließen. Gleichzeitig hatte er aber auch so etwas wie ein schlechtes Gewissen.

„Warum habe ich Angst vor ihnen?", wollte Herr Noah von Gott wissen. „Ich meine, sie haben ja recht. Es gibt wirklich viele Wesen an Bord, die viel hässlicher sind, aber sie jagen mir keine Schauer über den Rücken, und ich will vor ihnen nicht davonlaufen."

Im selben Moment war ein furchtbares Krachen zu hören, und die ganze Arche erbebte.

„Ich rede später noch einmal mit dir, Gott", sagte Herr Noah und rannte aus der Kabine. Der Gang war voller Tiere, und alle redeten durcheinander.

„Es ist tot, es ist tot. Es ist bestimmt tot!", kreischte der Emu.

„Ich kann kein Blut sehen!", trillerte der Pfau.

„Zurück", rief der Tiger. „Macht doch Platz!"

„Ich hab's ja schon immer gesagt", erklärte der Affe allen, die es hören wollten. „Diese Stufen sind lebensgefährlich. Hab's gleich gesehen, als wir an Bord kamen."

Herr Noah kniete neben dem Pferd nieder.

„Er ist doch nicht tot, nicht wahr?", fragte die Stute, seine Frau.

„Nein", erwiderte Herr Noah, nachdem er das Pferd kurz untersucht hatte. „Er ist nicht tot. Aber er hat das Bewusstsein verloren, und an dem einen Bein hat er sich ziemlich verletzt. Sem, geh und bring ein bisschen Wasser, bitte, und sag deiner Mutter Bescheid. Sie versteht was von Kranken-pflege. Wir werden ihn waschen und dann in sei-nen Stall tragen."

Er wandte sich an die anderen Tiere. „Wie ist es passiert?"

„Keine Ahnung", sagte der Tiger.

„Ausgerutscht", brummte der Bär. „Dumme Sa-che, aber hätte jedem passieren können."

„Die Stufen sind schuld", meinte die Gans. „Da muss ich dem Affen recht geben. Mich wundert nur, dass nicht schon früher etwas passiert ist."

Erst am späten Abend erwachte das Pferd aus seiner Ohnmacht. Und dann hatte es furchtbare Kopfschmerzen, was nicht weiter verwunderlich war. Im Lauf der nächsten Tage riss der Strom von Tieren, die das Pferd in seinem Stall besuchen und etwas aufmuntern wollten, gar nicht ab.

Die Vögel sangen ein paar Lieder, um seine Kopfschmerzen zu lindern; das Eichhörnchen brachte aus seinem persönlichen Vorrat ein paar Nüsse; die Giraffe erzählte lange, aber gar nicht lustige Geschichten (wovon das Pferd prompt wieder Kopfschmerzen bekam), der Koalabär und das Meerschweinchen zogen in seinen Stall ein und machten es sich im warmen Stroh gemütlich. Allmählich ging es dem Pferd etwas besser, aber die Wunde an seinem Bein wollte und wollte nicht heilen.

Frau Noah probierte alle Salben und Mittel aus, die sie mitgebracht hatte, aber nichts half. Nach einer Weile entzündeten sich die Wunden, und das Pferd bekam Fieber.

„Gute, frische Luft und Sonne, das wäre jetzt das Richtige", sagte Frau Noah und schüttelte den Kopf. „Ich kann nichts mehr tun."

Auch Herr Noah besuchte das kranke Pferd. Es lag in seinem Stall und schwitzte, seine Augen waren ganz glasig und sein Fell rau und verfilzt.

„Muss ich sterben?", fragte das Pferd mit schwacher Stimme.

„Nein, natürlich nicht", sagte Herr Noah aufmunternd. „Ich werde mit Gott darüber sprechen."

Herr Noah machte sich große Sorgen. „Was soll ich tun, Gott?", fragte er. „Wie kann ich das Pferd retten? Wenn es stirbt, dann wird es keine Pferde mehr geben, wenn der Regen aufgehört hat und die Flut zurückgeht. Das willst du doch bestimmt auch nicht, oder? Kannst du nicht ein Wunder tun?"

Plötzlich spürte Herr Noah ein Kribbeln auf seinem Handrücken. Er sah hin und sprang vor Schreck in die Höhe. Eine der Spinnen lief über seine Hand und am Arm hoch! Er schüttelte den Arm ganz heftig, und die Spinne hatte die Güte, sich auf den Boden fallen zu lassen.

„Ich hab euch doch gesagt, ihr sollt anklopfen, bevor ihr hereinkommt." Herr Noah klang zornig, obwohl er in Wirklichkeit nur seine Angst übertönen wollte.

„Wir haben ja geklopft, aber du hast uns nicht gehört", erwiderte die Spinne.

„Also sind wir so hereingekommen. Es ist nämlich dringend", erklärte seine Frau.

„Was?", fragte Herr Noah.

„Das Pferd natürlich", erwiderte sie geduldig. „Du willst doch das Pferd retten, oder nicht?"

„Ich wollte gerade mit Gott darüber reden, als ihr mich unterbrochen habt", antwortete Herr Noah gereizt.

„Genau", sagte die erste Spinne. „Also lass uns jetzt gehen."

„Gehen?", fragte Herr Noah. „Wohin?"

„Zum Pferd. Nun komm schon, wir verlieren nur Zeit."

Herr Noah betrachtete die schwarzen behaarten Spinnenleiber. „Was könnt ihr denn tun?", fragte er verwundert.

„Nichts mehr, wenn wir uns jetzt nicht beeilen", sagte die erste Spinne. Sie war schon an der Tür.

Der Hengst wälzte sich unruhig hin und her und gab klägliche Laute von sich. Seine Frau lag neben ihm und leckte ihm von Zeit zu Zeit zärtlich über das Fell. Frau Noah sorgte dafür, dass immer genug Stroh da war, damit er weich liegen konnte. Viele Tiere aus der Arche hatten sich vor dem Stall versammelt und sahen schweigend zu.

Die Spinnen huschten durch die Menge und krochen auf das kranke Bein. Das Pferd zuckte leicht zusammen.

„Ist ja gut, Lieber", sagte die erste Spinne beruhigend. „Wir tun dir nicht weh. Wir werden nur ein Netz aus den allerfeinsten Seidenfäden um dein krankes Bein weben. Das wird dir helfen." Sie wandte sich an ihren Mann. „Fang du da unten an und ich hier."

„Hmmm", sagte der Affe. „Das wird doch auch nichts nützen!"

„Hast du einen besseren Vorschlag?", fragte die Haselmaus.

„Nun …"

„Dann sei still", knurrte der Tiger.

Der Affe und alle anderen Tiere waren still, während die beiden Spinnen ihre seidenen Fäden über die Wunden am Bein des Pferdes webten. Sie schnurrten dabei ganz leise, und das Pferd hielt ganz still. Bald war das Bein mit einem glänzenden Netz aus feinen Silberfäden überzogen. Die Spinnen bauten für sich selbst ein paar seidene Leitern, an denen sie herunterklettern konnten. Dann machten sie es sich neben dem Pferd im Stroh bequem.

„Und was passiert jetzt?", flüsterte der Tiger so laut, dass alle es hörten.

„Nichts", sagte die Spinne. „Wir sind hier schließlich nicht im Zirkus. Das Pferd braucht Ruhe. Ich schlage vor, ihr geht alle in eure Kabinen."

Manche der Tiere gingen, aber die meisten blieben da, und nach und nach schliefen sie alle ein. Auch das Pferd schlief. Sein Atem ging laut und rasselnd. Um Mitternacht waren nur noch die Meerschweinchen wach, die sowieso immer nur für ein oder zwei Minuten schliefen, die beiden Spinnen und Herr und Frau Noah, die mit Gott redeten.

Kurz vor der Morgendämmerung ging der Atem des Pferdes auf einmal ruhiger, und sein Fell begann wieder dunkelbraun zu glänzen. Frau Noah strich vorsichtig darüber.

„Sein Fell fühlt sich warm und weich an", sagte sie leise. „Und das Fieber ist zurückgegangen. Jetzt wird es ihm bald besser gehen."

Herr Noah betrachtete die beiden Spinnen, und zum ersten Mal lief ihm beim Anblick ihrer schwarzen behaarten Leiber kein Schauer den Rücken hinunter. Er fürchtete sich auch nicht mehr vor ihren langen pelzigen Beinen.

Er streckte die Hände aus, und die Spinnen krabbelten darauf.

„Danke", sagte Herr Noah, „und ich verspreche euch, dass ich nie wieder Angst vor euch haben will."

Und wenn der Regen nicht aufhört?

„Ach, wie gern würde ich mal wieder ein bisschen Sonne und blauen Himmel sehen", seufzte die Lerche eines Tages. „Der ständige Regen macht mich ganz trübsinnig."

„Sing uns ein Lied, das uns aufmuntert", bat das Kamel. Aber die Lerche schüttelte nur den Kopf und hockte sich auf einen Balken hoch oben unter dem Dach. Von hier aus konnte sie aus dem Fenster dem schräg fallenden Regen zusehen.

Ein paar der Tiere hatten sich zu einer Art von Winterschlaf zurückgezogen und kamen gar nicht mehr zum Vorschein. Alle anderen aber fanden das Leben auf der Arche von Tag zu Tag unerträglicher.

„Hier werden wir wohl nie mehr rauskommen", sagte der Affe düster. „Denkt an meine Worte."

„Meinst du wirklich?", fragte die Gans ängstlich.

Das Kamel rümpfte die Nase. „Hör nicht auf ihn. Er sieht immer nur die schwarze Seite."

„Gibt es denn andere?", fragte der Affe spöttisch.

„Was ist mit dem Futter, wenn wir hier in der Arche festsitzen?" Das Schwein klang besorgt. „Was ist, wenn das Futter aufgebraucht ist?"

„Dann müssen wir verhungern", antwortete der Affe.

Das Schwein wurde blass.

Der Affe hockte sich in seine Ecke. „Die ganze Reise war von Anfang an zum Scheitern verurteilt", meinte er. „War so eine fixe Idee von Herrn Noah."

„Nein, es war nicht Herrn Noahs Idee, es war Gottes Idee", sagte der Hund. „Und überhaupt, es soll nur vierzig Tage regnen. Das hat Herr Noah gesagt, und er hat es direkt von Gott erfahren."

Der Affe lächelte geheimnisvoll. „Und was, wenn Herr Noah ihn falsch verstanden hat?"

„Das kann nicht sein", antwortete der Hund.

„Vielleicht doch." Der Affe ließ nicht locker. „Schließlich ist er nur ein Mensch, und die sind längst nicht so gescheit, wie sie immer tun."

„Sie sind auf jeden Fall viel gescheiter als du", bemerkte der Hund zornig.

„Ja, ja, uns allen ist bekannt, wie gut du mit ihnen zurechtkommst", höhnte der Affe.

„Herr Noah ist ein guter Mensch", warf die Haselmaus ein, die im Stroh vor sich hin döste.

„Ich habe nie behauptet, das sei er nicht. Aber ob gut oder nicht, er kann es immer noch falsch verstanden haben." Der Affe warf einen Blick in die zweifelnden Gesichter. „Deshalb sage ich, wir werden wohl nie mehr aus dieser Arche herauskommen."

Eine Zeit lang herrschte betretenes Schweigen.

Dann sagte der Bär geradeheraus: „Dir macht es Spaß, alles durcheinanderzubringen und die Leute zu erschrecken, nicht wahr?"

„Mir?" Der Affe zog die Augenbrauen in die Höhe. „Wir müssen doch den Tatsachen ins Auge sehen, oder nicht?" Und wieder warf er einen Blick in die finsteren Gesichter, die ihn umringten.

Die Riesenschildkröte, die nur selten etwas sagte, hob langsam ihren großen Kopf und sah ihn an.

„Ich lebe schon viel länger als du, Affe", begann sie mit ihrer tiefen Stimme. „Ich lebe schon länger als ihr alle. Ich kann mich an Zeiten erinnern, in denen es regnete, dass die Flüsse stiegen und das Land überfluteten. Es waren furchtbare Zeiten. Aber zum Schluss hörte der Regen auf, und das Wasser ging zurück. Und ich kann mich an Zeiten der Dürre erinnern, entsetzliche Zeiten, in denen alles trocken war und alle Lebewesen nach Wasser lechzten. Aber schließlich kam der Regen. Und auch diese Flut wird vorübergehen. Alles geht vorbei."

„Aber diesmal ist es vielleicht anders", meinte der Affe.

Die Riesenschildkröte starrte ihn an. Die klugen alten Augen in dem faltigen Gesicht blickten streng. „Das glaube ich nicht", sagte sie.

„Nun, wir können nichts anderes tun, als Herrn Noah zu vertrauen und zu hoffen, dass wir überleben", warf der Hund ein.

Der Affe wandte sich ihm zu. „Ich habe überhaupt keine Hoffnung, dass wir überleben werden, und ich vertraue weder Herrn Noah noch irgendjemand sonst", sagte er. „Und überhaupt. Ich bin das Gerede leid. Ich glaube nur, was ich sehe, und ich kann nicht sehen, dass der Regen aufhört."

Die Tage vergingen, und der Regen hörte wirklich nicht auf. Die Stimmung in der Arche wurde immer bedrückter. Alle wurden davon erfasst. Schon beim geringsten Anlass begannen die Tiere zu streiten und zu zanken, und die Vögel weigerten sich zu singen.

Herrn Noahs Söhne und ihre Frauen erledigten ihre Arbeit so schnell sie nur konnten und verbrachten die meiste Zeit in ihren Kabinen. Und die ganze Zeit lief der Affe mit seinem Ich-hab's-

euch-ja-gesagt-Ausdruck auf dem Gesicht herum.
Dies rief selbst bei den friedfertigsten Tieren den
Wunsch hervor, ihn zu beißen.

Auch Herr Noah wurde ganz trübsinnig und
bekam seine Zweifel. Vielleicht hatte er Gott
wirklich missverstanden. Vielleicht würde der
Regen doch nicht nach vierzig Tagen aufhören,
und was wäre dann mit ihnen? Eine kleine zer-
brechliche Arche, die ohne Futter, ohne Wasser
und mit einer Ladung hungriger Tiere auf dem
Meer dahinschaukelte. Der Gedanke ließ Herrn
Noah erschauern.

Vielleicht, so dachte er schließlich, hatte Gott
sich ja geirrt. Er versuchte mit Gott zu reden, aber
der war wohl anderweitig beschäftigt, denn er antwortete nicht.

Herr Noah unterließ nun auch alle Versuche, die
Tiere etwas aufzumuntern, denn ihm war selbst so
jämmerlich zumute. Immer öfter blieb er in seiner Kabine und dachte an das Leben, das er vor
der Flut geführt hatte, an sein Haus, in dem er mit
seiner Frau und den Söhnen gewohnt hatte, und
voller Sehnsucht erinnerte er sich an seine schönen
Weinberge. Sein Wein war in der Gegend der beste gewesen. Ob er wohl je wieder Wein anbauen
würde?

Es klopfte an der Tür. Der Löwe trat ein.

„Tut mir leid, dass ich dich störe, Herr Noah, aber du musst schnell kommen."

„Wieso? Was ist los?"

„Die Frösche."

Herr Noah verließ seine Kabine und eilte durch die Gänge, dem Löwen dicht auf den Fersen.

„Sie sind aufs Dach geklettert und drohen damit, herunterzuspringen."

„Wieso?"

„Weil der Affe sagt, der Regen würde nie mehr aufhören, und wir würden für immer in dieser Arche festsitzen. Die Frösche sagen, wenn das so ist, dann wollen sie lieber jetzt sterben und schnell alles hinter sich haben."

„O, du liebe Güte."

„Ja, und der Affe sagt, vielleicht wäre es für uns alle das Beste. Aber er selbst scheint es mit dem Herunterspringen nicht so eilig zu haben. Ich denke, es ist nur ein Trick von ihm, damit er mehr Platz und mehr Futter bekommt – ich traue diesem Affen nämlich nicht über den Weg. Aber ein paar von den Tieren sind schon dabei, aufs Dach zu klettern."

Als Herr Noah und der Löwe auf dem obersten Deck ankamen, hockten nicht nur die Frösche, sondern auch der Vogel Strauß bereits auf dem

Dach, während eine Menge Tiere sich im Gang unter ihnen drängten.

Herr Noah steckte den Kopf durch die Falltür und sah hinaus. „Was macht ihr denn da?"

„Wir glauben, dass der Affe recht hat", quakte der Frosch. Der Regen wird überhaupt nicht mehr aufhören, und es hat keinen Sinn, einfach immer so weiterzumachen und zu hoffen, dass irgendwann schon alles wieder gut wird. Deshalb haben wir beschlossen, der Sache jetzt ein Ende zu bereiten."

„Bitte, kommt runter", bettelte Herr Noah. „Wieso hört ihr überhaupt auf den Affen?"

„Weil das, was er sagt, einen Sinn hat", sagte der andere Frosch.

„Aber das, was Gott sagt, hat auch Sinn", erwiderte Herr Noah. „Und wir haben sein Versprechen, dass der Regen aufhören wird."

„Woher sollen wir das wissen?", spottete der

Affe, der unten stand. „Wir haben doch nur dein Wort. Und in der letzten Zeit haben wir nicht allzu viel von dir gesehen, stimmt's? Vielleicht hast du selbst Zweifel?"

Herr Noah errötete, denn genau so war es auch gewesen. Doch tapfer antwortete er: „Hört, ich weiß, dass es schwierig ist. Aber wir müssen Gott vertrauen. Das ist unsere einzige Hoffnung."

Plötzlich kreischte der Vogel Strauß: „Hilfe! Mir wird schwindelig!"

„Wieso bist du dann überhaupt hochgeklettert, du dummes Tier?", fragte der Löwe ärgerlich.

„Herr Noah, rette mich!", kreischte der Strauß wieder. „Ich will noch nicht sterben!"

Der Frosch schluckte. „Ich auch nicht", sagte er plötzlich.

Herr Noah streckte die Arme aus und fing den wild zappelnden und um sich schlagenden Strauß auf. Schließlich gelang es ihm, den großen Vogel in die Arche zurückzuziehen. Langsam folgten die beiden Frösche, und die Falltür wurde geschlossen. Die Tiere kehrten in die große Halle zurück, und Herr Noah ging in seine Kabine.

„Bist du da, Gott?", fragte er.

„Ich bin immer da", antwortete Gott.

„Sie sagen, der Regen würde nie mehr aufhören", sagte Herr Noah unglücklich.

„Ich weiß, was sie sagen", erklärte Gott.

„Was soll ich dagegen tun?"

„Mir vertrauen", sagte Gott.

„Das tue ich ja."

„Tatsächlich? Und was ist mit deinen Zweifeln? Was ist mit deinem Weinberg, Noah, und deinen Sorgen um die Zukunft?"

Herr Noah schwieg.

„Die Tiere werden dir nicht glauben, solange du selbst nicht glaubst, was ich sage."

Herr Noah senkte den Blick.

„Noah", sagte Gott. „Es hängt ganz von dir ab. Ich kann dich nicht zwingen, mir zu vertrauen."

Langes Schweigen. Schließlich begann Herr Noah zu reden, und seine Stimme klang ganz dünn.

„Wenn ich dir nicht vertraut hätte, Herr, dann wäre ich jetzt nicht hier. Dann wäre ich schon lange ertrunken." Er sah auf. „Es tut mir leid, dass ich an dir gezweifelt habe."

„Es ist nichts Schlimmes dabei, Zweifel zu haben, Noah. Dafür brauchst du dich nicht zu entschuldigen", sagte Gott.

Herr Noah ging zurück in die große Halle und rief alle zusammen. Er räusperte sich und hob die Hand, damit sie still waren.

„Gott hat versprochen, dass wir gerettet werden, und Gott hält seine Versprechen", sagte er bestimmt. „Habt nur noch ein wenig Geduld und lasst den Mut nicht sinken."

„Worte, schöne Worte", höhnte der Affe. „Davon hört der Regen nicht auf."

Plötzlich kam der Adler im Sturzflug in die Halle herabgesegelt.

„Der Regen hat aufgehört!", rief er.

Er flog zur Falltür und stieß sie weit auf. Und zum ersten Mal seit vierzig Tagen und vierzig Nächten spürten die Tiere, wie kühle, frische, trockene Luft auf sie herunterströmte.

„Seht mal!", jubelte die Lerche mit weit vorgerecktem Kopf, um etwas von dem Lufthauch zu erwischen. „Da ist blauer Himmel!"

Die Wolken, die die Erde in einen dicken, grauen Nebel eingehüllt hatten, wehten davon, ein heftiger Wind jagte sie über den Himmel. Ein Fleckchen Blau erschien, dann noch eins und noch eins, und schon bald erstrahlte der ganze Himmel in buntem Glanz. Er leuchtete blau und rot und golden, während die Sonne langsam am Horizont versank.

Einige Vögel flogen zur Arche hinaus, und sie sangen vor Freude. Vom Sonnenlicht bestrahlt, sahen ihre Flügel aus, als seien sie in Gold getaucht. Ein paar Tiere kletterten aufs Dach. Sie hielten sich aneinander fest, damit keines hinunterfiel. Die anderen, die drinnen blieben, begannen zu tanzen und zu sin-

gen. Herr und Frau Noah und ihre Familie dankten Gott, dass der Regen aufgehört hatte.

Und der Affe?

Der Affe schlich ganz still zu seinem Schlafplatz. Niemand vermisste ihn.

Das große Fest

Am Morgen, nachdem der Regen aufgehört hatte, wurde Herr Noah schon früh vom Löwen geweckt.

„Entschuldige die Störung, Herr Noah, aber wir haben alles kontrolliert. Alle sind vollzählig versammelt."

Herr Noah blinzelte verschlafen: „Gesammelt? Wer hat gesammelt?"

„Versammelt, Herr Noah. Wir sind alle vollzählig versammelt und warten."

Herr Noah schüttelte den Kopf und versuchte, aufzuwachen.

„Warten? Worauf?"

„Dass die Tür aufgeht natürlich."

„Welche Tür?"

„Die Tür von der Arche. Wirst du sie öffnen oder werden wir das Vergnügen haben, dass Gott selbst die feierliche Handlung vornimmt?"

Herr Noah kroch aus dem Bett und angelte nach seinen Sandalen. „Ich glaube, ich komme am besten selbst", sagte er.

Im Gang vor seiner Kabine wimmelte es von hastenden Tieren. Je näher Herr Noah der großen Halle kam, desto lauter wurde das Gemurmel. In der Halle fand er eine Ansammlung aufgeregter Tiere, die sich alle vor dem großen Tor drängten. Sogar seine Söhne mit ihren Frauen standen unter den Wartenden, ihre paar Habseligkeiten in der Hand.

Jubelrufe erschallten, als er auftauchte. Im Hintergrund der Halle begann jemand zu singen: „Hoch soll er leben!"

„Nun komm schon, Herr Noah, beweg dich!", rief der Fuchs übermütig.

„Öffne das Tor, Herr Noah!", winselte der Schakal. „Ich will endlich wieder auf die Jagd gehen!"

Herr Noah blinzelte erstaunt angesichts all der Aufregung.

„Tut mir leid", sagte er, „aber da muss wohl ein Missverständnis vorliegen."

„Ein Missverständnis?"

Das Singen hörte auf, und die Rufe verebbten.

„Was für ein Missverständnis?", fragte der Leopard.

„Hast du uns nicht erzählt, Gott habe gesagt, es würde vierzig Tage und vierzig Nächte regnen?", meinte der Schakal.

„Ja, doch", räumte Herr Noah ein.

„Und in dieser Zeit würde die Erde überflutet werden, aber wir hier in der Arche würden vor der Flut bewahrt werden?"

„Natürlich."

„Und nach vierzig Tagen und vierzig Nächten würde der Regen aufhören?"

„So ist es."

Der Schakal schob sich ganz nah an Herrn Noah.

„Nun, der Regen hat aufgehört, nicht wahr? Was hindert uns also daran, die Arche zu verlassen, he?"

Herr Noah trat einen Schritt zurück. „Wirf doch einmal einen Blick nach draußen."

Der Adler, der die ganze Zeit hoch oben im Gebälk ganz nah bei der Falltür gehockt hatte, sah auf die versammelte Menge hinab.

„Wir können nicht raus", krächzte er. „Wenn wir die Tür jetzt aufmachen, dann läuft alles Wasser in die Arche, und wir versinken. Wir treiben noch immer auf einem endlosen Meer, nirgends ist Land in Sicht."

Schweigend hörten die anderen zu. Dann wandte sich der Panther, der ungeduldig in der Halle auf und ab gelaufen war, Herrn Noah zu.

„Nun?", fragte er mit seidenweicher Stimme.

„Was nun? Der Adler hat recht. Wir können noch nicht aus der Arche."

„Wie lange?" Der Fuchs klang ungehalten.

Herr Noah schüttelte den Kopf. „Das weiß ich nicht."

„Hat Gott dir denn nicht gesagt, wie lange es dauern wird, bis wir die Arche verlassen können?", fragte der Panther.

„Nein, tut mir leid. Das hat er nicht."

„Dann würde ich vorschlagen, dass du dich einmal erkundigst", meinte der Schakal.

Herr Noah war sehr bekümmert, als er mit Gott sprach. „Versteh mich nicht falsch, Herr. Ich frage nicht meinetwegen, aber ein paar von den Tieren da draußen sind ziemlich wütend. Und ich weiß nicht, ob es mir gelingt, sie wieder zu beruhigen, wenn du mir nicht wenigstens eine kleine Andeutung machst, wie lange es dauern wird, bis die Flut zurückgeht."

Aber Gott schüttelte nur den Kopf. „Tut mir

leid, Noah. Das kann ich dir nicht sagen. Ich kann dir nicht alles sagen. Du musst Geduld haben und warten."

„Warten?", piepste Herr Noah ängstlich. „Warten? Das ist ja schön und gut, Gott, und ich will auch gern warten, das weißt du. Aber was soll ich den Tieren sagen? Ich kann nicht von ihnen verlangen, dass sie Geduld haben. Du hast sie noch nicht so erlebt wie ich."

Da musste Gott lächeln. „Die Tiere werden dich noch überraschen", sagte er.

„Das fürchte ich auch", meinte Herr Noah finster, aber Gott sagte nichts mehr.

Als Herr Noah den Tieren berichtete, was Gott gesagt hatte, machten sie böse Gesichter und noch bösere Bemerkungen.

„Vorspiegelung falscher Tatsachen, so nennt man das. Du hast uns unter Vorspiegelung falscher Tatsachen hierher gelockt", sagte der Ameisenbär.

„Vierzig Tage hast du gesagt, und vierzig Tage habe ich auch verstanden", beschwerte sich der Schakal.

„Herr Noah, ich denke, du solltest uns das Ganze einmal etwas näher erklären", sagte der Panther mit gefährlich leiser Stimme, und die anderen Tiere murmelten zustimmend. Sie rückten Herrn Noah bedrohlich näher, doch anstatt sich zu fürchten, wurde Herr Noah plötzlich wütend.

„Einen Augenblick!", sagte er laut. „Einen Augenblick! Alles, was ich je gesagt habe, ist, dass Gott je zwei von euch vor der Flut retten wollte. Er hat mir befohlen, diese Arche zu bauen, und gesagt, es würde vierzig Tage und vierzig Nächte regnen. Gott hat nie einen Termin genannt, wie lange wir in der Arche zu bleiben haben. Falls er es weiß, sagt er es uns jedenfalls nicht, und warum sollte er auch? Aber es ist nicht mein Fehler, dass ihr die Arche nicht verlassen könnt."

Die Tiere schwiegen jetzt still. Herr Noah aber redete weiter. „Ich weiß ja, dass ihr enttäuscht seid, aber seid doch einmal vernünftig. Jetzt, wo der Regen endlich aufgehört hat, wird auch das Wasser langsam sinken."

„Das ist, als wenn du ins Gefängnis gesteckt wirst und nicht weißt, wann du wieder rausdarfst", murrte die Ratte niedergeschlagen.

Der Emu rümpfte die Nase. „Da ich noch nie im Gefängnis war, kann ich dazu nichts sagen." Dann wandte er sich an Herrn Noah. „Ich meine immer noch, es war dein Fehler. Das war wirklich nicht recht von dir."

Herr Noah seufzte. „Seid lieber dankbar, dass ihr noch am Leben seid."

Es entstand ein unruhiges Gemurmel in der Halle, und dann meldete sich der Elefant zu Wort. „Da hast du wirklich recht, Herr Noah. Wir sollten wirklich dankbar sein. Meine Frau und ich, wir wollen dir danken, dass du uns vor der Flut gerettet hast."

Die Frau des Elefanten sah sich in der Halle um. „Ich finde, statt hier nur rumzusitzen und zu jammern, sollten wir mit der Zeit, die wir noch in der Arche verbringen müssen, etwas Vernünftiges anfangen."

„Zum Beispiel?", fragte der Fuchs sofort.

„Zum Beispiel ... ähh ... könnten wir ein Fest feiern", sagte sie. „Wenn ihr einverstanden seid, wäre ich bereit, die Organisation zu übernehmen."

Der Tiger strahlte auf. „Ich mache mit", sagte er.

„Ich auch", rief die Giraffe.

„Wir auch", zwitscherten die Vögel.

Der Tiger lächelte glücklich. „Wir könnten ein Komitee gründen."

„Danke, Gott", sagte Herr Noah leise. „Du hast ja gesagt, die Tiere würden mich noch überraschen."

Bald wurden die ersten Pläne gemacht. Vorschläge für den unterhaltsamen Teil wurden eingereicht. Das Komitee fasste jede Menge Beschlüsse, und die Elefanten – die am meisten Arbeit hatten –

wurden bald hier, bald dort in der Arche gesehen, oder vielmehr gehört. Das Fest sollte einen ganzen Tag dauern. Es würde Spiele geben und Wettbewerbe, Vorführungen und tolle Überraschungen.

„Wenn ihr wollt", sagte der Pfau gnädig, „könnte ich jede Stunde ein Rad schlagen, für alle, die meinen wunderschönen Schwanz bewundern wollen."

„Vielen Dank", meinte der Elefant.

Der Pavian lachte. „Dann könnte ich auch mein schönes rosarotes Hinterteil zeigen. Ich wette, ich bekomme genauso viele Bewunderer wie der Pfau."

Nicht nur die beiden Elefanten, sondern das ganze Komitee musste sich anschließend bemühen, den Pfau zu besänftigen, der zutiefst in seiner Ehre gekränkt war.

Am nächsten Tag konnte man in jeder Ecke der Arche Tiere entdecken, die für das Fest übten. Die Elefanten liefen mit hochgerecktem Rüssel und besorgter Miene umher.

„Essen", sagte der Elefant. „Ich weiß, dass unser Futter rationiert ist, aber irgendetwas Besonderes brauchen wir für die Feier."

Er ging los, um Herrn Noah zu suchen.

„Einladungen", sagte die Elefantenfrau. „Wir müssen Einladungen für das Fest verschicken."

„Wieso?", fragte der Tiger. „Wir wissen doch alle Bescheid."

„Nur für den Fall, dass jemand noch nicht davon gehört hat", erwiderte sie. „Wer kann schreiben?"

„Wer kann lesen?", fragte der Affe, der sich bis jetzt aus allen Vorbereitungen herausgehalten hatte.

„Herrn Noahs Söhne können schreiben", sagte der Tiger. „Ich frage sie mal."

Dann hatte die Elefantenfrau noch einen anderen Gedanken. „Wir müssen die große Halle putzen und schmücken", sagte sie. „Lasst mich nachdenken …"

In der Nacht vor dem großen Fest, als die meisten Tiere tief und fest schliefen, traf sich das Komitee für die letzten Vorbereitungen. Es arbeitete hart, und am nächsten Morgen war die große Halle nicht wiederzuerkennen. Der Boden schimmerte von dem Wachs, das die Bienen geliefert und die Elefanten und Tiger aufgetragen hatten. An den Wänden hingen Spitzenschleier, die von den Spinnen gewebt worden waren. Das Büfett bog sich unter der Last der zusätzlichen Futterrationen, und alles schimmerte im sanften Licht der Glühwürmchen.

Als die Tiere am nächsten Tag die Halle betraten, blieb ihnen vor Staunen der Mund offen stehen.

Dann kamen Herr Noah und seine Familie.

„Das ist ja wunderbar", strahlte Herr Noah. „Warum habt ihr uns nicht gesagt, was ihr vorhabt? Wir hätten euch doch helfen können."

„Es sollte für dich und Frau Noah eine Überraschung sein, und für die anderen auch", sagte der Elefant. „Das ist unser kleiner Dank für alles, was du für uns getan hast."

Es dauerte nicht lange, und alle hatten sich dem Büfett zugewandt. Als das Festessen vorüber war, begannen die Wettbewerbe. Der Eisbär forderte den Tiger zum Kampf um den Titel „Stärkstes Tier auf der Arche" heraus. Sie versuchten, die beiden Nilpferde hochzustemmen, die wirklich sehr schwer waren. Der Gepard forderte jedes Tier heraus, mit ihm um den Titel „Schnellstes Tier auf der Arche" einen Wettlauf anzutreten. Und auch das Faultier, die Schildkröte und die Schnecke wollten nicht zurückstehen und traten zum Wettkampf um den Titel „Langsamstes Tier der Arche" an. Selbst zwei Tage nach diesem Fest hatten sie ihren Lauf noch nicht beendet.

Die Termiten zeigten ihre Fähigkeiten beim Hausbau, die Klopfspechte klopften Holz, das Känguru übertraf seinen eigenen Rekord im Weitsprung, während der Pfau allergnädigst sein Rad schlug. Der Pavian zeigte überhaupt nichts, und der Löwe führte feierlich durchs Programm.

Dann kam der unterhaltsame Teil. In einer spannenden Modenschau wechselte das Chamäleon seine Farben. Es erschien mal in Grün, mal in Rot und mal in Braun. Darauf folgte die Schlange, die ihre gesamte Haut abwarf. Zwischendurch erzählte die Giraffe lange und ziemlich langweilige Geschichten, und die Pinguine, ganz vornehm in Schwarz und Weiß gekleidet, führten ein Singspiel mit Tanzeinlagen auf.

Der Esel jonglierte und erntete jedes Mal tosenden Applaus, wenn er einen Teller fallen ließ – was sehr häufig vorkam –, und alle staunten über die Zaubertricks der Elster, die verschiedene Gegenstände verschwinden ließ. Die Spinnen führten einen Seiltanz auf ganz dünnen Fäden vor, die sie extra für den Anlass gesponnen hatten, und ein gemischter Vogelchor, unter Leitung der Amsel, trug ein buntes Potpourri vor, bei dem die Zuhörer zum Mitsingen aufgefordert wurden.

Am Ende klatschten alle begeistert Beifall und wollten gar nicht aufhören. Sogar das Krokodil – das sich sonst nicht so leicht zufriedenstellen ließ – sagte, es habe sich seit Jahren nicht mehr so amüsiert.

Danach wurde getanzt. Der Wolf forderte das Schaf auf, und der Fuchs neigte höflich den Kopf, um zu hören, was das Kaninchen erzählte. Der Flamingo gab eine Solo-Balletteinlage. Der einzige Moment, an dem so etwas wie Panik aufkam, war, als die beiden Elefanten, die etwas übermütig

geworden waren, ganz am Ende der Halle herumtanzten, wodurch die Arche Schlagseite bekam. Die anderen Tiere zogen sie schnell in die Mitte zurück, und dann wurde weitergetanzt bis tief in die Nacht hinein.

Über dem ganzen Fest lag ein Zauber, und alle wünschten, es würde nie zu Ende gehen. Die kleine Arche, die da auf dem dunklen Meer trieb, war voller Lachen und Gesang.

„War das ein schöner Abend", sagte die Elefantenfrau, und die Tränen standen ihr in den Augen.

„Ja", flüsterte die Haselmaus und seufzte. „Wenn es nur immer so sein könnte."

„Ja", stimmte auch Herr Noah zu. „Wenn es nur immer so sein könnte."

Hast du Land gesehen?

„Mir ist schlecht", jammerte das Känguru, während die Arche auf dem Wasser tanzte und schaukelte.

„Du hättest gestern Nacht nicht so herumhüpfen sollen", meinte das Nilpferd. „Mir ist schon vom Zuschauen ganz schwindelig geworden."

„Ich bin nicht herumgehüpft, und mir ist auch

schlecht", stöhnte die Giraffe. Was ist eigentlich mit dem Fußboden los? Er schwankt ja auf und ab."

„Das sind die Folgen vom Fest", sagte der Löwe mit matter Stimme. Er war an der Wand zusammengesunken, ganz bleich im Gesicht. „Warum muss einem nach einer Feier immer so übel sein?" Plötzlich unterbrach er sich. „O weh", sagte er mit zitternder Stimme. „Was ist mir schlecht!"

Der Adler kam durch die Falltür im Dach heruntergeflogen. Draußen ist es fantastisch", rief er. „Ein schöner, kräftiger Wind bläst, und die Wellen schlagen hoch. Das Meer ist sehr unruhig."

Aber kaum eins der Tiere hörte ihm zu.

Der Wind blies ein paar Tage und ließ die kleine Arche auf dem stürmischen Meer auf und nieder tanzen. Fast alle Tiere waren seekrank, viele der Insekten fühlten sich unpässlich, und Herr und Frau Noah und ihre ganze Familie hielten sich so oft wie möglich in ihren Kabinen auf.

„Aber stellt euch nur einmal vor", sagte Herr Noah, als er mit grünem Gesicht umhertorkelte und versuchte, die anderen etwas aufzuheitern, „der Wind wird die Flut schnell vertreiben."

„Nicht schnell genug", stöhnte der Hund, der, selbst wenn es ihm gut ging, nicht gern Boot fuhr.

Doch obwohl der Wind so heftig blies, kam kein

Land in Sicht, und das Meer, auf dem die Arche dahintrieb, schien so tief wie eh und je.

Dann legte sich der Wind. Die Wolken verschwanden, und vom blauen Himmel strahlte die Sonne herunter. Jeden Tag drängten die Vögel aus der Arche, drehten in der Luft ihre Kreise und schauten nach Land aus. Den Tieren ging es allmählich besser. Alle, die schwimmen konnten, tauchten neben der Arche und sahen sich unter Wasser um. Die anderen, die weder fliegen noch schwimmen konnten, saßen abwechselnd auf dem Dach und freuten sich über die frische Luft.

„Ach, wie schön ist es doch, in der Sonne zu liegen", meinte der Tiger und räkelte sich behaglich.

„Pass doch auf!", quiekte der Igel. „Du hättest mich beinah runtergeworfen."

„Tut mir leid", entschuldigte sich der Tiger. „Ich frage mich, warum Herr Noah das Dach nicht etwas größer gemacht hat. Dann hätten wir hier mehr Platz."
Der Adler, der über ihnen seine Kreise zog, lachte. „Ich glaube nicht, dass Herr Noah, als er die Arche baute, daran gedacht hat, dass wir hier ein Sonnenbad nehmen wollen."

„Du hast gut reden", brummte der Tiger. „Du kannst fliegen."

Die Giraffe streckte ihren langen Hals durch die Falltür.

„He, du", sagte sie zu dem Tiger. „Rühr dich ein bisschen. Du bist jetzt schon doppelt so lange da oben wie alle anderen. Komm runter und lass die anderen auch mal rauf."

Der Tiger stand auf und streckte sich. „Also sch…ö…n!" Seine Worte endeten in einem plötzlichen Schrei, denn die Arche begann auf einmal ganz heftig zu wackeln und zu beben. Der Tiger verlor den Halt und rutschte das Dach hinunter.

„Hilfe …!"

Der Igel, die Giraffe und der Affe erwischten ihn gerade noch am Schwanz, während die Vögel dicht über ihm kreisten und klagende Schreie ausstießen.

Herr Noah kam aufs Dach gesprungen und half, den Tiger in Sicherheit zu bringen.

„Was ist passiert?", fragte der Tiger. Er sah ziemlich mitgenommen aus.

„Wir müssen irgendwo aufgelaufen sein", meinte Herr Noah.

„Ein Eisberg", rief der Eisbär, der fröhlich im Wasser herumpaddelte. „Sind wir auf einen Eisberg aufgelaufen, Herr Noah?"

„Nein, natürlich nicht", erwiderte Herr Noah. „Hier ist es viel zu warm für Eisberge. Ich denke, es muss ein Stück Land sein. Vielleicht eine Bergspitze."

„Ist mit der Arche alles in Ordnung?", fragte die Haselmaus und streckte ängstlich den Kopf durch die Falltür. „Sie ist doch nicht beschädigt, oder?"

„Ich schaue einmal nach", meinte der Eisbär. Er verschwand im Wasser, und einen Augenblick später tauchte er auf der anderen Seite der Arche wieder auf. „Alles in Ordnung", rief er, „aber wir sitzen fest."

„Wie aufregend", meinte der Affe höhnisch. „Ich kann es kaum erwarten, dass die Arche kentert."

„Halt den Mund", fauchte der Tiger gereizt und stieg in die große Halle hinunter, um sich zu erholen.

Am Abend versammelten sich die Vögel auf dem Dach.

„Ist es nicht herrlich, dass wir wieder herumfliegen können?", begann die Nachtigall. „Mir kommt es vor, als wäre die ganze Welt neu erschaffen."

„Ich wollte gar nicht mehr zurückkommen", sagte die Möwe. „Am liebsten wäre ich immer weiter und weiter übers Meer geflogen."

„Und wieso bist du zurückgekommen?", fragte der Rabe und sah die Vögel einen nach dem anderen an.

„Wieso sind wir alle zurückgekommen? Wir haben doch Flügel, oder nicht? Wir sind nicht an diese Arche gebunden. Irgendwo muss doch Land sein. Wir könnten wegfliegen und es suchen."

„Das fände ich nicht richtig", sagte die Taube mit sanfter Stimme. „Wir können doch nicht einfach wegfliegen und die anderen im Stich lassen. Das wäre sehr egoistisch."

„Was gehen uns die anderen an?", antwortete der Rabe. „Wann haben die sich denn um uns gekümmert?"

„Darum geht es gar nicht", meinte die Taube freundlich. „Aber schließlich sitzen wir hier alle im selben Boot."

„Na und?", entgegnete der Rabe. „Wir sind doch nur dabei, weil Gott Herrn Noah befohlen hat, je zwei von uns allen vor der Flut zu retten. Dass gerade wir ausgewählt wurden, war doch nur Zufall."

„Herr Noah hat uns versorgt und sich um uns gekümmert", warf der Adler ein.

„Und uns davor bewahrt, dass wir gefressen werden", ergänzte der Spatz.

„Schon gut", räumte der Rabe ein. „Herr Noah war gut zu uns. Aber ich weiß wirklich nicht, was es ihm nützen würde, wenn wir hierbleiben, wenn es doch nicht mehr nötig ist. Betrachtet es doch einmal von dieser Seite. Sind nicht wir egoistisch, wenn wir hierbleiben und das Futter und den Platz in Anspruch nehmen, den die anderen brauchen könnten?"

Die Vögel dachten darüber nach, und es entstand ein allgemeines Gekrächze und Gezwitscher. Dann sagte der Adler schroff: „Du suchst doch nur nach Gründen, um abzuhauen und endlich zu tun, was du willst!"

„Nein, tu ich nicht!", antwortete der Rabe ärgerlich.

Herr Noah streckte seinen Kopf durch die Falltür.

„Ach, da seid ihr alle. Ich habe euch gesucht. Ich brauche nämlich eure Hilfe. Ich hätte gern, dass einer von euch losfliegt und einmal schaut, ob schon irgendwo Land zu sehen ist. Will sich jemand freiwillig melden?"

„Als Vogel mit den schärfsten Augen ...", begann der Adler.

„Ich gehe", unterbrach ihn der Rabe schnell.

Die Amsel warf ihm einen Blick zu. Aber du kommst nicht zurück", meinte sie. „Du hast es selbst gesagt."

„Doch", sagte der Rabe und wandte sich an Herrn Noah. Ehrlich, Herr Noah, ich komme zurück."

Herr Noah sah von einem Vogel zum anderen. Keiner sagte etwas.

Dann wandte er sich an den Raben. „Gut", sagte er. „Ich vertraue dir."

Am nächsten Tag flog der Rabe aus der Arche und hoch hinauf in den blauen Himmel. Die Arche wurde kleiner und immer kleiner, bis sie nur noch ein winziger Fleck im weiten Meer war.

„Ich bin frei!", rief der Rabe, aber niemand hörte ihn.

Er flog noch höher, und die Arche entschwand seinen Blicken.

„Ach, wie gut tut es, endlich fortzukommen!", dachte der Rabe. Wie gut tut es, in der stillen Luft herumzufliegen und die Sonne auf den Flügeln zu spüren …"

Er flog und flog.

„Nur noch ein Stückchen …", dachte er. wenn ich noch ein Stückchen weiter fliege, werde ich das Land sehen. Aber was soll ich machen, wenn ich Land finde? Soll ich zurück zur Arche fliegen und es den anderen sagen, oder soll ich es für mich behalten? Ich wäre der erste Vogel auf der Erde. Ich wäre der einzige Vogel auf der ganzen Erde …"

Allmählich wurde es dunkel, und der Rabe wurde müde und bekam Hunger.

„Vielleicht sollte ich heute Abend doch zurückfliegen und mich etwas ausruhen und etwas fressen und es morgen noch einmal probieren", überlegte er.

Er drehte sich um, aber der Himmel war jetzt ganz dunkel, und das Meer war noch dunkler. Wo war nur die Arche? Der Rabe bekam Angst.

„Ich hätte mich nicht so danach drängen sollen zu fliegen", sagte er laut, aber niemand hörte ihn.

„Das war sehr egoistisch von mir", sagte er, aber der Wind trug seine Worte davon.

„Ich wünschte, ich wüsste, wie ich zurückfinden kann", rief er voller Verzweiflung.

In der Arche begann Herr Noah sich allmählich Sorgen zu machen.

„Ich hätte ihn nicht losschicken sollen, Herr", meinte er. „Die anderen Vögel haben ja gesagt, er würde nicht zurückkommen. Ich hätte ihm nicht trauen sollen."

„Es sähe traurig aus in der Welt, wenn wir einander nicht trauen würden", antwortete Gott. „Du hast getan, was du für richtig hieltest, Noah. Nun geh ins Bett und ruh dich aus und überlass den Raben mir."

Doch obwohl Herr Noah gehorsam ins Bett ging, konnte er nicht schlafen. Am nächsten Morgen stand er schon vor Tagesanbruch auf und kletterte auf das Dach der Arche. Ängstlich sah er zum Himmel.

Plötzlich schrie er laut auf. Da, in der Ferne, kam ganz, ganz langsam der Rabe angeflogen. Mit einem erschöpften Plumps landete er auf dem Dach der Arche.

„Tut mir leid", stieß er hervor. „Ich wollte eigentlich gar nicht zurückkommen … aber ich hatte Hunger … und ich war so müde … und habe mich verirrt …"

„Hast du irgendwo Land gesehen?", fragte der Adler, der wieder über der Arche kreiste.

Langsam schüttelte der Rabe den Kopf. „Nein, kein Land …"

„Macht nichts", meinte Herr Noah. „Ich bin nur froh, dass du zurückgekommen bist." Er gab dem Raben etwas zu fressen und brachte ihn in sein Nest.

Es vergingen einige Tage, bis Herr Noah nach einem weiteren Freiwilligen fragte, der nach Land ausschauen sollte.

„Vertraust du uns denn noch?", fragte der Adler bedächtig. „Wir haben das Gefühl, der Rabe hätte uns alle verraten."

„Ich vertraue euch", meinte Herr Noah.

Die Vögel schwiegen einen Moment, dann meldete sich die Taube.

„Du und Gott, wenn ihr meint, einer von uns sollte gehen, dann bin ich bereit", sagte sie mit ihrer sanften Stimme.

„Danke", sagte Herr Noah.

Sie warteten noch eine Weile und beobachteten das Wasser, aber die Flut schien so hoch zu stehen wie immer, und kein Land kam in Sicht. Schließlich verließ die Taube die Arche. Sie zog einen, zwei, drei Kreise und war von der Sonne ganz geblendet. Sie flog ein paar große Bögen, vor und zurück, aber nirgends war Land zu sehen. Schließlich wurde es dunkel, und die Taube kehrte in die Arche zurück. Sie war so müde, dass Herr Noah sie mit den Händen auffangen und ihr hineinhelfen musste.

„So weit ich sehen kann, ist nirgends eine Spur von Land", sagte sie erschöpft. „Und ich bin meilenweit geflogen."

„Dann warten wir noch ein bisschen", meinte Herr Noah. „Die Sonne scheint. Sie wird das Wasser der Flut trocknen."

Die Sonne schien auch in den nächsten Tagen, und die Tiere lagen abwechselnd auf dem Dach der Arche und genossen die warme Luft. Die Insekten taten, was Insekten normalerweise tun, und die Vögel flogen umher und trainierten ihre Flügel für die Rückkehr in ein normales Leben.

Nach sieben Tagen machte sich die Taube erneut auf den Weg. Sie hatte sich inzwischen erholt und konnte jetzt etwas weiter fliegen. Sie flog ganz niedrig und glitt ganz dicht über die Wasserober-fläche und hielt nach Land Ausschau. Sie flog den ganzen Tag, aber sie entdeckte nichts.

„Wie schade", dachte sie. „Ich hätte Herrn Noah so gern eine gute Nachricht gebracht."

Die Sonne rutschte am Himmel immer tiefer, bis sie am Horizont verschwand. Enttäuscht drehte die Taube um. Sie flog ganz langsam und spähte im roten Schein der untergehenden Sonne noch immer umher.

Und dann entdeckte sie es! Irgendetwas ragte aus dem Wasser heraus. Sie flog hinab, um es näher zu betrachten. Es war ein Ast, ein Zweig, und an dem Ast hingen ein paar Blätter. Die Taube zupfte eins ab und flog triumphierend zur Arche zurück.

Bei ihrer Ankunft löste sie eine ungeheure Aufre-gung aus.

„Was ist das?", fragte der Eisbär und streckte neugierig seine Tatzen aus.

„Ein Blatt, du Dummkopf", meckerte die Ziege.

„Das sehe ich auch, dass es ein Blatt ist, aber was für eins?", fragte der Eisbär. „So eins habe ich noch nie gesehen."

„Das ist von einem Olivenbaum", erklärte der Esel stolz. „Da, wo ich herkomme, gibt es davon ganz viele."

„Und was bedeutet das?", wollte der Emu aufgeregt wissen.

„Es bedeutet Land", antwortete Herr Noah. „Es bedeutet, dass das Wasser auf der Erde zurückgegangen ist und einige Baumkronen schon aus dem Wasser herausragen."

„Das heißt, wir können aus der Arche?", fragte der Igel.

„Bald, bald", beschwichtigte Herr Noah.

Er wartete noch sieben weitere Tage, bevor er etwas unternahm.

„Besser gehen wir auf Nummer sicher", meinte er.

Diesmal schickte er beide Tauben los. „Ich finde, ihr solltet beide gehen", sagte er. „Denn wenn ihr Land findet, dann ist es nicht nötig, dass ihr wieder zurückkommt."

Die beiden Tauben machten eine Abschiedsrunde durch die ganze Arche und sagten allen anderen Vögeln und den übrigen Tieren Auf Wiedersehen.

„Weißt du", sagte eine der Tauben, „der Gedanke, dass wir gehen können, kommt mir ganz komisch vor. Irgendwie hoffe ich fast, dass wir kein Land finden, obwohl ich weiß, dass das albern ist."

Zum Schluss gingen die Tauben zu Herrn Noah.

„Auch wenn wir nicht mehr zurückkommen", sagten sie, „werden wir dich nie vergessen."

„Und ich werde euch auch nicht vergessen", antwortete Herr Noah. Er nahm sie vorsichtig in beide Hände. „Für mich werdet ihr immer Botschafter des Friedens sein, denn ihr habt uns die Nachricht gebracht, dass Gott sein Versprechen gehalten hat."

Die Tauben flogen hinaus. Sie zogen ein paar niedrige Kreise über der Arche, dann stiegen sie in die Lüfte hinauf und waren verschwunden. Sie kamen nicht zurück.

Ein paar Tage später blickte Herr Noah zur Falltür im Dach der Arche hinaus. Rundherum sah er nur noch trockenes Land!

Können wir nicht hierbleiben?

Die Tiere, die so lange mit Herrn Noah und seiner Familie in der Arche gewohnt hatten, waren bereit zu gehen. Laut und aufgeregt standen sie alle in der großen Halle versammelt.

„Wo ist Herr Noah?", fragte die Ziege gereizt.

„Wieso kommt er nicht und macht endlich die Tür auf?"

„Ja", sagte der Wolf und leckte sich die Lippen. „Ich will endlich hier raus und wieder jagen."

Der Fuchs grinste und betrachtete nachdenklich die Kaninchen und die kleinen Haselmäuse.

„Mmmh ... lecker ... sehr lecker ... womit soll ich anfangen?"

„Schwere Entscheidung, nicht wahr?", meinte der Panther, der in der Halle hin und her schlich, leise zu ihm. Der Schakal lachte und zeigte seine scharfen Zähne.

Die Haselmaus und ihr Mann hatten alles gehört und zitterten.

Währenddessen war Herr Noah noch immer in seiner Kabine. Er packte langsam seine Sachen zusammen und redete mit Gott.

„Du weißt ja, Gott, dass ich die Aufgabe am Anfang gar nicht übernehmen wollte. Und ich muss gestehen, dass ich manchmal dachte, wir würden es nicht schaffen. Aber jetzt, wo alles vorbei ist, bin ich doch ein bisschen traurig."

„Es ist noch nicht alles vorbei, Noah", sagte Gott.

„Nein?"

„Noch nicht."

Es klopfte an der Tür, und der Löwe trat ein. Er hatte seine Mähne gewaschen und gebürstet und sah ganz prächtig aus.

„Ach, Herr Noah, entschuldige, wenn ich dich störe, aber wir warten alle auf dich."

„Ihr wartet?"

„Ja, damit du die Tür aufmachst."

Herr Noah stand auf.

„Ach ja, natürlich", sagte er. „Wie dumm von mir. Ich hatte nicht damit gerechnet, dass ihr es alle so eilig habt. Ich muss euch ja Auf Wiedersehen sagen."

Der Löwe machte eine tiefe Verbeugung und zog sich zurück.

„Jetzt weiß ich, was du gemeint hast, Gott, dass

noch nicht alles vorbei ist", sagte Herr Noah. „Ich drücke mich mal wieder vor meinen Pflichten."

Gott lächelte, sagte aber nichts.

Herr Noah verließ seine Kabine und schloss hinter sich die Tür. Er war ein kleiner Mann mit runden Schultern, die unter der Last der Jahre ganz gebeugt waren. Sein Bart war während der langen Reise gewachsen, sein Gewand war schäbig und schon oft geflickt worden. Er sah ganz und gar nicht wichtig aus. Langsam ging er durch die Gänge und betrat die große Halle. Als die Tiere ihn sahen, erhoben sie sich und jubelten ihm zu. Die Vögel kamen aus dem Gebälk herabgeflogen und stimmten, auf ein Zeichen der Amsel, ein Lied an.

„Herr Noah, er lebe hoch, er lebe dreimal hoch!", quakte die Ente, und der Lärm hallte durch die ganze Arche. Staunend blieb Herr Noah stehen. Er sah sich in der Halle um, und Tränen traten in seine Augen.

Die Jubelrufe endeten in einem begeisterten Applaus. Schwänze klopften auf den Boden, die Vögel schlugen mit den Flügeln, und der Elefant führte mit dem Känguru so etwas wie einen Tanz auf. Herr Noah hob die Hand und bat um Ruhe. „Meine lieben Freunde", begann er, aber seine Stimme versagte ihm fast den Dienst. Er räusperte sich und begann von vorn. „Meine geliebten Freun-

de. Das ist wirklich zu freundlich von euch. Viel zu freundlich. Aber ihr solltet nicht mir zujubeln. Ich habe doch nur getan, was Gott mir gesagt hat. Er ist es, der euch vor der großen Flut gerettet hat."

„Aber du hast es ermöglicht", sagte der Löwe. Würdevoll trat er vor und hüstelte diskret. „Hmm … äh … Herr Noah, im Namen aller lebenden Kreaturen …"

„Schluss mit dem Geschwätz, macht endlich die Tür auf", rief der Fuchs grob.

Der Löwe beachtete ihn nicht. „Anlässlich dieser überaus wichtigen, ja erlauchten Gelegenheit …"

„Wovon redet er?", fragte die Giraffe.

„… übernehme ich es als dein Assistent und König aller Tiere …"

„Pass nur auf!", knurrte der Tiger gefährlich.

„… dir, Herr Noah, Frau Noah, euren Söhnen Sem, Ham und Jafet und ihren reizenden Frauen unseren tiefsten Dank dafür auszusprechen …"

Das Krokodil gähnte herzhaft.

„… dass ihr uns vor der großen Flut bewahrt habt. Wir Tiere …"

Im Hintergrund begann jemand zu singen.

„Macht die Tür auf, macht die Tür auf, MACHT DIE TÜR AUF …!"

Der Gesang wurde immer lauter, und der Löwe hörte mit beleidigter Miene auf zu sprechen.

„Danke, Löwe, für deine lieben Worte", sagte Herr Noah eilig. „Du und der Tiger, ihr wart mir beide sehr gute und treue Assistenten. Und jetzt", fuhr er mit lauter Stimme fort, „bevor ich die Tür öffne und wir alle unsere verschiedenen Wege gehen, muss ich euch alle aus meiner Liste ausstreichen."

„Wieso denn das?", fragte die Gans. „Wir sind

148

doch alle hier, gerade so, wie wir auf die Arche gekommen sind, einmal abgesehen von den Tauben
natürlich."

„Es muss alles seine Ordnung haben", sagte Herr
Noah.

Und so bildeten die Tiere eine lange Schlange
und stellten sich an, auch wenn es nicht ohne ge-
höriges Schimpfen und Schubsen abging.

„Dieser ganze bürokratische Kram ist wirklich
lästig", knurrte die Gans.

„Ich finde es hervorragend", sagte die Elster geziert. „Die Dinge müssen doch nachgeprüft werden."

„Damit nachgewiesen wird, dass du nichts aus
der Arche gestohlen hast, wie?", meinte der Affe
mürrisch.

„Also wirklich …!", empörte sich die Elster.

„O weh", sagte der Vogel Strauß, „ich glaube, ich
kriege wieder Kopfschmerzen."

Doch schließlich war auch das geschafft.

„Gut", sagte Herr Noah und malte ein großes
Kreuz neben den letzten Namen. „Das war's wohl.
Nun bleibt mir nichts, als euch Auf Wiedersehen
zu sagen, alles Gute und Gottes Segen." Er bahnte
sich einen Weg zur massiven Tür. „Also …"

„Vater, warte." Jafet kam angerannt und schwenk-
te seine Liste. „Warte noch. Zwei Tiere fehlen."

„Fehlen?"

„Ja. Die Haselmäuse sind nicht da."

„Das sind keine Tiere, das sind Nager", sagte der Fuchs.

Herr Noah drehte sich um und rief in die Menge: „Sind die Haselmäuse hier in der Halle?"

Schweigen.

Er versuchte es noch einmal: „Hat irgendjemand die Haselmäuse gesehen?"

„Nein, aber ich hätte nichts dagegen", grinste der Fuchs und leckte sich die Lippen.

„Dann müssen wir die Arche durchsuchen."

Die Suche dauerte einige Zeit. Die Tiere suchten überall, sie riefen nach den Haselmäusen und spähten in die kleinsten Ritzen, aber es war schließlich Herr Noah, der sie im Schrank seiner Kabine fand, ängstlich zusammengekauert.

Er starrte sie an.

„Was macht ihr denn da? Wisst ihr nicht, dass wir euch überall suchen?"

„D-d-doch …", stammelte die eine Maus.

„Das ist nämlich so …", begann die andere.

Herr Noah seufzte. „Ihr könnt nicht hier im Schrank bleiben. Kommt mit in die große Halle. Die Tiere warten alle und wollen raus."

„Ja", sagte die erste Haselmaus. „Das ist es ja gerade. Sie wollen raus, damit sie endlich wieder mit dem Jagen anfangen können, und das Erste, was sie jagen wollen, das sind wir."

„Das ist doch Unsinn", beschwichtigte sie Herr Noah.

„Nein, das ist gar kein Unsinn. Wir haben gerade gehört, wie die sich in der Halle darüber unterhalten haben, wie schön es wäre, endlich wieder jagen zu können. Der Fuchs hat nur uns angestarrt, und ein paar andere Tiere auch. Ich glaube, wenn wir erst einmal aus der Arche raus sind, werden wir keine zwei Minuten mehr leben."

Die Haselmäuse zitterten vor Angst.

„Ach so", sagte Herr Noah langsam. Er setzte sich aufs Bett. „Aber das kann doch gar nicht sein. Ihr habt euch doch alle so gut kennengelernt. Ich kann mir nicht vorstellen, dass der Fuchs euch fressen will."

„Nicht nur der Fuchs", sagte die erste Haselmaus. Der Adler hatte auch so ein hässliches Funkeln in den Augen."

„Wir haben uns schon lange vor diesem Tag gefürchtet", bekannte die zweite Maus. In der Nacht haben wir vor Angst oft wach gelegen."

„Hm, das tut mir wirklich leid …", begann Herr Noah.

„Weißt du", erklärte die erste Maus. „Uns hat es hier nämlich wirklich gefallen. Es ist gut für uns gesorgt worden. Du kannst dir ja gar nicht vorstellen, was für eine Wohltat es für uns war, dass wir uns einmal nicht darum kümmern mussten, wo wir unser Futter herbekommen …"

„… oder ob wir von anderen gefressen werden", ergänzte die zweite.

„Wir wurden beachtet. Du hast uns zugehört, wenn wir etwas gesagt haben, und manchmal haben sogar die größeren Tiere zugehört. Es war so schön sicher hier. Sicher und freundlich. Wir wollen nicht weg. Bitte, können wir nicht hierbleiben?"

„Ja, geht das nicht?"

Die beiden Haselmäuse sahen flehend zu Herrn Noah auf.

„Ich weiß nicht, was ich dazu sagen soll", meinte der. „Ich habe nur immer daran gedacht, wie wir die Reise gut überstehen können, über die Zukunft habe ich mir noch gar keine Gedanken gemacht."

Er stützte den Kopf in die Hände. „Hast du das gemeint, Gott, als du gesagt hast, es wäre noch nicht vorbei?" Dann sah er wieder die Mäuse an. „Geht zurück in die Halle und wartet dort auf mich. Ich muss erst einmal nachdenken und mit Gott reden."

Die Haselmäuse sahen sich an. „Wenn es dir nichts ausmacht, würden wir lieber hierbleiben."

„Das ist sicherer", meinte die andere.

„Aber auf der Arche wird euch keines der Tiere etwas tun", sagte Herr Noah.

„Sie sind bestimmt furchtbar böse auf uns, weil wir schuld sind an der Verspätung." Die erste Haselmaus zitterte förmlich vor Angst.

„Also gut", sagte Herr Noah. „Aber seid eine Minute still, während ich das Ganze mit Gott bespreche."

„Wir sind mäuschenstill", sagten die Mäuse und lächelten verschüchtert.

„Was soll ich machen, Gott?", fragte Herr Noah. „Habe ich die Tiere auf der Arche nur deshalb gerettet, damit sie sich, kaum dass sie draußen sind, gegenseitig auffressen?"

„Wenn sie die Arche verlassen haben, ist deine Aufgabe beendet, Noah", antwortete Gott. „Mehr habe ich von dir nicht verlangt."

„Aber ich kann sie doch nicht einfach in ihr Verderben rennen lassen", widersprach Herr Noah. „Ich meine, was für einen Sinn hätte es dann gehabt, die ganze Zeit auf sie aufzupassen?"

„Du bist nicht für sie verantwortlich, Noah. Das bin ich. Kannst du mir nicht vertrauen?"

„Doch, Herr", sagte Herr Noah und sah auf. „Aber ich fühle mich trotzdem mitverantwortlich."

Gott lächelte. „Du bist ein treuer Diener, Noah, und ich habe dich sehr gern. Aber du kannst nicht die Last der ganzen Welt mit all ihren Problemen auf deine Schultern nehmen."

„Nein, Herr, aber irgendetwas muss ich doch tun."

Gott dachte ein Weilchen nach. „Also gut. Geh zurück in die Halle und erkläre den Tieren, was passiert ist."

Herr Noah erhob sich und ging zum Schrank hinüber.

„Kommt mit", sagte er. „Wir gehen jetzt in die große Halle, und ich werde den Tieren alles erzählen, was ihr mir gesagt habt."

„Ist das denn vernünftig?", fragte eine Maus.

„Gott hat es vorgeschlagen", meinte Herr Noah. Er sah auf die beiden Mäuse hinunter, die noch immer vor Angst zitterten. „Und habt keine Angst. Wir sind alle in Gottes Hand, und er wird euch beschützen."

Die Haselmäuse kamen aus dem Schrank gehüpft und gingen mit Herrn Noah in die große Halle. Und zum letzten Mal rief Herr Noah alle Bewohner der Arche zu einer Versammlung zusammen.

Die Abmachung

Es war ganz still in der Halle, als Herr Noah nach vorn trat und den Tieren erklärte, die Haselmäuse hätten Angst, die Arche zu verlassen, weil sie sich davor fürchteten, gefressen zu werden.

Als er geendet hatte, fauchte der Fuchs wütend: „So ein Blödsinn!"

„Gar kein Blödsinn", wehrte sich die Haselmaus. „Wir haben Angst. Wenn Herr Noah nicht da wäre, würden ein paar von euch uns sofort schnappen."

„Hört, hört!", sagte die Ameise. „Meint ihr denn, ihr wärt die Einzigen, die hier Angst haben? Wir fürchten uns auch."

„Wir auch!", riefen die Kaninchen.

Bei diesen Worten entstand in der Halle ein regelrechter Tumult. Einige Tiere bekundeten ihre Zustimmung, die anderen versuchten, sie niederzubrüllen.

„Ruhe!", schrie Herr Noah.

Der Fuchs sprang auf einen Tisch. „Lass dir doch nichts vormachen, Herr Noah! Die Haselmäuse würden dir sonst was erzählen, um sich bei dir einzuschmeicheln! Aber ich will dir was sagen. Sie sind es gar nicht wert, gerettet zu werden! Wenn man sie nicht fressen würde, würde bald die ganze Welt von ihnen wimmeln. Ungeziefer sind sie, sonst nichts!"

„Kein Grund, unhöflich zu werden!", piepste eine der Haselmäuse, und die Tiere begannen erneut, alle durcheinanderzuschreien.

„Ruhe!", brüllte Herr Noah. „RUHE!! Habt ihr auf der Reise denn überhaupt nichts gelernt? Ich habe gedacht – ich habe gehofft –, ihr hättet in der Zeit, die wir hier zusammen waren, wenigstens ein bisschen gelernt, einander zu verstehen und zu achten."

„Sehr richtig", sagte der Esel und nickte mit dem Kopf. „Ich habe gelernt, dass es außer mir in der Welt noch eine wahnsinnige Menge anderer Tiere gibt."

„Psst, mein Lieber", raunte ihm seine Frau ins Ohr. „Das hat Herr Noah, glaube ich, nicht gemeint."

„Ich finde, Herr Noah hat recht", sagte der Biber langsam. „Solange wir in der Arche waren, drohte uns allen die gleiche Gefahr. Eigentlich sind wir doch ganz gut miteinander ausgekommen. Und ich finde, es wäre schade, wenn wir alles, was wir hier gelernt haben, gleich wieder vergessen würden, wenn wir in die Welt hinausgehen."

„Und was schlägst du vor?", fragte das Kamel.

„Das weiß ich auch nicht", gab der Biber zu.

„Also, ich schlage vor, dass wir endlich mit diesem ganzen Geschwätz aufhören und die Arche verlassen", rief der Schakal ungeduldig. „Man könnte ja fast meinen, es gefällt euch hier."

„Genau", sagte die Haselmaus ernst. „Einigen von uns gefällt es hier tatsächlich. Natürlich wären wir lieber draußen an der frischen Luft, aber wir fühlen uns auch gern sicher, und hier auf der Arche ist es sicher für uns."

„Was meinst du denn, Herr Noah?", fragte der Igel.

„Ich weiß es nicht", sagte Herr Noah langsam. „Aber wenn Gott meinte, die Welt war so schlecht, dass er sie zerstören musste, dann sollten die, die er vor der Flut bewahrt hat, bestimmt versuchen dafür zu sorgen, dass es in Zukunft in der Welt besser zugeht."

„Unmöglich", meinte der Affe verächtlich.

„Vielleicht sollte ich dich daran erinnern, dass

Gott nicht wegen unserer Bosheit die Flut geschickt hat", warf der Adler ein. „Ihr Menschen
seid schuld, nicht wir."

„Ich weiß nicht", sagte die Haselmaus. „Es ist
immer leicht, anderen die Schuld in die Schuhe zu
schieben; aber niemand ist vollkommen."

Der Adler starrte sie an. „Warte nur", zischte er.

„Aber was sollen wir tun?", fragte der Schakal
ungeduldig.

In der Halle entstand ein Schweigen. Dann meldete sich der Esel zu Wort. „Ich habe eine Idee",
begann er langsam. „Ich weiß, ich bin ein bisschen
dumm, aber ich habe eine Idee. Hört einmal zu."

„Meinst du wirklich, du solltest es sagen?", fragte seine Frau zögernd.

Der Esel holte tief Luft. „Herr Noah, stimmt es,
dass wir die einzigen Tiere sind, die in der Welt
übrig geblieben sind?", fragte er.

„Ja, das stimmt."

„Dann sind meine Frau und ich die einzigen
Esel?"

„Ja."

„Und Gott hat uns gerettet, damit es auf der
Erde immer Esel gibt?"

Der Schakal gähnte vernehmlich.

„Richtig."

„Dann ist es für Gott doch wichtig, dass wir

nicht nur hier auf der Arche überleben, sondern auch draußen?"

„Hm, ja", sagte Herr Noah.

„Wenn das so ist, könnten wir dann nicht vereinbaren, dass von uns allen, die wir auf der Arche waren, keiner den anderen jagt oder frisst?"

Der Affe kratzte sich geräuschvoll. „Jetzt weiß ich Bescheid!", sagte er spöttisch.

Der Esel sah sich in der großen Halle um. „Wir könnten so eine Art Verein gründen und abmachen, dass wir uns, solange wir leben, nichts Böses antun wollen."

Die Tiere sahen einander an, misstrauisch, zweifelnd, müde … hoffnungsvoll.

„Meinst du denn, das funktioniert?", fragte der Igel.

„Keine Ahnung", antwortete der Esel. Er zuckte die Schultern, denn es war ihm peinlich, so im Mittelpunkt zu stehen. „Es war nur so eine Idee, und eigentlich habe ich selten gute Ideen …"

„Ich finde, es ist eine sehr gute Idee", sagte Herr Noah.

„Ich auch", meinte die Haselmaus.

„Ich bin dafür", rief der Tiger laut. „Wer noch?"

Es erhob sich ein zustimmendes Gebrüll.

„Dann", sagte der Tiger schnell, „brauchen wir jetzt einen Präsidenten als Chef für unsere neue Vereinigte Liga der Tiere …"

„Wirklich?", fragte die Gans.

„Natürlich", erklärte der Tiger. „Jeder Verein braucht jemanden, der die Verantwortung übernimmt. Irgendwelche Vorschläge?"

„Ja", sagte der Löwe. „Also, hmm ... ja ..."

„Der Löwe?", schlug die Gans vor. „Schließlich ist er der König der Tiere."

Der Löwe lächelte geschmeichelt.

„Ich habe immer geglaubt, der Löwe hätte sich den Titel selbst ausgedacht", meinte der Tiger gekränkt.

„Wie wär's dann mit dir?", schlug der Panther vor.

„Ich würde nicht Nein sagen", antwortete der Tiger bescheiden.

„Ich schlage den Bär vor", sagte der Löwe spitz. „Stärke ist wichtiger als Verstand, und er ist das stärkste Tier unter uns."

„Ich bin für den Esel", wisperte die Haselmaus. „Er hat schließlich die Idee gehabt."

„O nein." Der Esel schüttelte den Kopf. „Ich kann das nicht. Ich bin viel zu dumm."

Die Tiere begannen wieder alle durcheinanderzureden.

„Worüber können wir uns überhaupt einigen, wenn wir uns nicht einmal darüber einig werden können, wer der Präsident unserer neuen Liga werden soll?", fragte der Esel traurig.

Der Affe lächelte überheblich. „So was klappt nie."

„Ich schlage Herrn Noah vor", meinte die Haselmaus. „Er hat uns während der Reise beschützt. Er wäre mir viel lieber als irgendeiner von uns."

„Und was soll ich machen?", fragte Herr Noah.

„Dich auf der Erde um uns kümmern", sagte die Haselmaus.

Die Tiere wurden allmählich still und sahen Herrn Noah erwartungsvoll an.

„Was soll ich tun, Gott?", fragte Herr Noah. „Das ist eine große Verantwortung."

„Ja", erwiderte Gott, „das ist es. Aber sie haben recht. Ich gebe alle Lebewesen auf der Welt in deine Hand. Sorge gut für sie."

Herr Noah schwieg einen Augenblick.

„Also gut", meinte er schließlich. „Wenn du es willst, Herr." Er hob die Stimme. „Wenn ihr alle das wollt, dann nehme ich die Aufgabe an, und meine Söhne und ich, wir werden versuchen, für euch zu sorgen und euch vor dem Bösen zu bewahren."

„Na endlich", sagte der Fuchs munter. „Und jetzt, wo wir alle Freunde sind, sollte Herr Noah so schnell wie möglich die Tür aufmachen und uns rauslassen."

Herr Noah wandte sich an die Haselmaus. „Seid ihr zufrieden?", fragte er.

„Ja", meinte sie nach kurzem Nachdenken. „Ja, ich glaube, ja."

„Also gut."

Herr Noah ging zur großen Tür, die Gott selbst zu Beginn der Reise verschlossen hatte. Sie öffnete sich, kaum dass er sie berührt hatte, und das helle Sonnenlicht strömte in die Halle.

Herr Noah führte die Tiere zur Arche hinaus. Da waren die wilden Tiere und die zahmen, Reptilien und Insekten, Vögel und Raubtiere. Da waren große Tiere und kleine, hässliche und gut aussehende, angriffslustige und gutmütige. Zwei von jeder Art, ein Männchen und ein Weibchen, waren in die Arche hineingegangen, und zwei – einmal abgesehen von den Tauben – gingen mit Herrn Noah aus der Arche hinaus ins grüne Gras. Sie alle staunten über die neue Welt, die vor ihnen lag.

Dann erhoben sich die Vögel in die Lüfte, zogen ein paar Kreise über Herrn Noah und seiner Familie und riefen: „Auf Wiedersehen." Herr Noah hob die Hände und segnete sie, und sie flogen davon.

„Auf Wiedersehen", murmelten die Stinktiere und schlichen in den Wald.

„Auf Wiedersehen", sagten die Termiten, als sie ihr Haus auf der Arche verließen und davonkrabbelten.

„Auf Wiedersehen", grunzten die Schweine und machten sich auf Futtersuche.

„Auf Wiedersehen, auf Wiedersehen", riefen alle
Tiere und verschwanden über die Lichtung und in
den Wäldern.

„Es war wirklich ein Erlebnis", sagte der Löwe
hoheitsvoll und reichte Herrn Noah seine Pranke,
damit er sie schüttelte.

„Danke und auf Wiedersehen", sagten die Spinnen
schüchtern und winkten mit ihren langen Beinen.

Herr Noah sah ihnen allen nach.

„Auf Wiedersehen, und Gott segne euch", rief er.

„Also dann", sagte der Fuchs. „Auf zum fröhlichen
Jagen." Er schnappte neckisch nach der Haselmaus
und lachte laut auf, als sie vor Angst quiekte.

„War doch nur Spaß", meinte er und stolzierte davon.

Herr Noah sah ihnen nach, bis auch das letzte Tier gegangen war, dann dankte er Gott gemeinsam mit seiner Familie, dass er sie alle während der Flut bewahrt hatte.

„Werden sie das Versprechen halten, das sie sich gegeben haben, Herr?", fragte er.

„Eine Zeit lang", sagte Gott.

„Und werden wir unser Versprechen halten, für sie zu sorgen?"

„Du schon, Noah", antwortete Gott.

Am sonnenklaren Himmel zogen Wolken auf, und ein paar Regentropfen fielen.

Besorgt fragte Herr Noah: „Bringst du eine neue Flut, Herr?"

„Nein", sagte Gott. „Denn egal, welche Versprechen sonst gegeben oder gebrochen werden, das eine verspreche ich: Nie wieder werde ich eine solche Flut schicken."

Der Regen wurde heftiger, und Herr Noah starrte kläglich auf den nassen Boden.

„Kopf hoch, Noah", sagte Gott. „Sieh dir einmal den Himmel an."

Herr Noah blickte auf, und da, hoch über ihm, sah er einen wunderbaren Regenbogen, dessen Farben zu funkeln begannen, als die Sonne durch die Wolken hervorbrach – rot und orange und gelb und grün und blau und violett.

„Dieser Regenbogen ist mein Versprechen für dich und alle, die nach dir leben werden", sagte Gott. „Immer, wenn ihr einen Regenbogen seht, sollt ihr an mein Versprechen denken. Ihr könnt euch darauf verlassen, dass ich nie wieder eine Flut schicken werde, um die Erde zu vernichten. Und, Noah …"

„Ja, Herr?"

„Vergiss nicht, dass ich niemals mein Wort breche."

„Ich weiß, Herr", sagte Herr Noah.

Als der Regen aufhörte und die Sonne warm auf sein Gesicht strahlte, sah Herr Noah sich nach seiner Frau und seinen drei Söhnen Sem, Ham und Jafet und ihren Frauen um.

„Seltsam", meinte er, „aber ohne die Tiere komme ich mir ganz einsam vor. Ich werde sie vermissen." Er seufzte. „Ich muss gestehen, dass ich sie alle lieb gewonnen habe."

„Sogar die Spinnen?", fragte Gott.

Herr Noah lächelte. „Ja, vor allem die Spinnen."

Wozu braucht ein Eisbär Honig?

Neue Geschichten aus der Arche

Herr Noah
macht sich Sorgen

Herr Noah machte sich große Sorgen. Das tat er schon, seit Gott die Katze aus dem Sack gelassen hatte. Keine richtige Katze natürlich – nein, Gott hatte Herrn Noah eine Nachricht übermittelt, die sein ganzes Leben auf den Kopf gestellt hatte.

„Ich fürchte", so hatte Gott gesagt, „ich werde die Erde und alles, was darauf lebt, vernichten müssen, denn es gefällt mir nicht, wie es dort zugeht. Aber dich will ich retten, Herr Noah, und deine Frau auch und deine Söhne mit ihren Frauen. Und von allen Tieren, die es auf der Erde gibt, werde ich mindestens je zwei verschonen, ein Männchen und ein Weibchen."

Dann hatte Gott ihm befohlen, aus Holz ein großes Schiff zu bauen, eine Arche. Darin würden Herr Noah, seine Familie und die Tiere in Sicherheit sein, wenn Gott die große Flut schickte.

„Und du, Herr Noah", hatte Gott hinzugefügt, „wirst dich in meinem Auftrag um die Tiere kümmern, denn sie sind alle sehr wichtig. Ich verlasse mich auf dich, dass du sie gut versorgst."

Herr Noah war sehr erschrocken, als er begriff, was Gott ihm da gerade gesagt hatte: die ganze

Erde vernichten? Außerdem machte er sich Sorgen wegen der Arbeit, die Gott ihm aufgetragen hatte. Darum versuchte er, Gott umzustimmen.

„Ich freue mich, dass du mich retten willst, Herr, das kannst du mir glauben. Aber ich bin ganz und gar nicht überzeugt, dass ich der richtige Mann für diese Aufgabe bin. Ich habe noch nie ein Tier gehabt außer den beiden Katzen, und die hatte ich auch nur wegen der Mäuse im Haus. Außerdem mache ich mir eigentlich gar nichts aus Tieren. Du wirst bestimmt jemanden finden, der sich besser für diesen Job eignet."

Aber Gott wollte ausgerechnet Herrn Noah.

„Aber ich bin gar nicht gut im Organisieren, Gott", sagte Herr Noah. „Und für solch eine Reise brauchst du jemanden, der wirklich gut planen kann. Ich verliere viel zu schnell den Überblick."

Aber Gott antwortete nicht, er hatte volles Vertrauen zu Herrn Noah.

„Schließlich bin ich kein junger Mann mehr", erklärte Herr Noah am Abend seiner Frau. „Gott hätte sich für diese Arbeit einen Jüngeren aussuchen sollen." (Herr Noah hatte nicht unrecht, denn er hatte vor Kurzem seinen sechshundertsten Geburtstag gefeiert. So alt konnte man damals werden.)

„Einen *Jüngeren* vielleicht", widersprach seine Frau. „Aber einen *Besseren* hätte er sicher nicht finden können. Und außerdem hat er dich gewollt, da kannst du nichts machen. Also leg dich jetzt hin und versuch ein bisschen zu schlafen."

Aber Herr Noah konnte in dieser Nacht nicht schlafen. Er wälzte sich im Bett herum und machte sich alle möglichen Gedanken. Plötzlich richtete er sich kerzengerade auf.

„Kannst du mir vielleicht sagen, was Ameisenbären fressen?", fragte er.

Doch seine Frau schnarchte leise neben ihm und gab keine Antwort.

Seit jenem außergewöhnlichen Tag hatte Herr Noah nachts kaum noch schlafen können. Die Tage vergingen, und seine Sorgen wuchsen.

„Autsch!", schrie er, als er sich zum dritten Mal mit dem Hammer auf den Daumen schlug.

„Hör mal, Vater", meinte Sem, sein ältester Sohn, „warum gehst du nicht zum Haus und begrüßt die Tiere, die ankommen? Wir kümmern uns schon um die Arche."

Ham und Jafet, seine anderen beiden Söhne, nickten zustimmend.

„Du hast doch bestimmt noch eine Menge anderer Dinge zu tun", meinte Sem taktvoll.

„Und du weißt genau, dass du handwerklich nicht besonders geschickt bist." Ham war immer sehr direkt.

Herr Noah sah die drei trotzig an. „Gott hat aber *mir* befohlen, die Arche zu bauen", erwiderte er.

Sem, Ham und Jafet warfen sich einen vielsagenden Blick zu und machten sich wieder an die Arbeit.

Es vergingen ein paar Minuten, und dann … „Autsch!", schrie Herr Noah, weil er sich zum vierten Mal auf den Daumen gehämmert hatte.

„Vater, bitte …", begann Sem.

Genau in diesem Augenblick rief Frau Noah: „Noah, komm doch einmal her. Da sind gerade zwei Flamingos angekommen. Sie wollen unbedingt mit dir reden. Sie scheinen irgendwie verärgert."

Herr Noah kletterte von der Arche herunter. Im Grunde war er ganz froh, dass er nun eine Entschuldigung hatte. Er kehrte an diesem Tag auch nicht wieder zur Baustelle zurück. Nachdem er mit den Flamingos geredet hatte, musste er erst einmal die Schimpansen aus seinem Weinberg vertreiben. Dann kamen die Biber und begannen in dem Bach, der Noahs Hof mit Wasser versorgte, einen Damm zu bauen. Die Emus waren eingeschnappt, als sie sahen, wo sie übernachten sollten, und einer der Eisbären wurde ohnmächtig, weil er die Hitze nicht gewöhnt war.

So hatte Herr Noah alle Hände voll zu tun. Es

gab noch so vieles zu erledigen, und es blieb nicht mehr allzu viel Zeit.

„Könntest du nicht ein paar von den Tieren bitten, dir zu helfen?", schlug seine Frau beim Abendessen vor. „Die netten Elefanten haben unseren Söhnen doch schon angeboten, beim Bauen mit anzufassen, und sogar die Affen haben gesagt, sie könnten helfen und die Werkzeuge aufheben, die herunterfallen. Bei denen weiß ich zwar nicht so recht … sie machen immer so ein höhnisches Gesicht."

„Die Biber würden auch gern helfen", sagte Jafet.

„Nein, das geht nicht", widersprach Herr Noah.

„Gott hat *mir* den Auftrag erteilt, und *ich* muss die Arbeit selbst machen."

„Aber du baust die Arche doch sowieso nicht allein", warf seine Frau ein. „Unsere Söhne helfen dir dabei."

„Ja, schon", musste Herr Noah zugeben. „Aber vielleicht hätte ich es allein versuchen sollen."

„Dann würde die Arche bestimmt untergehen", meinte Ham.

„Sei nicht so frech zu deinem Vater!", schimpfte die Mutter, aber Herr Noah hörte schon gar nicht mehr zu.

Wie sollte er denn dafür garantieren, dass wirklich je ein Männchen und ein Weibchen von jeder

Tierart rechtzeitig an Bord der Arche gelangten? Was, wenn ein paar fehlten? Ob Gott ihm das je verzeihen würde?

Auf jeden Fall schien die Nachricht sich schon herumgesprochen zu haben, denn allmählich trafen immer mehr Tiere ein. Tag und Nacht meldeten sie sich auf Herrn Noahs Hof, und er wusste schon kaum mehr, wo er sie alle unterbringen und womit er sie füttern sollte, und die beiden Schimpansen entwischten immer wieder in seinen Weinberg und fraßen die Trauben ab.

Überhaupt: das Futter. Das war sein größtes Problem. Wo sollte er genug Futter für so viele Tiere herbekommen? Stundenlang saß Herr Noah da und legte lange Listen an, in denen er sich notierte, wovon die einzelnen Tierarten sich ernährten. Es war eine recht deprimierende Geschichte, denn viele der Tiere waren es gewohnt, *einander* zu fressen.

Und dann war da noch die Arche selbst, deren Bau nicht so recht vorwärtsgehen wollte, weil Herr Noah viel zu viel zu tun hatte, um auch noch die Bauarbeiten zu überwachen.

Die Listen in Herrn Noahs Büro stapelten sich, und auch seine Sorgen wurden immer größer. Er reagierte zunehmend gereizter, und seine Söhne und ihre Frauen und sogar Frau Noah selbst begannen ihm aus dem Weg zu gehen.

Je näher der Tag rückte, an dem sie alle die Arche besteigen sollten, desto nervöser wurde Herr Noah.

„Die Arche wird niemals rechtzeitig fertigwerden", dachte er und hämmerte sich auf Daumen und Finger, weil er meinte, er müsse noch schneller arbeiten.

„Das Futter wird nie rechtzeitig hier eintreffen", dachte er und schickte immer neue Bestellungen los.

Und dann, an einem besonders furchtbaren Nachmittag, als es den Bibern endlich doch gelungen war, einen Damm im Bach zu errichten, sodass Noahs Felder austrockneten, und als die Weinberge – in denen sowieso keine Trauben mehr zu finden waren – von den Nilpferden und den Elefanten völlig zertrampelt wurden, da gab er auf.

Er legte seine Arbeit nieder und setzte sich mitten in die Überreste seines einst so schönen Bauernhofs.

Voller Trauer dachte er an sein früheres Leben und daran, wie er sich jedes Jahr gefreut hatte, wenn die Weintrauben in der warmen Sommersonne prall und rund wurden. Sicher, manchmal hatte er sich über die harte Arbeit beschwert, aber im Großen und Ganzen war er doch recht zufrieden gewesen mit seinem Leben. Noahs Augen wurden feucht, und schließlich tropften zwei dicke Tränen auf die Liste, die er in den Händen hielt. Er war eigentlich viel zu alt für solche Aufregungen, und die ganze Sache machte ihm fürchterliche Angst.

„Ich kann es nicht", dachte er, als er die Schimpansen erblickte, die sich nach Flöhen absuchten. „Soll ich eigentlich auch zwei Flöhe mit auf die Arche nehmen?" Von Flöhen hatte Gott gar nichts gesagt … Herr Noah stützte den Kopf in die Hände und stöhnte. „Ich kann es nicht."

Dann sprang er plötzlich auf und begann wie wild, hin und her zu laufen. „Ich kann es nicht, ich kann es nicht, ich kann es nicht! Gott muss sich jemand anders suchen. Noch ist es nicht zu spät."

„Noah."

Das war Gottes Stimme, aber Herr Noah hörte ihn zuerst gar nicht; er war viel zu aufgeregt.

„Noah, hör mir einmal zu."

„Oh, Gott, bist du das?", platzte Herr Noah heraus. „Wo warst du denn die ganze Zeit? Ich war so verzweifelt und hab mir solche Sorgen gemacht. Ich habe richtig Angst. Ich will ja nicht kneifen, und ich kann auch gar nicht kneifen. Aber die Arbeit, die du mir da aufgetragen hast, die schaffe ich einfach nicht. Ich will nicht in der Flut umkommen, aber irgendwie ist das alles zu viel für einen alten Mann. Und außerdem – ich mag gar keine Tiere. Du solltest nur mal sehen, wie manche sich aufführen! Bitte, Gott, such dir jemand anders."

„Noah", sagte Gott geduldig. „Halte einmal für einen Augenblick den Mund. Setz dich hin und sei ganz still."

Herr Noah tat, was Gott gesagt hatte, und fühlte sich sofort ein bisschen besser.

„Also, hörst du mir zu?"

„Ja, Herr."

„Gut. Ich wollte dir schon die ganze Zeit über

helfen, aber du hast mir gar keine Gelegenheit gegeben."

„Nein?"

„Nein. Du warst viel zu sehr damit beschäftigt,
alles selbst zu regeln."

„Wirklich?"

„Ja."

„Oh", sagte Herr Noah. „Ich dachte, das erwartest du von mir."

„Du hättest mich fragen sollen, Noah", sagte
Gott.

„Du hast dich nicht oft blicken lassen", murmelte Herr Noah. Dann schämte er sich. „Wahrscheinlich hattest du auch recht viel zu tun."

„Ich habe nie so viel zu tun, dass ich dir nicht
helfen könnte", erwiderte Gott. „Solange du mir
vertraust, wird alles gut werden."

„Ja, Herr", antwortete Herr Noah kleinlaut.

„Und? Vertraust du mir?", wollte Gott wissen.
Und es schien Herrn Noah, wie er da so mitten in seinem zerstörten Weinberg in der Sonne
saß, als sei das die wichtigste Frage, die ihm je
gestellt worden war. Er dachte zurück an sein
langes Leben, wie er schon als Kind mit all seinen kleinen und großen Anliegen zu Gott gegangen war. Und Gott hatte ihn nie enttäuscht,
musste er zugehen. Nicht ein einziges Mal. Es

dauerte lange, bis Herr Noah wieder den Mund aufmachte.

„Ja", sagte er schließlich. „Ja, Gott, ich vertraue dir."

„Na also", sagte Gott. „Dann brauchst du dir auch keine Sorgen zu machen. Und übrigens", fügte Gott noch hinzu, „ich habe dir eine Menge Helfer zur Seite gestellt. Du brauchst wirklich nicht alles allein zu schaffen."

„Ja, Herr, ich weiß", seufzte Herr Noah leise.

Herr Noah blieb noch eine ganze Weile sitzen.

179

Ihm war jetzt plötzlich so friedlich zumute wie schon lange nicht mehr. Dann ging er zurück ins Haus und sagte zu seiner Frau und seinen Söhnen, es tue ihm leid, dass er so schlechte Laune gehabt habe. Darüber waren alle so froh, dass sie sich nun noch mehr anstrengten. Und weil sogar ein paar von den Tieren mithalfen, war die Arche bald fertig.

Wenn Herr Noah zwischendurch merkte, dass er sich doch wieder Sorgen machte – vor allem, wenn wieder ein paar von den wilden Tieren ankamen oder wenn sich ihm der Magen zusammenkrampfte, weil er an die Zukunft dachte – und das kam im Laufe eines Tages öfter vor –, dann erfuhr niemand etwas davon außer Gott. Und auf Gott, das wusste Herr Noah jetzt, konnte er sich verlassen, ganz egal, was noch passieren würde.

Eine eigene Kabine, bitte!

Als die Arche fertig war, da begannen Herr Noah und seine Söhne, Futter und Wasser und alles, was man sonst noch für eine so lange Reise braucht, an Bord zu schaffen. Schließlich packte Herr Noah auch für sich selbst ein paar Sachen zusammen und zog sein zweitbestes Gewand an.

„Es hat nicht viel Sinn, die besten Kleider mitzunehmen", erklärte er seiner Frau. „Wir werden auf der Arche viele Schmutzarbeiten zu erledigen haben. Ich glaube jedenfalls nicht, dass all diese Tiere stubenrein sind."

„Mach, was du willst", erwiderte Frau Noah. „Ich jedenfalls will nicht, dass mein bestes Kleid von der Flut ruiniert wird. Dann ziehe ich es schon lieber an!"

Herr Noah wanderte ein letztes Mal durch sein Haus; dann heftete er ein großes Schild an die Haustür:

„Abschließen brauche ich wohl nicht", dachte er traurig. Doch es blieb ihm nicht viel Zeit, um Trübsal zu blasen, denn er hatte nun alle Hände voll zu tun. Am Eingang zur Arche musste er die Tiere begrüßen und deren Namen auf seiner großen, langen Liste abhaken. Frau Noah stand in ihrem besten Sonntagskleid neben ihm – sie sah wirklich sehr hübsch aus.

Als alle sicher in der Arche waren, schloss Gott selbst hinter ihnen die Tür zu.

Manche Tiere gewöhnten sich recht schnell an die neue Situation. Sie waren dankbar, dass sie vor den dunklen Sturmwolken, die sich draußen zusammenballten, in Sicherheit waren. Ein paar aber kannten nichts anderes als Jammern und Klagen. Am schlimmsten war der Pfau.

„Das ist wirklich nichts für unsereinen", beschwerte er sich und stolzierte mit hoch erhobenem Schnabel in der großen Halle auf und ab und rümpfte die Nase über den Lärm und Gestank, den die anderen Tiere verbreiteten.

„Mach dir nichts draus, mein Lieber", besänftigte ihn seine Frau, eine eher gewöhnlich aussehende kleine Henne.

„Was ist nichts für euch?", fragte der Fuchs und beäugte die beiden Haselmäuse. Dabei lief ihm schon das Wasser im Mund zusammen.

„Alles hier", erwiderte der Pfau und schlug ein wunderschönes Rad. „Ich hätte nie geglaubt, dass meine liebe Frau und ich unter solch entwürdigenden Umständen reisen müssen. Ich werde mich beschweren."

„Bei wem?", wollte der Fuchs wissen. „Bei Gott? Der hat im Moment bestimmt anderes zu tun, als sich um deine Beschwerden zu kümmern." Beim bloßen Gedanken daran musste er lachen. Die Haselmäuse nahmen das erleichtert zur Kenntnis und machten sich aus dem Staub.

„Bei der Geschäftsführung", erwiderte der Pfau würdevoll.

„Wer ist denn das?", schnaubte der Büffel.

Verächtlich sah der Pfau ihn an. „Ist das vielleicht dieser schäbig gekleidete Mensch, der uns an Bord willkommen geheißen hat? Wenn man das überhaupt Willkommen nennen kann", fügte er hinzu. „Ich stehe nicht gern Schlange – zusammen mit diesem Pöbel."

„Wer ist Pöbel?", erkundigte sich der Esel. „Ich

habe noch nie von einem Tier gehört, das so heißt. Aber es gibt natürlich auch sonst eine Menge wunderschöner Tiere hier, von denen ich noch nie etwas gehört habe. Mir sind hier wirklich die Augen aufgegangen."

„Pah!", schnaubte der Pfau und stolzierte davon, um Herrn Noah zu suchen. Seine Frau eilte ihm nach.

„Eingebildeter Gockel!", schimpfte der Büffel. „Wofür hält er sich eigentlich?"

„Seine Frau tut mir leid", sagte die Kaninchenfrau mitfühlend. „Mit dem möchte ich nicht verheiratet sein!"

Der Pfau fand Herrn Noah in seiner Kabine, wo er gerade ein großes Schild malte:

REGELN AUF DER ARCHE
1. Die Passagiere werden gebeten, nicht gegeneinander zu kämpfen.
2. Es ist während der gesamten Reise strengstens verboten, einander zu fressen.
3. Beschwerden sind an mich oder an einen meiner Assistenten, den Löwen oder den Tiger, zu richten.

Herr Noah

Als der Pfau und seine Frau eintraten, blickte Herr Noah auf. „Hallo. Was kann ich für euch tun?"

„Ich will mich beschweren", sagte der Pfau.

„Bitte schön." Herr Noah setzte sich aufs Bett. Was ist los?"

„Du wirst mir sicher zustimmen, dass mein Federkleid außergewöhnlich prächtig ist", begann der Pfau und schlug in der engen Kabine ein wunderschönes Rad, wobei er Herrn Noahs frisch beschriebenes Schild verschmierte.

„Ja, das stimmt", sagte Herr Noah.

„Ich würde sogar behaupten", fuhr der Pfau fort, „dass auf der ganzen Welt kein Tier mit seinem Schwanz ein so schönes Rad schlagen kann wie ich."

„Durchaus möglich."

„Das ist eine große Verantwortung", erklärte der Pfau, „und ich brauche viel Zeit, um meine Federn zu pflegen."

„Das kann ich mir vorstellen", meinte Herr Noah voller Respekt.

„Dafür brauche ich meinen Frieden, Ruhe und viel Platz", fuhr der Pfau fort. „Aber in der großen Halle ist weder Frieden noch Ruhe noch Platz."

„Da gebe ich dir vollkommen recht", sagte Herr Noah.

„Herr Noah, ich bin ein sehr empfindsamer Vogel, und ich denke, es ist nicht zu viel verlangt, wenn ich um eine eigene Kabine bitte – mit meiner lieben Frau natürlich …"

Abschätzig sah er sich in Herrn Noahs Kabine um. „…Wenn sie ein bisschen größer wäre als diese hier, das würde mir schon genügen. Und die Mahlzeiten bitte aufs Zimmer. Man kann wirklich nicht von mir verlangen, dass ich zusammen mit den anderen Tieren speise."

Herr Noah seufzte. „Tut mir leid, aber das geht nicht. Wir haben nicht eine einzige Reservekabine. Schließlich mussten wir eine große Zahl von Tieren unterbringen."

„Aber es ist einfach unzumutbar …", begann der Pfau von Neuem, und seine Stimme wurde etwas schriller.

„Nun, Gott selbst hat die Arche entworfen", entgegnete Herr Noah, „und er hat vorher alles gut geplant. Er lässt nicht verkommen, was er geschaffen hat. Es tut mir leid, aber ich kann für euch wirklich nichts tun."

„Verstehe!", erwiderte der Pfau beleidigt und stürmte aus der Kabine.

„Nun reg dich doch nicht so auf, mein Lieber", sagte seine Frau, die ihm eilig folgte. „Du machst dich nur lächerlich. Das weißt du doch ganz genau."

Herr Noah seufzte wieder. „Oh, Gott", sagte er.

„Was soll ich bloß machen? Als ob ich nicht schon genug Probleme hätte."

„Dieses hier wird bald verschwinden", sagte Gott. „Du wirst schon sehen."

Aber das Problem verschwand nicht. Im Gegenteil, es wurde noch viel schlimmer. Der Pfau beschwerte sich den ganzen Tag, und zwar einen Tag um den andern, und bald fingen auch ein paar von den anderen Tieren an zu klagen. Die Giraffen wollten mehr Platz für ihren Kopf, die Nilpferde wollten mehr Wasser, die Pinguine mehr Eis, die Fledermäuse wollten es gern dunkler und die Schmetterlinge verlangten mehr Licht.

„Man hätte verschiedene Klassen von Unterkünften einrichten sollen", sagte der Emu selbstgefällig.

„Und wonach hätte man sie einteilen sollen?", erkundigte sich der Büffel. „Nach der Länge von deinem Schwanz?"

„Dann hätte ich überhaupt keine Chance", piepste das Meerschweinchen fröhlich. „Ich habe gar keinen."

„Und ich würde jetzt aus der ersten Klasse geworfen", lachte die Eidechse. „Denn meiner ist gerade abgefallen."

„Wie machst du das nur?", fragte der Esel verdutzt.

Die Eidechse zuckte die Achseln. „Wenn ich Angst habe, dann fällt mir immer der Schwanz ab."

„Wovor hattest du denn jetzt Angst?", wollte das Rhinozeros wissen.

„Wahrscheinlich vor deinem hässlichen Gesicht", erwiderte die Eidechse frech und huschte lachend davon.

„Diese Eidechsen", rümpfte der Emu die Nase. „Kein Benehmen!" Und er wandte sich ab, um den Pfau zu suchen, der ganz am anderen Ende der Halle seine Reden schwang.

„Ich finde, Gott hätte bei der Auswahl etwas sorgfältiger vorgehen sollen", verkündete der gerade, als der Emu herankam. „Wieso wollte er unbedingt alle Tierarten retten, wo wir doch wissen, dass wir auf einige ganz gut verzichten könnten?"

„Auf wen zum Beispiel?", rief die Schwalbe von ihrer Stange herunter.

„Es wäre für Gott doch eine wunderbare Gelegenheit gewesen, einmal ein bisschen aufzuräumen", fuhr der Pfau unbeirrt fort. „Wenn ein paar von diesen plumpen, hässlichen Tieren hätten draußen bleiben müssen, dann hätten wir anderen außerdem alle ein bisschen mehr Platz." Er zog seinen Schwanz unter der Krähe fort, die gerade hereingeflattert kam und sich versehentlich daraufgesetzt hatte.

Allmählich wurden die anderen Tiere das ständige Gejammere des eitlen Pfaus leid, und eines nach dem anderen ging zu Herrn Noah, um sich zu beschweren.

„Es würde mich ja nicht stören, wenn er nur ein kleines bisschen leiser reden würde", meinte der Strauß. „Aber er hat eine so laute, unangenehme Stimme, dass ich richtig Kopfschmerzen davon bekomme."

Es kamen so viele Klagen, dass Herr Noah sich schließlich in seiner Kabine einschloss und gar nichts mehr hören wollte. „Was soll ich nur tun, Gott?", fragte er verzweifelt.

„Mach dir keine Sorgen", erwiderte Gott. „Du brauchst gar nichts zu tun."

„Was meinst du? Ich mache mir aber Sorgen!", entgegnete Herr Noah gereizt. Trotzdem hielt er sich an Gottes Rat und tat erst einmal gar nichts.

Am nächsten Tag erschien der Pfau – zur großen Erleichterung vieler Tiere – nicht in der Halle.

„Wahrscheinlich braucht sein blöder alter Schwanz einen Frühjahrsputz", lachte das Meerschweinchen.

„Ich wünschte, er würde ihm ausfallen", sagte der Otter. „Diese dauernde Angeberei hängt mir schon lange zum Hals heraus."

„Aber er ist wirklich schön", seufzte der Esel.

„Ich wünschte, mein Schwanz wäre nur halb so schön."

„Mach dir nichts draus", sagte der Büffel nachdenklich. „Ich weiß, dass ich nicht der Schönste bin, aber wenigstens bin ich nicht eitel."

Am nächsten Tag wurde der Pfau wieder nicht gesehen. Und auch seine Frau fehlte. Am dritten Tag begann Herr Noah ihn zu suchen, aber es dauerte eine ganze Weile, bis er die beiden entdeckte. Sie hatten sich in der hintersten Ecke der Arche versteckt.

Der Pfau schluchzte. „So etwas Schreckliches ist mir noch nie passiert!"

„Nanu, was ist denn los?", fragte Herr Noah.

Die Pfauenfrau wandte sich ihm zu. „Ach, Herr Noah, er schämt sich zu Tode."

„Aber warum? Was ist denn los?", fragte Herr Noah.

Der Pfau kam aus seiner Ecke hervor, in der er sich versteckt hatte, und Herr Noah schnappte nach Luft. Denn der Pfau hatte keine einzige Schwanzfeder mehr.

„Kahl!", schluchzte der Pfau. „So kann ich mich keinem zeigen. Nein, wirklich nicht!"

„Wie ist denn das passiert?", fragte Herr Noah.

„Jeder Pfau verliert ab und zu seine Schwanzfedern", sagte die Pfauenfrau. „Das ist ganz normal. Ich habe es ihm immer wieder gesagt, aber er wollte nicht auf mich hören. Er hört ja nie auf mich! Vielleicht hat er es diesmal begriffen", fügte sie etwas bissig hinzu, während der Pfau nur noch lauter schluchzte.

Es bedurfte großer Überredungskünste, bis der Pfau bereit war, Herrn Noah in die große Halle zu folgen. Seine Ankunft rief einen regelrechten Tumult hervor.

Die Krähe fiel vor Lachen fast von ihrer Stange, und der Wasserbüffel verschluckte sich beim Trinken.

„Geschieht ihm recht", meinte die Eidechse, deren eigener Schwanz schon wieder etwas nachgewachsen war.

„Du hättest nicht mal ein Dritte-Klasse-Abteil verdient, so, wie du aussiehst", sagte das Rhinozeros unverblümt.

„Schon gut", sagte der Pfau mit weinerlicher Stimme. „Es tut mir leid. Ich dachte, ich wäre schöner als ihr alle, und ich war so stolz auf meinen schönen Schwanz. Ich hätte das alles nicht sagen sollen. Aber es war doch wirklich ein so sch … schöner Schwanz", fügte er hinzu und begann wieder zu schluchzen.

In diesem Moment ließ der Adler seine mächtige Stimme ertönen. „Ruhe mal eben!"

In der Stille, die nun folgte, konnten sie auf dem Dach der Arche ein trommelndes Geräusch hören.

„Es hat angefangen zu regnen", sagte der Adler und breitete seine weiten Schwingen aus. „Ich meine", sagte er dann, „es sollte sich keiner mehr beklagen. Wir haben doch wohl wichtigere Sorgen als einen Pfauenschwanz – wie schön er auch gewesen sein mag. Wenn wir draußen geblieben wären, dann würden wir in den nächsten Tagen alle umkommen."

An diesem Abend waren die Tiere ungewöhnlich still und nachdenklich.

Wozu braucht ein Eisbär Honig?

Es regnete nun schon seit vielen Tagen. Die Arche wurde von den ansteigenden Fluten emporgehoben und begann sich auf dem Wasser leicht zu wiegen. An Bord war es ziemlich eng, denn die vielen Tiere brauchten eine ganze Menge Platz. Doch nach und nach gewöhnten sie sich aneinander. Bald hatte jedes – oder zumindest fast jedes – Tier ein Plätzchen gefunden, an dem es sich mehr oder weniger wohlfühlte. – Bis auf den Eisbären.

Der Eisbär, der aus einem Land kam, wo es nur sehr wenige andere Tiere gab, war fasziniert von der Menge und Vielfalt der Tierarten, die er entdeckte. Am liebsten hätte er sich mit allen angefreundet, aber er wusste nicht recht, wie er das anstellen sollte.

Also schlich er einfach nur herum, wodurch er die kleineren Tiere ganz nervös machte, aber auch die großen wussten nicht recht, was sie davon halten sollten.

„Was will der eigentlich?", fragte das Rhinozeros misstrauisch.

„Ich glaube nicht, dass er überhaupt etwas will", meinte der Braunbär.

Das Rhinozeros war noch nicht überzeugt. „Wenn er meint, er könnte sich in meinem Wasser wälzen, dann hat er sich geirrt."

„Ich möchte nur gern euer Freund sein", sagte der Eisbär.

„Wieso?", fragte das zweite Rhinozeros.

Darauf wusste der Eisbär keine Antwort, und er schlich davon. Freunde zu finden war gar nicht so einfach, wie er sich das vorgestellt hatte. Dann hatte er eine Idee. Wenn er den anderen Tieren immer recht gab, dann würden sie ihn bestimmt mögen.

„Es ist so schrecklich kalt hier", brummelte das Kamel irgendwann. „Nach der angenehmen Hitze in der Wüste macht mir diese Kälte richtig zu schaffen."

„Ja, es ist wirklich kalt", sagte der Eisbär, obwohl er fand, dass in der großen Halle eine ganz unerträgliche Hitze herrschte.

„Nein, es ist nicht die Kälte", sagte der Gepard und rannte ruhelos hin und her. „Es ist die Langeweile. Ich möchte wieder einmal den Wind in meinem Fell spüren, wenn ich durch die Steppe rase."

„Ja, ich finde es auch sehr langweilig", stimmte der Eisbär zu.

„Ich finde es eigentlich eher erholsam", gähnte der Tiger zufrieden. „Ich brauche mir mein Essen nicht selbst zu beschaffen, ich brauche mich eigentlich um gar nichts zu kümmern. Daran könnte ich mich glatt gewöhnen."

„Mir geht es genauso", pflichtete der Eisbär schnell bei.

„Ich will euch sagen, was hier langweilig ist", fauchte das Rhinozeros gereizt. „Tiere, die zu allem mit dem Kopf nicken. Die sind wirklich langweilig."

„Ja", meinte der Eisbär. „Da hast du recht."

Das Rhinozeros schnaubte verächtlich und stampfte davon, und ein Tier nach dem anderen folgte ihm, bis der Eisbär wieder allein war.

„Wieso sage ich immer das Falsche?", fragte später der Eisbär seine Frau. „Dabei gebe ich mir so viel Mühe. Ich möchte doch nur ihr Freund sein."

„Du strengst dich zu sehr an", meinte seine Frau. „Das ist falsch. Sei einfach du selbst."

„Aber ich will doch, dass sie mich mögen", jammerte der Eisbär unglücklich.

„Du kannst die Leute nicht zwingen, dich zu mögen", sagte seine Frau. „Du solltest es dir nicht so zu Herzen nehmen."

Aber der Eisbär nahm sich die Sache zu Herzen. Er nahm sie sich sogar sehr zu Herzen. Tag für Tag ging er in die große Halle und versuchte, sich mit dem einen oder anderen Tier anzufreunden. Aber je mehr er es versuchte, desto weniger Erfolg hatte er. Zuerst lachten sie ihn aus, und dann ließen sie ihn einfach links liegen. Deshalb gewöhnte er sich daran, auf das Dach der Arche zu klettern. Dort saß er dann im Regen – einsam und unglücklich.

„Wenn ich sagen würde, ich hätte zwei Köpfe", spottete das Nilpferd unten in der Halle, „was meint ihr, was der Eisbär darauf antworten würde?"

„Was denn?", fragte die Giraffe.

„Er würde sagen: Ich auch." Dann bekam das Nilpferd einen Lachanfall.

„Das ist aber gar nicht nett", sagte Herr Noah, der gerade vorbeikam. „Ich glaube, der Eisbär möchte nur euer Freund sein."

„Ich suche mir meine Freunde selber aus", meinte das Kamel und kaute auf der Unterlippe. „Und ich freunde mich nicht mit farblosen Tieren an, mit denen man sich nicht unterhalten kann."

„Für seine Farbe kann er nichts", sagte Herr Noah hilflos.

„Oder seine Nicht-Farbe", meinte der Löwe und betrachtete stolz seine eigene goldene Mähne.

Herr Noah wandte sich an den Braunbären. „Ob du dich nicht mal um ihn kümmern könntest?", fragte er. „Schließlich seid ihr ja verwandt."

„Aber nur um tausend Ecken!", sagte der Braunbär schnell.

Doch er war von Natur aus eher gutmütig, und so trottete er davon. Er fand den Eisbären an seinem gewohnten Platz, zusammengekauert auf dem Dach der Arche.

„Was machst du denn hier so ganz allein?", fragte der Braunbär und steckte den Kopf durch die Falltür. „Hier ist es aber nass und ungemütlich!"

„Ja, du hast recht", stimmt der Eisbär zu. Aber dann verbesserte er sich: „Es ist besser, wenn ich allein bin. Dann störe ich die anderen wenigstens nicht. – Ach,

Braunbär, du hast so viele Freunde. Sag mir, was soll ich denn tun, damit sie mich auch mögen?"

Der Braunbär dachte eine Weile nach, dann breitete sich langsam ein Lächeln auf seinem Gesicht aus, und er leckte sich die Lippen. „Gib ihnen Honig", sagte er.

„Honig?"

„Es gibt nichts Besseres als Honig, um Freunde zu gewinnen", sagte der Braunbär. „Ich könnte gar nicht genug davon bekommen."

„Wo kann ich denn Honig herkriegen?", fragte der Eisbär.

„Von den Bienen natürlich", antwortete der Braunbär und schüttelte den Kopf über so viel Dummheit.

„Bienen?"

Der Braunbär nickte. „Aber sag ihnen nicht, dass ich dir das empfohlen habe. Seltsame Tiere, diese Bienen. Sehr launisch. Bei den Bienen musst du immer aufpassen."

Der Eisbär nahm sich den Rat zu Herzen und näherte sich den Bienen mit äußerster Vorsicht.

„Bitte um Verzeihung", sagte er höflich.

Die Bienen kamen aus ihrem Bienenkorb und schwirrten um seinen Kopf.

„Könnte ich ... wäre es vielleicht möglich ...? Könnte ich vielleicht etwas Honig haben?", fragte er schüchtern.

„Honig?"

„Ja, bitte", sagte der Eisbär höflich.

„Du willst Honig?", fragten die Bienen noch einmal.

„Wenn es euch nichts ausmacht."

„Was willst du damit?", fragte eine der Bienen misstrauisch.

„Freunde gewinnen", erwiderte der Eisbär. „Damit die anderen Tiere mich mögen."

Die Bienen berieten sich summend. Dann wandte sich eine von ihnen wieder an den Eisbären. „Nein", sagte sie. „Eisbären geben wir keinen Honig."

„Warum denn nicht?", fragte der Eisbär verblüfft.

„Weil uns noch nie ein Eisbär nach Honig gefragt hat", erklärte die andere Biene.

„Aber ich frage euch jetzt."

„Tut uns leid", sagte die eine Biene. Und dann verschwanden sie beide in ihrem Bienenkorb und schlossen hinter sich die Tür.

„Mach dir nichts draus", tröstete ihn der Braunbär später, als er von dem missglückten Besuch erfuhr. „Ich werde dir Honig besorgen. Die Bienen und ich, wir sind nämlich dicke Freunde."

„Bist du ein Glückspilz!", sagte der Eisbär voller Neid. „Ich wünschte, die Bienen und ich, wir würden auch dicke Freunde."

Der Braunbär ging zum Bienenkorb und klopfte an die Tür, aber die Bienen waren gerade ausgeflogen. Er zögerte einen Moment und kratzte sich am Kopf. „Es wird ihnen sicher gar nicht auffallen, wenn ich mir ein bisschen Honig nehme", überlegte er. „Und es ist ja auch nicht richtig gestohlen, denn es ist ja nicht für mich."

Nachdem er sich selbst Mut gemacht hatte, griff er zu. Doch als er den Honig forttrug, stieg ihm der süße Duft so verführerisch in die Nase, dass ihm das Wasser im Mund zusammenlief.

„Wozu braucht ein Eisbär Honig?", überlegte er. „Am besten, ich esse ihn selber. Wenn der Eisbär will, kann *ich* ja sein Freund sein."

Und so setzte er sich hin und aß den ganzen Honig auf.

Als die Bienen in ihren Korb zurückkehrten, merkten sie natürlich sofort, dass Honig fehlte.

„Das war der Eisbär! Dem werden wir es zeigen!", summten sie empört.

„Nein, es war nicht der Eisbär", trillerte die Lerche. „Der sitzt immer noch oben auf dem Dach. Es war der Braunbär."

„Danke!", sagten die Bienen, und dann jagten sie den Braunbären durch die Arche.

„Lasst mich in Ruhe!", winselte der. „Bitte nicht stechen! … Es tut mir leid … ich will es nie wieder tun!"

„Wir werden dich lehren, uns zu bestehlen",
summten die Bienen wütend.

Die anderen Tiere amüsierten sich köstlich und
lachten über den Braunbären. Aber es fiel ihnen gar
nicht ein, deswegen netter zu dem Eisbären zu sein.

„Als wenn ich mich mit einem Stück Honig be-
stechen ließe!", schnaubte der Löwe verächtlich,
als er von der Sache erfuhr.

Der Eisbär, der sich inzwischen von allen im Stich
gelassen fühlte, blieb auf dem Dach der Arche sitzen
und weigerte sich, herunterzukommen. Herr Noah,
dem die ganze Sache ziemlich auf den Magen geschlagen war, hatte eine lange Unterredung mit Gott.

„Ich weiß nicht, was ich mit ihm machen soll",
sagte er. „Der Eisbär kann nicht während der gan-

zen Reise auf dem Dach sitzen bleiben. Außerdem tut er mir leid, weil er so unglücklich ist."

Gott dachte einen Augenblick nach. „Geh zu dem Eisbären", sagte er dann, „und sag ihm, dass er nie einen Freund finden wird, wenn er nicht aufhört, nur an sich selbst zu denken. Wenn er Freunde haben will, dann muss er an die anderen denken."

„Na gut", meinte Herr Noah zweifelnd. „Ich will es ihm sagen, aber ich glaube nicht, dass es viel helfen wird."

„Sag ihm, dass man Freundschaft nicht kaufen kann", sagte Gott. „Wenn sie nicht aus freien Stücken geschenkt wird, dann ist sie keine richtige Freundschaft."

„Ja", sagte Herr Noah und erhob sich von seinem Bett.

„Und …", fügte Gott hinzu, „noch etwas ganz Wichtiges. Sag ihm, dass *ich* sein Freund bin – so wie ich der Freund aller Tiere und Menschen bin."

Herr Noah kletterte also auf das Dach der Arche und berichtete dem Eisbären, was Gott gesagt hatte. Er musste ziemlich laut schreien, damit er den Wind und den Regen übertönen konnte. Aber der Eisbär hörte ihm kaum zu. Er zuckte nur mit den Schultern und wandte sich ab.

Traurig machte Herr Noah kehrt. Der Regen prasselte herunter, und das Dach der Arche war ziemlich rutschig. Schon beim zweiten Schritt rutschte Herr Noah aus. Er glitt das steile Dach hinunter und fiel direkt ins Wasser.

„Hilfe!", rief er beim Fallen. „Hilfe, ich kann nicht schwimmen! Hilfe, Hilfe, so helft mir doch!"

Der Eisbär fuhr auf, sprang mit einem Satz vom Dach ins Wasser, tauchte und schnappte Herrn Noah mit seinen starken Zähnen gerade noch rechtzeitig. Die Tiere, die gehört hatten, dass irgendetwas passiert war, kletterten, soweit es möglich war, auf das Dach.

Sie sahen, wie der Eisbär mit kräftigen Stößen zur Arche zurückschwamm. Die Giraffe neigte ihren langen Hals herunter und nahm dem Bären

den tropfnassen Herrn Noah ab. Das Känguru brachte ihn zu seiner Kabine, wo Frau Noah ihn sofort ins Bett steckte.

Später am Abend kletterten der Löwe und der Tiger auf das Dach der Arche, wohin sich der Eisbär wieder zurückgezogen hatte.

„Ääh ... hmm ...", begann der Löwe. Der Eisbär drehte sich um.

„Wir kommen im Auftrag der anderen Tiere", sagte der Löwe. „Sie haben uns geschickt, damit wir dir sagen, dass wir alle sehr froh sind, dass du Herrn Noah gerettet hast. Und es tut ihnen leid, wie sie dich behandelt haben. Wenn du die Güte hättest, mit uns in die Halle zu kommen, dann wäre es uns eine Ehre, wenn wir deine Freunde sein dürften."

Der Eisbär musste kräftig schlucken. „Ist das euer Ernst?"

„Wirklich", nickte der Tiger.

„Wollen alle, dass ich herunterkomme?", fragte der Eisbär, der es immer noch nicht glauben konnte.

„Ja, wir alle", sagte der Löwe feierlich.

„Du warst sehr tapfer", fügte der Tiger hinzu.

„Ich war überhaupt nicht tapfer", meinte der Eisbär bescheiden. „Ich kann auch nichts dafür, dass ich so gut schwimmen kann. Aber ich konnte Herrn Noah doch nicht untergehen lassen."

Herr Noah, dem der Zwischenfall nicht allzu sehr geschadet hatte, lag währenddessen warm einge-packt in seinem Bett und redete mit Gott. „Hast du mich absichtlich vom Dach der Arche rutschen lassen, damit der Eisbär mich retten konnte?", wollte er wissen.

„Würdest du mir so etwas zutrauen?", erwiderte Gott.

Herr Noah lächelte, drehte sich auf die andere Seite und war schon bald eingeschlafen.

Angst im Dunkeln

Tag für Tag fiel der Regen, und bald war die ganze Erde überflutet. Himmel und Erde verschwanden in einem dicken grauen Nebel, und auch in der Ar-che drinnen war es dunkel. Herr Noah zündete ein paar Lampen an, aber nicht sehr viele, denn er hat-te Angst, das Öl würde sonst nicht reichen.

Die Schmetterlinge waren sehr unglücklich im Dunkeln, und ihre strahlend bunten Flügel wur-den stumpf und wie leblos.

„Was meinst du, wie lange wird es wohl so wei-tergehen?", fragte die Schmetterlingsfrau.

„Herr Noah hat gesagt, es würde vierzig Tage und vierzig Nächte regnen", erinnerte sich ihr Mann.

„Und wie lange regnet es schon?"

„Das weiß ich nicht", sagte ihr Mann. „Ich habe vergessen zu zählen."

„Was hätte es auch für einen Sinn?", meinte der Grashüpfer verdrießlich. „Davon würde die Zeit auch nicht schneller vorbeigehen."

„Stimmt." Der Schmetterling wandte sich an seine Frau. „Versuch doch zu schlafen", sagte er. Er strich über ihre feinen blauen Flügel. „Du zitterst ja."

„Mir ist kalt."

„Dann kriech unter meine Flügel", schlug er vor. „Ich werde dich warm halten."

Schon bald war er eingeschlafen, aber seine Frau war noch immer wach. Sie sah zum Fenster in der großen Halle hinauf und horchte ängstlich auf den Sturm und den Regen, der auf das Dach trommelte.

„Man könnte meinen, es sei draußen schon Nacht", flüsterte sie, aber ihr Mann schlief und hörte sie nicht. „Ich hab Angst im Dunkeln", wisperte sie. Aber ihr Mann seufzte nur und schlug im Schlaf einmal leicht mit den Flügeln.

Herr Noah, der gerade seine Runde machte, um überall nach dem Rechten zu sehen, hatte den Seufzer der Schmetterlingsfrau gehört.

„Du brauchst keine Angst zu haben", sagte er freundlich. „Wir sind hier, weil Gott uns vor der großen Flut retten will. Er wird uns beschützen und aufpassen, dass uns nichts passiert."

„Ja", sagte die Schmetterlingsfrau. „Das weiß ich. Aber ich habe trotzdem Angst im Dunkeln. Ich brauche Licht, um leben zu können. Meine Cousinen, die Motten, die fliegen in der Nacht, aber wir Schmetterlinge brauchen die Sonne."

Herr Noah dachte einen Augenblick nach. „Ich hab's", sagte er schließlich. „Ich bringe dir meine Öllampe. Dann kannst du in die Flamme schauen und an die Sonne denken. Was meinst du dazu?"

„O ja, bitte", sagte die Schmetterlingsfrau.

Also ging Herr Noah in seine Kabine und holte seine eigene Lampe.

„Meinst du, das wird ihr helfen, Gott?", fragte er besorgt.

„Vielleicht", antwortete Gott. „Es ist auf jeden Fall ein netter Gedanke."

„Nun, ich kann auch ohne die Lampe auskommen", behauptete Herr Noah tapfer. Aber dann blickte er sich doch ein wenig ängstlich um, als er seine Öllampe forttrug und von den Wänden der Kabine dunkle Schatten auf ihn zu springen schienen.

Die Schmetterlingsfrau war überglücklich. „Vielen Dank", sagte sie. „So habe ich es schön warm und hell."

„Ja", erwiderte Herr Noah. „Aber pass auf, dass

du nicht zu nah an die Lampe kommst, sonst verbrennst du dir die Flügel."

„Ja, ich passe auf."

Eine Zeit lang war die Schmetterlingsfrau richtig glücklich. Sie schaute in die Flamme und stellte sich vor, es sei ein schöner Sommertag und sie sei in einem hellen Garten und würde sich im Sonnenlicht baden. Doch nur allzu schnell war das Öl aufgebraucht. Die Flamme flackerte noch ein wenig, und dann erstarb sie. Und die Schmetterlingsfrau hatte wieder Angst.

„Herr Noah", rief sie. „Herr Noah. Kann ich noch ein bisschen Öl haben?"

Aber Herr Noah schüttelte den Kopf. „Tut mir leid, aber ich habe wirklich keins übrig. Gott hat mir ganz genau gesagt, wie viel ich mitnehmen sollte, und es wird gerade so reichen."

„O weh", sagte die Schmetterlingsfrau ängstlich.

„Ich werde mit Gott sprechen und ihn fragen, ob er einen Rat weiß", versprach Herr Noah.

Er ging wieder in seine Kabine, setzte sich im Dunkeln hin und redete mit Gott. Der Regen trommelte auf das Dach, und der Wind heulte und klagte. Herr Noah zitterte.

„Es wundert mich nicht, dass der Schmetterling Angst hat, Herr", sagte er. „Ich fürchte mich selbst ein bisschen. Seit ich damals versehentlich im Holzschuppen eingesperrt wurde und die ganze Nacht darin verbringen musste, kann ich der Dunkelheit wirklich nicht viel abgewinnen."

„Wenn du dich fürchtest, Noah", antwortete Gott, „dann denk doch nur daran, dass ich die Nacht genauso geschaffen habe wie den Tag. Ich bin der Gott der Finsternis wie des Lichts. Ich werde dich mit deiner Angst vor dem Dunkel nie alleinlassen."

„Ja, Herr", sagte Herr Noah, und es klang schon wieder etwas munterer. „Ich will daran denken. Und ich will es auch der Frau Schmetterling sagen."

Er lief sofort los, aber sie sah ihn nur mit großen, angsterfüllten Augen an. Herr Noah wusste nicht, was er tun sollte.

„Warum bittest du nicht eins der anderen Tiere um Hilfe?", fragte Gott.

„Welches denn?", erkundigte sich Herr Noah.

„Eins, das im Dunkeln keine Angst hat", sagte Gott.

„So eins kenne ich nicht", meinte Herr Noah.

„Na, dann denk mal ein wenig nach", erwiderte Gott.

Also setzte Herr Noah sich in seine Kabine und dachte nach.

„Jetzt weiß ich's", meinte er schließlich. „Da

sind ja noch ihre Cousinen, die Motten. Vielleicht können die helfen."

Er fand die Motten bei einer der Öllampen. Sie flatterten zur Flamme und dann wieder fort, und jedes Mal kamen sie ihr ein bisschen näher.

„Passt nur auf", sagte Herr Noah. „Sonst verbrennt ihr noch."

„Pah", meinte eine der Motten. „Wir haben keine Angst."

„Es ist ein schönes Spiel", sagte die andere.

„Aber es ist sehr gefährlich", warnte Herr Noah.

„Ein bisschen Gefahr braucht jeder im Leben", antwortete die erste Motte.

„Es gibt Gefahren, die müssen nicht sein", sagte Herr Noah bestimmt. Er nahm die Lampe und blies sie aus. „Tut mir leid, aber solange ihr hier auf der Arche seid, bin ich für euch verantwortlich, und Gott will, dass ihr beide die Reise sicher übersteht."

„Spielverderber!", murmelte die zweite Motte.

„Ich wollte euch eigentlich fragen, ob ihr mir helfen könnt", sagte Herr Noah. „Die Schmetterlingsfrau ist ziemlich unglücklich. Sie hat Angst im Dunkeln. Ich dachte, ihr könntet vielleicht einmal mit ihr reden und ihr erklären, dass sie sich keine Sorgen zu machen braucht."

„Wieso sollten wir dir helfen, wenn du uns nicht einmal in Frieden spielen lässt?", fragte die erste Motte beleidigt.

„Weil sie eure Cousine ist", sagte Herr Noah. „Und weil wir uns auf dieser Reise alle gegenseitig helfen müssen, wenn wir überleben wollen."

„Ach, geh und frag jemand anders", zischte die zweite Motte unhöflich.

Herr Noah ging noch einmal fort und redete mit Gott. „Das hat wohl nicht geklappt", meinte er.

„Es gibt außer den Motten noch andere Nachttiere, Noah", sagte Gott.

„Ja, wahrscheinlich schon", entgegnete Herr

Noah müde. „Aber es ist ein bisschen schwierig, sie im Dunkeln zu finden."

Genau in diesem Augenblick hörte oder vielmehr spürte er ein leichtes Flügelrascheln, und plötzlich sah er am Fußende seines Bettes einen dunklen Schatten kopfüber herabhängen.

„Hat jemand nach mir gerufen?", erklang eine leise Stimme.

„Aber ja, natürlich!", sagte Herr Noah. „Oh, bitte, Fledermaus. Genau dich kann ich jetzt brauchen!"

„Also", sagte die Fledermaus wenig später zur Schmetterlingsfrau. „Was hat Herr Noah mir da gerade erklärt?"

„Ich habe Angst im Dunkeln", flüsterte die Schmetterlingsfrau kläglich.

„Aber im Dunkeln ist es doch wunderschön", erwiderte die Fledermaus. „Wenn ich so durch die Nacht fliege, das ist, wie wenn ich durch dunklen Samt schwebe."

„Aber wie siehst du denn, wo du hinfliegst?", wollte die Schmetterlingsfrau wissen.

„Ich brauche nichts zu sehen", sagte die Fledermaus. „Ich horche. Komm einmal mit mir. Ich bringe dich an die finstersten Stellen auf der Arche, und du wirst sehen, dass nirgends etwas ist, wovor du dich fürchten musst."

Zögernd kletterte die Schmetterlingsfrau auf den Rücken der Fledermaus.

„Wo willst du denn hin?", fragte die Eule und blinzelte neugierig.

„Die Fledermaus will mir zeigen, dass ich im Dunkeln keine Angst haben muss", erklärte die Schmetterlingsfrau unsicher.

„Angst? Wovor solltest du denn im Dunkeln Angst haben?", erklang die forsche Stimme des Dachses aus einer Ecke der großen Halle. „Das Dunkel, wenn die ganze Welt ruhig und still ist, ist doch die schönste Zeit des Tages. Da kannst du in Ruhe nachdenken."

„Ich wusste gar nicht, dass du denken kannst", näselte der Ameisenbär. „Ich mag die Nacht am liebsten, weil die Ameisen und die Termiten dann schlafen und ich mich unbemerkt an sie heran-schleichen kann. Und schön schmackhaft sind sie auch noch." Er schnalzte mit seiner langen Zunge.

„Nun, ich mag die Nacht, weil sie sicherer ist", quakte der Frosch.

„Ich auch", stimmte der Igel zu.

„Und außerdem trocknet meine Haut nicht so aus wie in der Sonne", fuhr der Frosch fort.

„Ich mag sie, weil es kühler ist"', sagte die Wüs-tenspringmaus. „In der Wüste grabe ich mich tags-über immer im Boden ein."'

„Du siehst also, es gibt viele Tiere, denen die

Nacht lieber ist", erklärte der Dachs der Schmetterlingsfrau.

Der Igel kam ein bisschen näher. „Es ist wirklich sehr nett von dir, dass du uns besuchst", sagte er schüchtern. „So schöne Tiere wie dich bekommen wir nachts nicht allzu oft zu sehen."

Die Fledermaus brachte die Schmetterlingsfrau zu allen finsteren Ecken der Arche, und je mehr Tiere sie kennenlernte, die auch in der Nacht wach waren, desto mehr ging ihr auf, dass sie sich wirklich nicht zu fürchten brauchte. Schließlich begegneten sie auch ihren Verwandten, den beiden Motten.

„Hallo", sagte sie schüchtern. „Ich glaube, wir haben uns noch nicht kennengelernt."

„Hmm", erwiderte die erste Motte. „Du hast uns also diese Schwierigkeiten eingebrockt."

„Schwierigkeiten?"

„Ja", sagte die andere Motte. „Herr Noah hat die Öllampe ausgeblasen, bei der wir gespielt haben."

„Oh, das tut mir leid", flüsterte die Schmetterlingsfrau.

„Sie brauchen dir gar nicht leid zu tun", meinte die Fledermaus. „Die beiden sind einfach dumm. Wenn Herr Noah nicht wäre, dann wären sie in den Flammen verbrannt."

Damit flog sie davon, und die beiden Motten starrten ihr mit offenem Mund hinterher.

Die Schmetterlingsfrau schlüpfte wieder neben ihren Mann. „Vielen Dank, dass du mich herumgeflogen hast", sagte sie zur Fledermaus. „Jetzt geht es mir schon viel besser."

„Es war mir ein Vergnügen"', erwiderte die Fledermaus und flog davon. Die Schmetterlingsfrau faltete ihre Flügel zusammen und wollte nun endlich auch schlafen. Da sah sie plötzlich zwei schwache Lichtschimmer.

„Herr Noah hat gesagt, du hättest Angst. Da haben wir gedacht, wir kommen her und leuchten dir ein bisschen", sagte eines der Glühwürmchen.

„Das ist aber nett von euch"', sagte die Schmetterlingsfrau. „Ihr seid alle so nett zu mir."

Die Glühwürmchen machten es sich rechts und links von der Schmetterlingsfrau gemütlich. Und während sie an die vielen Freunde dachte, die sie in der Dunkelheit kennengelernt hatte, war die Schmetterlingsfrau auf einmal eingeschlafen.

Versteht ihr denn
keinen Spaß?

Als der erste große Sturm kam, verfinsterte sich der Himmel, und in der Arche wurde es stockdunkel. Viele Tiere schliefen tagsüber, aber wenn der Himmel zwischendurch etwas heller wurde und der Sturm sich legte, wachten sie auf.

„Hat es aufgehört?", zischte die Schlange und glitt aus ihrem Loch hervor.

„Was aufgehört?", fragte der Elefant.

„Zu regnen natürlich."

„Von wegen aufgehört", sagte der Fuchs. „Hörst du nicht, wie es immer noch aufs Dach prasselt?"

Die Schlange horchte einen Augenblick. „Nein, ich höre nichts."

„Weil du taub bist", witzelte der Fuchs.

„Ich bin nicht taub", antwortete die Schlange beleidigt und rollte sich zu einer hübschen Pyramide zusammen.

Der Fuchs grinste. Dann flüsterte er: „Bist du doch."

„Was hast du gesagt?", fragte die Schlange misstrauisch.

Die anderen Tiere lachten.

„Bitte Ruhe!" Herrn Noahs Stimme erscholl aus

dem Dunkel vom anderen Ende der großen Halle. Das Gelächter hörte auf.

„Wenn ihr euch nicht ordentlich benehmt, dann bekommt ihr keine Extraportion Futter."

„Sollten wir denn eine Extraportion Futter bekommen?", fragte eines von den Schweinen eifrig. Die Schweine hatten immer Angst, sie würden nicht genug bekommen.

„Nur wenn ihr euch benehmt."

Und tatsächlich benahmen sich die Schlange, der Fuchs und all die anderen Tiere bis zum Abend mustergültig. Nur der Affe war böse, da er sich

ständig kratzen musste, weil die Flöhe beschlossen hatten, sich vorübergehend in seinem Fell niederzulassen. „Bestechung nenne ich das", sagte er säuerlich. Er kratzte etwas heftiger. „Und wenn ihr Flöhe nicht bald davonhüpft, dann werde ich euch zeigen, was schlechtes Benehmen ist, Extraportion hin oder her!"

„So ein Elend!", meinte einer der Flöhe, und schnell sprangen sie auf den Rücken des Igels.

Zur gewohnten Zeit kamen Herr Noah und seine drei Söhne, Sem, Ham und Jafet, mit dem Futter.

„Was ist denn das?", fragte das Schwein und wühlte in seinem Trog herum. „Das ist doch keine Extraportion."

„Das hier auch nicht", sagte der Fuchs. „Nun mach schon, Herr Noah. Was ist mit deinem Versprechen?"

„Was für ein Versprechen?"

„Du hast uns eine Extraportion Futter versprochen, wenn wir uns benehmen."

„Wann hab ich das versprochen?", fragte Herr Noah.

„Heute Morgen", sagte der Fuchs.

„Wir haben es alle gehört", fügte das Schwein hinzu.

„Nun, das tut mir furchtbar leid", sagte Herr Noah. „Aber das müsst ihr wohl geträumt haben.

So etwas habe ich nie gesagt." Er wandte sich an seine Söhne. „Ihr vielleicht?"

Seine Söhne schüttelten den Kopf.

„Also wirklich!", empörte sich der Emu, nachdem Herr Noah und seine Söhne gegangen waren. „Mir fehlen die Worte!"

„Mir auch", meinte das Schwein trübsinnig.

„Da hätte ich mich gar nicht den ganzen Tag so zusammenreißen müssen", zischte die Schlange traurig.

„Ich hätte nie gedacht, dass Herr Noah so miese Tricks einsetzen würde", sagte der Fuchs.

Der Schakal schüttelte den Kopf. „Ich hab's ja schon immer gesagt: Trau keinem menschlichen Wesen!"

„Hört auf, mich zu kitzeln!", sagte der Igel, aber er meinte die Flöhe, deshalb hörte niemand hin.

An diesem Abend wurde viel geschimpft, während die Tiere ihr Futter verzehrten und sich dann zur Ruhe legten. Nur der Papagei hoch oben auf seinem Balken lachte. Er lachte so sehr, dass er beinahe von seiner Stange fiel.

„Das hat sie aber ganz schön durcheinandergebracht", sagte er zu seiner Frau. „Hast du schon mal so ein Theater gehört?"

„Es war sehr hässlich von dir", meinte seine Frau. „Du hättest das wirklich nicht tun sollen."

„War doch nur ein bisschen Spaß."

„Überhaupt kein Spaß. Das gibt nur Ärger."

„Ach, sei doch nicht so langweilig", sagte er gereizt. Dann räusperte er sich und rief mit Herrn Noahs Stimme: „Löwe, Tiger! Könntet ihr beide einmal zu meiner Kabine kommen? Ich habe etwas Wichtiges mit euch zu besprechen."

Er krächzte vor Lachen und sagte dann mit seiner eigenen Stimme: „Das wird sie mächtig ärgern. Dumme Viecher."

Herr Noah war sehr überrascht, als der Löwe und der Tiger vor seiner Kabinentür erschienen. „Hallo", sagte er. „Was kann ich für euch tun?"

„Was können wir für dich tun?", fragte der Löwe.

„Wie meinst du das?", erwiderte Herr Noah.

„Du hast uns gebeten herzukommen", sagte der Tiger. „Und da sind wir."

„Ich soll euch gerufen haben?", fragte Herr Noah verwirrt. „Nein, bestimmt nicht."

Der Löwe und der Tiger sahen sich an.

„Du hast gesagt, du hättest etwas Wichtiges mit uns zu besprechen", sagte der Löwe ungeduldig.

„Nun, tut mir leid", meinte Herr Noah, ebenfalls leicht gereizt. „Aber ich habe nichts mit euch zu besprechen, nichts Wichtiges und auch nichts Unwichtiges." Und er schloss die Kabinentür.

„Ich hab's geahnt", meinte der Löwe, als er mit

dem Tiger davontrottete. „Es musste ja so kommen. Die ganze Anstrengung macht sich langsam bemerkbar. Herr Noah dreht durch. Ich hab's schon immer gesagt, dass er nicht stark genug ist. Gott hätte wirklich mich beauftragen sollen."

„Oder mich", knurrte der Tiger.

Der Papagei ließ nicht ab, auch weiterhin Herrn Noahs Stimme nachzumachen. Aber dabei blieb es nicht. Er konnte auch andere Tiere täuschend echt nachahmen. Bald waren alle auf der Arche furchtbar gereizt, und es kam immer wieder zu Streit und Kämpfen. Der Papagei beobachtete das alles von seiner Stange ganz oben in der großen Halle und freute sich an dem Ärger, den er anrichtete.

„Sieh dir das nur an", krächzte er und schlug vor Begeisterung wild mit den Flügeln. „Sieh dir nur das Durcheinander an. Sogar Herr Noah fällt darauf rein. Ich bin gescheiter als sie alle zusammen."

„Du solltest aufhören", meinte seine Frau. „Ich finde das sehr kindisch."

„Sei nicht so humorlos", erwiderte der Papagei.

„Ich finde es wirklich nicht nett", sagte seine Frau.

„Ich finde es einfach lustig."

„Nur für dich", meinte seine Frau. Aber der Papagei beachtete sie nicht.

Herr Noah war inzwischen sehr beunruhigt, und er führte eine ernste Unterredung mit Gott.

„Was ist los, Herr?", fragte er. „Und was soll ich tun? Ich muss etwas tun, sonst gibt es einen Aufstand. Zuerst dachte ich, es wäre der Löwe. Aber inzwischen bin ich mir nicht mehr so sicher."

Die Tür zu seiner Kabine wurde geöffnet, und die Frau des Papageien kam hereingeflattert.

„Entschuldige die Störung, Herr Noah", sagte sie. „Ich habe versucht mit ihm zu reden, aber es hilft nichts. Es ist mir wirklich peinlich, dass er so ein Durcheinander anrichtet …"

Als sie ihre Geschichte zu Ende erzählt hatte, ging Herr Noah schnurstracks zu dem Papageien und schimpfte tüchtig mit ihm. Er war wirklich sehr böse, und alle anderen Tiere auch, als sie davon erfuhren.

Der Papagei saß auf seiner Stange und schmollte. „Ich wollte doch nur ein bisschen Spaß machen", sagte er. „Ich wusste ja nicht, dass ihr alle keinen Spaß versteht."

„Es war überhaupt kein Spaß", erwiderte seine Frau streng. „Das weißt du ganz genau."

Der Papagei funkelte sie an. „Wenn du nicht zu Herrn Noah gegangen wärst und gepetzt hättest, dann hätte er es nie erfahren", sagte er zornig.

„Doch", antwortete seine Frau. „Als ich reinkam, da hat er gerade mit Gott darüber gesprochen."

„Wieso spricht Gott eigentlich mit Herrn Noah und nicht mit mir?", fragte der Papagei.

„Weil Gott kein solcher Narr ist wie du", meinte seine Frau kurz angebunden.

Der Papagei überhörte diese Bemerkung. „Was macht Herrn Noah so bedeutend, dass er mit Gott reden kann?", überlegte er. „Seine Klugheit kann es nicht sein, denn ich bin bestimmt genauso klug wie er. Und seine Stimme ist es auch nicht, seine Stimme ist doch langweilig."

Er hockte auf seiner Stange und beobachtete Herrn Noah.

„Ich hab's", sagte er plötzlich laut. „Es ist wegen seiner Kleidung. Deshalb redet Gott mit ihm. Herr Noah trägt Kleider und wir nicht. Hmmm …" Darüber musste er weiter nachdenken.

„Was heckst du denn jetzt schon wieder aus?", fragte seine Frau misstrauisch, als der Papagei plötzlich aufsprang und davonflog. Er antwortete ihr nicht.

Es dauerte eine Weile, bis sie ihren Mann wiedersah. Und dann hätte sie ihn fast nicht erkannt. Denn der Vogel, der da selbstbewusst in der großen Halle herumstolzierte, trug eine recht seltsame Kombination von Kleidungsstücken, die er aus der Kabine von Herrn und Frau Noah geholt hatte. Von seinem Kopf baumelte ein langer rotweißer Schal, den er sich wie einen Turban gewickelt hatte, und um seinen Körper hing ein formloses braunes Hemd. Die Füße steckten in einem Paar Sandalen.

„Nun kann ich auch mit Gott reden", sagte der Papagei und sah seine Frau zufrieden an. Doch als er versuchte, auf seine Stange zu fliegen, da plumpsten erst einmal die Sandalen von seinen Füßen, sodass alle Tiere in der großen Halle sich umdrehten und ihn anstarrten. Dann fingen sie an zu lächeln, und schließlich mussten alle laut lachen. Sie lachten so sehr, dass sie sich aneinander festhalten mussten. Ein paar von ihnen kugelten durch die Halle und konnten sich gar nicht wieder beruhigen.

„Was ist denn so lustig?", fragte der Papagei, aber keiner traute sich, es ihm zu sagen.

Herr Noah hörte den Lärm und eilte in die große Halle. Als er den Papageien sah, musste auch er lächeln, aber er gab sich große Mühe, nicht laut zu lachen.

„Da sind also meine Kleider", sagte er erleichtert.

„Ich wollte sie nicht stehlen", verteidigte sich der Papagei und schüttelte eilig die geliehenen Kleider von seinen Federn. „Ich dachte nur, wenn ich mir etwas anziehe, dann könnte ich so wie du mit Gott reden, und er würde auch mit mir sprechen."

Herr Noah warf einen Blick auf die grinsenden Tiere. „Komm einmal mit mir", sagte er dann zu dem Papageien.

„Ich weiß nicht, warum Gott mit mir redet", begann Herr Noah, als sie allein waren. „Aber ganz sicher tut er es nicht, weil ich Kleider trage."

„Ach", sagte der Papagei erstaunt.

Herr Noah streckte seine Hand aus, und einen Augenblick später flatterte der Papagei auf und ließ sich darauf nieder.

„Es ist auch nicht, weil ich so klug bin", fuhr

Herr Noah fort. „Ich bin längst nicht so begabt wie du – mit deinen verschiedenen Stimmen."

„Verstehe", krächzte der Papagei verlegen.

„Gott hat uns alle unterschiedlich erschaffen und uns unterschiedliche Gaben gegeben", sagte Herr Noah. „Meine Familie kann mit Gott reden, aber wir müssen Kleider tragen, weil wir nicht so schöne Federn haben wie du, um uns warm zu halten. Wir können auch nicht fliegen, obwohl ich mir oft wünschte, ich könnte es."

„Tatsächlich?", fragte der Papagei.

Herr Noah strich über seine leuchtend bunten Federn, und einen Augenblick später flog der Papagei auf Herrn Noahs Schulter.

„Tut mir leid", sagte der Papagei zerknirscht. „Ich habe wirklich eine Menge Ärger angerichtet, glaube ich."

„Es stört mich nicht, wenn du meine Stimme nachmachst", meinte Herr Noah. „Solange du es den anderen vorher sagst." Er dachte einen Moment nach. „Warum lädst du uns nicht einmal zu einem Unterhaltungsabend ein?"

Der Papagei strahlte. „Meinst du?"

„Aber ja", erwiderte Herr Noah. „Besprich das mal mit deiner Frau."

„Zu ihr war ich auch nicht besonders nett", gab der Papagei bekümmert zu.

„Ich weiß", sagte Herr Noah. „Gott hat es mir erzählt."

Der Papagei wollte gerade davonfliegen, als Herrn Noah noch ein Gedanke kam. „Wenn du einmal dabei sein möchtest, wenn ich mit Gott rede, dann darfst du gern kommen und dich auf meine Schulter setzen", sagte er.

„Oh, vielen Dank", erwiderte der Papagei. „Das würde ich wirklich gern einmal tun."

Am Abend gaben der Papagei und seine Frau eine Vorstellung in der großen Halle. Es wurde ein Riesenerfolg, und als sie den Löwen und den Tiger nachmachten, da brüllten die Tiere vor Lachen. Nur der Löwe war nicht ganz so begeistert.

Der Beifall am Ende des Abends übertönte sogar den Wind und den Regen und hallte weit hinaus über das weite Meer, auf dem die kleine Arche dahintrieb.

Tausende von Löchern

Die Kuh öffnete ihr Maul und gähnte tief und herzhaft. „O weh, bin ich müde …!"

„Das kommt vom faulen Herumstehen und Nichtstun", meinte der Schakal trocken.

„Ich tue sonst auch nicht viel", erwiderte die Kuh behaglich. „Das ist es nicht. Es ist der Lärm. Der hat mich die ganze Nacht wach gehalten." Sie gähnte erneut.

„Was für ein Lärm?", fragte die Schlange.

„Das weiß ich nicht", antwortete die Kuh.

„Wahrscheinlich der Regen", meinte der Schakal.

„Nein, der Regen war es nicht. Regen bin ich gewöhnt."

„Dann waren es bestimmt die Schweine. Sie grunzen im Schlaf immer so laut."

„Nein, die Schweine waren es auch nicht", sagte die Kuh bestimmt.

„Wie hat es sich denn angehört?", fragte die Haselmaus.

Die Kuh überlegte. „Wie … wie ein Klopfen. In der Wand."

Der Löwe, der die anderen gern herumkommandierte, stellte sich in die Mitte der großen Halle.

„Alle herhören!", brüllte er.

Die Tiere drehten sich zu ihm um. Der Tiger öffnete verschlafen ein Auge. „Was hat er denn jetzt wieder im Sinn?"

„Die Kuh hat in den Wänden der Arche ein klopfendes Geräusch gehört", sagte der Löwe. „Ich möchte, dass ihr alle einmal mucksmäuschenstill seid und lauscht."

Das Schnattern und Grunzen, das Schnaufen und Quaken verstummte, und alle lauschten angestrengt.

„Ha ... ha ... tschiii ...!", Der Dingo musste plötzlich niesen. Entschuldigend blickte er sich um. „Tut mir frecklich leid, aber if kann nifts dafür. If hab einen frecklichen Fnupfen."

„Dann geh und nies anderswo", sagte der Löwe verärgert.

„Aber nicht neben mir!", schrie der Emu erschreckt auf. „Deine ekligen Bazillen kann ich nicht gebrauchen!"

Der Löwe bat erneut um Ruhe, aber es war umsonst. In der großen Halle herrschte wieder einmal ein fürchterliches Durcheinander.

„Nun, dann müssen wir uns heute Nacht um die Sache kümmern", sagte der Löwe zur Kuh.

Und tatsächlich, am Abend kamen der Löwe, der Tiger, der Schakal, der Hund und ein paar andere Tiere, die sich für die Angelegenheit interessierten, zur Kuh in den Stall und legten ihre Ohren an die Wand.

„Da ist es!", flüsterte der Flamingo aufgeregt. „Tock, tock, tock."

„Meinst du, da will jemand reinkommen?", fragte der Esel besorgt.

„Blödsinn", spottete der Schakal. „Draußen sind nur Fische, und die wollen bestimmt nicht ins Trockene."

„Vielleicht will jemand raus", schlug das Lama vor.

„Das könnte sein", meinte der Löwe, nachdem er eine Zeit lang nachgedacht hatte.

In diesem Moment schob sich ein kleiner rotbrauner Kopf aus der Wand heraus.

„Hallo", sagte er. „könnt ihr mir helfen? Ich habe meine Frau verloren. Wir wollten zusammen einen Tunnel bauen, aber sie ist in diese Richtung gegangen und ich in die andere, und nun kann ich sie nicht mehr finden."

„Wer bist du?", fragte der Löwe.

„Ich bin der Holzwurm", sagte das kleine Wesen. „Wie geht's dir?" Der Kopf verschwand und tauchte dann noch einmal kurz auf. „Tut mir leid", sagte er. „Ich muss jetzt weiter. Ich glaube, ich habe gerade den Tunnel von meiner Frau gesehen."

Und damit verschwand er tatsächlich.

Am nächsten Morgen kam Rahel, Sems Frau, mit dem Melkschemel und einem Eimer in den Kuhstall.

„Guten Morgen", sagte sie. „Was für ein wunderschöner Tag! Wenn nur der Regen endlich aufhören würde! Wie geht's dir heute Morgen?"

„Grässlich", sagte die Kuh seelenruhig. „Hab die ganze Nacht kein Auge zugetan. Ständig ging es tock, tock, tock."

„Oh, das tut mir aber leid", meinte Rahel. Sie stellte den Schemel ab. „Was hat denn so getockt?"

„Ach, irgend so ein Käfer, der sich ‚Wurm' nennt", sagte die Kuh. „Ich hab nicht so drauf geachtet. Aber die anderen Tiere waren alle hier, und als der Letzte endlich ging, war es schon sehr spät."

„Du meine Güte!" Rahel stellte den Eimer zurecht, setzte sich auf ihren Melkschemel … und landete mit einem lauten Rumms auf dem Boden! Der Schemel war unter ihr zusammengebrochen.

„Was war denn das?!"

„Ist dir was passiert?", fragte die Kuh besorgt.

„Nein, ich glaube nicht", sagte Rahel benommen und rieb sich ihre schmerzende Rückseite. Sie hob die Einzelteile des Hockers auf und betrachtete sie etwas näher. „Der Hocker hat ja lauter Löcher! Wo kommen die denn her?"

Aus einem der Löcher schob sich ein kleiner rotbrauner Kopf. „Das war ich", sagte der Kopf stolz. „Hast du meinen Mann gesehen?"

Oben in der großen Halle schwang sich der Papagei auf seiner Stange hin und her und übte die verschiedenen Stimmen, als plötzlich ein knackendes Geräusch ertönte. Er schrie laut auf, als die Stange unter ihm zersplitterte, und flatterte aufgeregt durch die Halle. „Bei meiner linken Schwungfeder, was war das?", kreischte er.

„Hallo", sagte ein kleiner rotbrauner Kopf und lugte aus dem herabgefallenen Holzstück. „Ich hab meine Frau verloren. Hast du sie vielleicht gesehen?" Dann war er schon wieder verschwunden.

„Es ist an der Zeit", erklärte der Löwe, „dass wir einschreiten!"

„In der Tat, mein alter Freund", sagte der Papagei und machte die Stimme des Löwen nach.

„Sonst ist niemand mehr auf der Arche sicher", fuhr der Löwe fort, ohne sich unterbrechen zu lassen. „Diesen Holzkäfern, oder wie sie sich nennen, muss das Handwerk gelegt werden!"

„Holz*würmer*", sagte der Schakal.

„Wie bitte?", brummte der Löwe.

„Es sind Holz*würmer*. Auch wenn sie aussehen wie Käfer. Sie fressen sich durch das Holz."

Nach diesen Worten wurde es in der großen Halle totenstill, und die Tiere sahen einander betreten an. Die Arche aus Holz, in der sie sich zu Anfang so sicher gefühlt hatten, kam ihnen auf einmal sehr zerbrechlich vor. Sie hörten, wie der Regen aufs Dach trommelte und der Wind heulte. Auf dem stürmischen Meer schwankte die Arche ächzend auf und ab.

„Löcher!", schrie der Emu. „Ich sehe Tausende von Löchern! Die Arche wird versinken!"

„Ich wusste, dass irgendetwas Schreckliches passieren würde", sagte der Affe in seinem Ich-hab's-euch-ja-gesagt-Tonfall. „Die ganze Reise stand von Anfang an unter keinem guten Stern."

„Ich denke, wir sollten Herrn Noah berichten, was passiert ist", sagte der Dachs in seiner praktischen Art.

„Genau das wollte ich gerade vorschlagen", meinte der Löwe schnell. „Tiger, komm, lass uns gehen."

Als der Löwe und der Tiger bei Herrn Noah ankamen, da stellten sie fest, dass er schon Bescheid wusste. Rahel hatte ihm den zerbrochenen Schemel gezeigt. Noah eilte in die große Halle, begleitet von Löwe und Tiger.

„Was willst du jetzt machen, Herr Noah?", rief der Schakal ihm zu.

„Ich weiß es noch nicht", sagte Herr Noah nervös. „Ich muss erst nachdenken."

„Nun, ich würde nicht allzu lange nachdenken", meinte der Affe säuerlich. „Sonst zerbricht die Arche in tausend Stücke."

„Flöhe sind zwar auch nichts Schönes", sagte der Igel und kratzte sich heftig. „Aber an Flöhe kann man sich gewöhnen. Holzwürmer sind etwas anderes – viel gefährlicher."

„Zuerst müssen wir die Holzwürmer einmal finden", sagte Herr Noah. „Und dazu brauchen wir jetzt absolute Ruhe …"

Es wurde still, und alle versuchten angestrengt zu lauschen. Aber niemand, nicht einmal die Tiere, die besonders gut hören konnten, vernahm auch nur das geringste Geräusch.

„Vielleicht haben sie sich schlafen gelegt", meinte der Dachs.

„Oder einen Gang nach draußen gegraben und

sind ins Wasser gefallen", sagte der Esel, aber das konnte niemand so richtig glauben. Mit sehr gemischten Gefühlen legten sie sich an diesem Abend schlafen.

Es war schon spät, als Herr Noah in seine Kabine zurückkam, und er war sehr müde. Er warf sich aufs Bett, und schon bald schlief er tief und fest. Doch sein Schlaf wurde gestört, weil er träumte, die Arche würde sinken. Sie sank immer tiefer und tiefer – und erschreckt wachte Herr Noah auf.

„Hilfe!", rief er. „Was ist los?"

Dann merkte er es. Sein Bett war am Fußende zusammengebrochen.

„Tock … tock … tock …"

„Bist du das, Holzwurm?", fragte Herr Noah gereizt.

Ein rotbrauner kleiner Kopf schob sich aus einem kleinen Loch in Herrn Noahs Bettpfosten hervor.

„Hat mich jemand gerufen?"

„Hast du gerade mein Bett kaputt gemacht?"

„Aber nein!", erwiderte der Holzwurm. „Ich habe nur einen Gang gegraben, um meine Frau zu suchen." Traurig schüttelte er den Kopf. „Aber sie ist nicht hier. Ich muss wohl woanders suchen."

„Halt", sagte Herr Noah. „Warte einen Augenblick. Wie hast du sie denn verloren?"

„Wir sind zusammen auf die Arche gekommen", sagte der Holzwurm. „Und wir haben auch zusammen angefangen, einen Gang zu bohren. Wir bohren gern gemeinsam. Aber dann haben wir in verschiedene Richtungen gebohrt und uns verloren. Es ist wirklich sehr traurig."

„Ich schlage vor", meinte Herr Noah, „dass wir jetzt erst einmal deine Frau suchen. Gott weiß bestimmt, wo sie ist. Wir wollen ihn um Hilfe bitten."

Also setzte er sich auf seine Bettkante und bat Gott um Hilfe bei der Suche nach Frau Holzwurm.

Es klopfte an der Tür, und der Dingo kam herein. „'tfuldige die Ftörung, Herr Noah", sagte er, und es klang noch immer sehr verschnupft. „Aber ich habe den Kopf durch die Falltür gfteckt, um ein bisschen frife Luft abzubekommen, und da hab ich das Klopfen gehört …"

„Warte hier auf mich!", sagte Herr Noah zu Herrn Holzwurm und rannte zum Dach der Arche.

„Tock … tock … tock … tock …"

„Bist du das, Frau Holzwurm?", fragte Herr Noah.

„Ja, ich bin's", sagte Frau Holzwurm und steckte ihren Kopf heraus.

„Komm mit mir", sagte Herr Noah, „ich hab deinen Mann gefunden."

Zurück in seiner Kabine, konnte Herr Noah gerührt beobachten, wie die Holzwürmer sich über das Wiedersehen freuten. Aber er machte sich noch immer Sorgen.

„Was soll ich mit ihnen machen, Herr?", fragte er. „Was soll aus der Arche werden, wenn ich die beiden einfach weiter ihre Löcher bohren lasse?"

„Du scheinst ja nicht allzu viel Vertrauen in meine Pläne zu haben, Noah", erwiderte Gott.

„Doch, doch, Herr", protestierte Herr Noah.

„Meinst du denn, ich hätte nicht an die Holzwürmer gedacht? Sie sind genauso meine Geschöpfe wie du."

Herr Noah schwieg.

„Warum fragst du sie nicht selbst?", schlug Gott vor.

Herr Noah wandte sich an die Holzwürmer. „Was meint ihr?", fragte er. „Könnt ihr wohl jetzt, wo ihr euch wiedergefunden habt, mit dem Tunnelgraben aufhören?"

Die beiden sahen sich überrascht an. „Mit dem Tunnelgraben aufhören?", fragte Herr Holzwurm. „Aber nein, das ist völlig unmöglich."

„Aber ich mache mir Sorgen um die Sicherheit der Arche", sagte Herr Noah.

„Hast du das gehört? Er macht sich Sorgen um die Sicherheit der Arche!"

„Das soll wohl ein Witz sein", meinte Frau Holzwurm.

„Nein, nein, ich finde das überhaupt nicht lustig", sagte Herr Noah.

„Aber doch, und wie. Das Holz der Arche, Herr Noah, ist so hart, dass wir eine ganze Armee bräuchten, und es würde eine lange Zeit dauern, bis die Arche wirklich in Gefahr wäre."

„Deshalb haben wir uns ja auch weicheres Holz gesucht wie den Schemel und die Stange von dem Papageien", erklärte Frau Holzwurm.

„Und dein Bett", fügte Herr Holzwurm hinzu.

„Ach so." Herr Noah fühlte sich auf einmal wieder besser. Er hob Rahels zerbrochenen Hocker auf. „Wäre es euch denn recht, wenn ihr den Rest der Reise hier in diesem Hocker eure Gänge bohren könntet? Das würde den anderen Tieren bestimmt nichts ausmachen, und es ist wirklich schönes weiches Holz. Dann würdet ihr euch auch nicht mehr so schnell verlieren."

„Gute Idee", meinte Herr Holzwurm und nickte mit seinem kleinen, braunroten Kopf. „Wir tun
alles, was du sagst."

„Nur nicht mit dem Tunnelgraben aufhören",
sagte seine Frau.

„Natürlich nicht", stimmte Herr Holzwurm zu.

Herr Noah machte sich auf den Weg in die große
Halle, um den anderen Tieren Bericht zu erstatten.
Noch im Weggehen hörte er, wie das leise Klopfen
und Nagen wieder anfing. Und dazwischen – noch
leiser – hörte er, dass die Holzwürmer sich unter-
hielten.

„Nein, hier geht es lang ..."

„Nein, hier. Hier ist es besser. Komm ruhig hinter mir her ..."

Dann wurde das Reden und Klopfen immer
schwächer, bis Herr Noah nichts anderes mehr
hörte als den Regen, der auf die Arche schlug, und
das Getöse des heulenden Windes.

Auf hoher See

„Es ist einfach nicht fair", sagte Frau Noah eines Morgens zu ihrem Mann. „Nie redet Gott mit mir, obwohl ich ihm oft Verbesserungsvorschläge mache." Sie runzelte die Stirn. „Jedenfalls finde ich, er hätte bestimmt eine andere Lösung finden können. Wenn ich Gott wäre, dann hätte ich dafür gesorgt, dass es gar nicht erst so weit kommt. Eine Flut zu schicken, um die ganze Welt zu zerstören! Was für eine Übertreibung!"

Frau Noah fühlte sich überhaupt nicht wohl an Bord. Es waren nicht die vielen Tiere oder die Enge oder womöglich der Regen, was sie störte. Es lag einfach daran, dass sie sehr ungern auf einem Schiff unterwegs war. Eine Seereise war ihr höchst zuwider. Als sie Herrn Noah heiratete, da hatte sie jedenfalls nicht vorgehabt, eine Seemannsfrau zu werden, so sagte sie immer wieder zu sich selbst.

„Ich finde es ziemlich unvernünftig von Gott, so etwas zu planen, ohne zuerst mit uns zu reden", fing Frau Noah nach einer kurzen Pause erneut an.

„Er hat doch mit mir geredet", sagte Herr Noah.

„Schon möglich", entgegnete seine Frau. „Aber warum hat er nicht auch mit *mir* gesprochen? Ich hätte ihm vielleicht ein paar gute Tipps geben können."

Dazu konnte Herr Noah nur mit den Schultern zucken.

Frau Noah seufzte. „Gott wusste genau, dass du zu allem Ja und Amen sagen würdest. Du bist so weich wie Butter."

Herr Noah seufzte ebenfalls.

Von nun an blieb Frau Noah oft in ihrer Kabine. Und obwohl sie kochte und putzte und all die Dinge erledigte, für die sie verantwortlich war, wurde sie immer trübsinniger. Herr Noah machte sich Sorgen und versuchte, mit ihr zu reden.

„Du lachst gar nicht mehr", meinte er besorgt. „Früher warst du so ein fröhlicher Mensch."

„Was gibt's denn hier schon zu lachen?", gab sie schnippisch zurück.

Herr Noah seufzte. „Ich weiß, dass du viel zu tun hast und es nicht viel Abwechslung gibt. Aber wir sollten froh sein, dass wir überleben!"

„Hmm!"

Herr Noah ging davon und besprach die Sache mit Gott.

„Sie sagt, sie sei oft seekrank, aber ich vermute, das ist nicht das wirkliche Problem. Ich glaube, sie vertraut dir einfach nicht richtig, und deshalb ist sie so unglücklich. Könntest du nicht mal mit ihr reden?"

„Würde sie denn überhaupt zuhören?"

„Aber natürlich", meinte Herr Noah eifrig. „Sie erzählt mir immer, dass sie mit dir redet, aber du würdest ihr nie antworten."

„Sie redet nicht mit mir, Noah", sagte Gott, und es klang ein bisschen traurig. „Sie redet auf mich ein. Aber mach dir keine Sorgen. Ich werde mich schon darum kümmern."

Ein paar Tage später entdeckte Frau Noah Jafet ganz allein in einer Ecke der Arche sitzen. Frau Noah hatte alle ihre Söhne und auch deren Frauen sehr gern, aber Jafet, ihr Jüngster, war ihr besonderer Liebling, und als sie sah, dass er weinte, machte sie sich große Sorgen.

„Was ist denn los?", fragte sie.

„Ach, Mutter, das kann ich dir nicht sagen. Ich kann es niemandem sagen."

„Natürlich kannst du das. Was ist los?"

„Ach", bekannte Jafet. „Es sind die wilden Tiere. Ich habe Angst vor ihnen. Nein, nicht nur Angst. Ich habe richtige Panik. Ich habe versucht, darüber wegzukommen, ehrlich. Aber es wird nicht besser. Es wird immer schlimmer. Und Sem und Ham kann ich es auch nicht sagen. Sie würden mich nur auslachen und sagen, ich wäre dumm. Und ich weiß ja selbst, dass es dumm ist."

Frau Noah nahm ihn in die Arme.

„Der Gedanke, hier Monate oder vielleicht noch

länger eingesperrt zu sein, macht mich verrückt", schluchzte er. „Und wenn ich diesen Löwen sehe, dann zittern mir regelrecht die Knie. Oder wenn der Tiger gähnt und all seine scharfen Zähne zeigt. Dann stelle ich mir vor, wie es wäre, wenn er mich fressen wollte, und dann wird mir richtig schlecht. Was soll ich denn tun?"

Frau Noah schwieg einen Augenblick. „Hast du schon mit Vater gesprochen?", fragte sie schließlich.

„Mit Vater?" Jafet richtete sich auf. „O nein. Wie könnte ich mit ihm darüber reden? Er würde meinen, ich wollte ihn im Stich lassen. Ich würde mich furchtbar schämen. Du darfst ihm nichts davon sagen. Versprich es mir!"

„Wenn du es nicht willst, natürlich nicht", versprach sie. „Weißt du was, steig doch einfach ein bisschen aufs Dach und schnapp ein wenig frische Luft. Ich will mir in der Zwischenzeit überlegen, was wir machen können."

Als er gegangen war, dachte Frau Noah angestrengt nach. Aber es wollte ihr partout nichts einfallen, und so fing sie schließlich an, mit Gott zu reden.

„Jetzt hör mir einmal zu, Gott", sagte sie ernst. „Du hast uns in diesen ganzen Schlamassel hineingebracht. Deshalb ist es auch deine Pflicht, dich um Jafet zu kümmern."

Gott hörte ihr zu, sagte aber nichts.

In den nächsten Tagen erledigte Jafet zwar weiter seine Arbeit, aber ein paar der Tiere merkten, dass irgendetwas nicht stimmte.

„Wisst ihr was?", sagte der Gorilla. „Ich bin plötzlich vor ihm aufgetaucht und habe ‚Buh' gerufen, und er wäre fast in Ohnmacht gefallen!"

„Warum hast du das getan?", fragte der Schakal. „Das ist doch albern!"

„Ich hab gedacht, es wäre lustig", sagte der Gorilla. „Einfach so als Zeitvertreib."

Der Tiger lächelte träge. „Ich muss schon zugeben, dass es Spaß macht, ihn zu erschrecken", sagte er. „Als ich vor ein paar Tagen meine Zähne gefletscht habe, da dachte ich, er bekommt einen Herzinfarkt."

„Jaja, ein kleiner Geist gibt sich auch mit Wenigem zufrieden", spottete der Schakal. Der Tiger sprang auf.

„Wen nennst du hier klein?", fragte er mit drohender Stimme.

„Nun leg dich wieder hin und sei still", wehrte der Schakal ab. „Mir jagst du jedenfalls keine Angst ein."

„Also, ich persönlich finde, es ist nicht nett, dem Jungen solche Angst zu machen", schaltete sich das Rhinozeros ein. „Er ist doch völlig harmlos, oder nicht?"

„Ja, aber er hat kein Rückgrat", sagte der Wolf
und fletschte seine scharfen Zähne. „Ich würde
mich schämen, wenn er eins von meinen Jungen
wäre. Er muss zäher werden."

„Aber das wird er nicht, wenn ihr ihm Angst
macht", meinte das Rhinozeros bestimmt.

„Was ihm fehlt, ist dein dickes Fell", grinste der
Fuchs.

Während die Tiere sich weiter über Jafet unterhiel-
ten, wuchs dessen Angst mit jedem Mal, wenn er
die große Halle betreten musste. Als Hanna, seine
Frau, ihn fragte, ob er krank sei, da nahm er diese
Entschuldigung gern auf und legte sich ins Bett. In

der Zwischenzeit war auch Frau Noah nicht untätig. Jeden Tag redete sie mit Gott und forderte ihn auf, doch etwas zu tun.

„Ich verlange doch nicht mehr, als dass du meinem armen Sohn etwas Mut machst, Gott. Das ist doch nicht zu viel verlangt, oder? Ich weiß ja, dass du alle Hände voll zu tun hast, um die Erde zu überschwemmen und so. Aber so viel Zeit wirst du doch noch haben, um Jafet ein bisschen zu helfen. Es wäre doch nicht für lange. Es ist jetzt schon eine Woche her, seit ich das erste Mal mit dir darüber geredet habe, und was hast du getan? Nichts. Da kann man schon am Glauben irre werden."

Genau in diesem Moment kam Herr Noah in die Kabine.

„Was machst du denn da?", fragte er.

„Ich habe Gott gerade mal ordentlich die Meinung gesagt", erklärte Frau Noah bestimmt.

„Ach? Warum denn das?"

„Hmm", begann Frau Noah, doch dann fiel ihr ein, was sie Jafet versprochen hatte. „Es ist etwas passiert, und Gott weiß davon. Aber obwohl ich ihm ständig sage, er solle etwas unternehmen, hab ich das Gefühl, er will gar nichts davon wissen."

„Aber hör mal", widersprach Herr Noah. „Du kannst Gott doch nicht vorschreiben, was er tun soll. Er weiß viel besser als wir, was wir brauchen, und er wird unsere Gebete auf seine Art und zu seiner Zeit beantworten."

„Das ist ja alles gut und recht", schniefte Frau Noah. „Aber so viel Zeit haben wir gar nicht, und mir scheint, seine Antworten bestehen einfach immer darin, dass er gar nichts macht."

„Da wäre ich mir nicht so sicher", erwiderte Herr Noah. „Worum geht es denn überhaupt?"

„Das kann ich dir nicht sagen. Es wurde mir im Vertrauen gesagt."

„Wahrscheinlich hat einer der Jungen ein Problem", sagte Herr Noah weise. „Warum versuchst du nicht einmal, es ganz ruhig mit Gott zu besprechen, anstatt ihm Vorschriften zu machen? Ich mag es gar nicht, wenn man mir Vorschriften macht, und ich könnte mir vorstellen, dass Gott es auch nicht allzu gern hat."

Er ging und ließ Frau Noah allein in der Kabine zurück. Zuerst war sie ziemlich böse auf ihren Mann, so böse, wie sie auch auf Gott war. Doch dann begann sie darüber nachzudenken, was er gesagt hatte.

„Hat er etwa recht, Gott?", fragte sie schließlich. „Mache ich dir Vorschriften?"

„Ja", sagte Gott, „genau das machst du."

„Bist du das, Gott?" Frau Noah war höchst erstaunt, dass da jemand antwortete.

„Ja", sagte Gott.

„Schreibe ich dir wirklich vor, was du tun sollst?", fragte Frau Noah.

„Leider ja", antwortete Gott.

Darüber musste Frau Noah erst einmal nachdenken. „Es tut mir leid, wenn ich unverschämt war", sagte sie schließlich. „Es ist nur, weil ich mir solche Sorgen mache. Es scheint immer alles schiefzugehen. Und du redest nie so zu mir wie zu Noah."

„Ich rede jetzt mit dir", sagte Gott.

„Ja", sagte Frau Noah. „Vielen Dank."

Sie schwieg einen Augenblick. Dann sagte sie mit leiser Stimme. „Bitte, könntest du Jafet nicht helfen?"

„Aber natürlich", antwortete Gott. „Wir werden ihm gemeinsam helfen."

Etwas später ging Frau Noah in die große Halle. Sie ging schnurstracks durch das Gewimmel der vielen Tiere hindurch auf den Löwen und den Tiger zu.

„Löwe, Tiger, ich brauche eure Hilfe", sagte sie.

„Es wird mir ein Vergnügen sein, gnädige Frau", entgegnete der Löwe zuvorkommend.

„Mir auch", meinte der Tiger und kratzte sich träge.

Am Abend, als die meisten Tiere bereits schliefen, führte Frau Noah einen kreidebleichen Jafet in die große Halle. Der Löwe und der Tiger erwarteten sie.

„Also", sagte sie zu ihrem Sohn. „Du brauchst wirklich keine Angst zu haben. Sieh sie dir nur an. Sie sind sanft wie große Katzen."

Der Löwe zuckte etwas zusammen, aber der Tiger grinste nur und begann mit seiner tiefen Stimme zu schnurren.

„Es tut mir leid, dass ich mich so anstelle", sagte Jafet und schluckte heftig. „Aber es sind eure Zähne … und eure Krallen … sie machen mir Angst. Ihr seid beide so stark."

„Nun", sagte der Löwe geschmeichelt. „Ich bin ja auch der König des Dschungels, der Herr der Tiere. Es ist keine Schande, Angst zu haben, junger Mann. Nein, im Gegenteil. Es ist sogar sehr vernünftig."

„Wirklich?", fragte Jafet.

„Aber ja. Obwohl wir dir natürlich nichts tun würden."

„Wir würden dir nicht ein Härchen krümmen", fügte der Tiger hinzu.

„Wir haben nämlich mit Herrn Noah eine Vereinbarung getroffen, musst du wissen. Solange wir hier auf der Arche sind, werden wir keine anderen Tiere jagen."

„Und schon gar nicht auffressen", warf der Tiger selbstherrlich ein.

„Du bist also völlig sicher", sagte der Löwe.

Der Tiger streckte seine Pranke aus. „Komm, schüttle mir die Hand", sagte er.

Jafet warf einen Blick auf die scharfen Krallen und holte tief Luft. Dann streckte er einen Arm aus und gab zuerst dem Tiger und dann dem Löwen feierlich die Hand.

„Jetzt fühle ich mich besser", sagte er.

„Du bist ein guter Junge", meinte der Löwe. „Mach dir nur keine Sorgen. Wir werden schon auf dich aufpassen."

Jafet lächelte und ging ins Bett.

„Danke, Gott", sagte Frau Noah, als sie in ihre Kabine zurückgekehrt war.

„Ist schon gut", entgegnete Gott. „Ach, Frau Noah ..."

„Ja?"

„Bist du immer noch unglücklich, weil du hier auf der Arche sein musst?"

„Daran habe ich schon gar nicht mehr gedacht", meinte Frau Noah, und sie musste lächeln.

Ich bin nun mal ein Einzelgänger

Gott hatte Herrn Noah schon vor dem Bau der Arche ganz genau erklärt, was für Futter die einzelnen Tiere brauchten und wie sie lebten: ob sie lieber kopfüber von einem Balken herunterbaumelten – wie die Fledermäuse –, ob sie sich in irgendwelchen Spalten versteckten – wie die Eidechsen – oder ob sie sich gern im Schlamm wälzten – wie die Nilpferde. Herr Noah hatte sich bemüht, die Arche so einzurichten, dass alle sich wohlfühlen konnten. Doch als die Reihe an die beiden Pandabären kam, da kratzte er sich am Kopf und wusste nicht mehr weiter. Gott hatte ihm nicht allzu viel über diese scheuen Tiere berichtet – außer dass sie Bambussprossen fraßen, aber sonst nicht besonders anspruchsvoll wären.

Als die Pandas auf der Arche eintrafen, da nahmen sie Herrn Noah gleich zur Seite.

„Ich mag keine anderen Tiere", sagte das Pandamännchen barsch. „Weiß nie, worüber ich mit ihnen reden soll."

„Verstehe", erwiderte Herr Noah.

„Ich mag sie auch nicht", sagte die Pandafrau. „Sie sind so furchtbar laut."

„Nicht alle", meinte Herr Noah.

Die Pandafrau starrte ihn mit ihren großen dunklen Augen an. „Ich halte lieber Abstand", sagte sie.

„Ist das nicht ein bisschen einsam?", fragte Herr Noah.

„Weiß nicht", sagte die Pandafrau. „Darüber habe ich noch nie nachgedacht. Ich war immer allein."

„Kannst du mir wohl sagen", meinte der Pandabär mit lauter Stimme, „wo mein Revier sein soll?"

„Dein Revier?", wiederholte Herr Noah.

„Ja. Mein Gebiet – der Teil der Arche, in dem ich mich frei und ungestört bewegen kann?"

Herr Noah war verwirrt. „Aber ihr könnt beide hingehen, wo ihr wollt", sagte er. „Allein oder zusammen."

Die Pandabären schüttelten den Kopf.

„Nicht zusammen", sagte die Pandafrau bestimmt. „Ich laufe lieber allein herum."

„Ich auch", stimmte der Pandamann zu.

„Nun, wenn ihr wollt …", begann Herr Noah zweifelnd.

„Ja, ja", beruhigte ihn der Pandamann. „Genau das wollen wir. Wir halten gern Abstand."

„Na schön", sagte Herr Noah. „Aber ihr kommt doch heute Abend zur Begrüßung in die große Halle, nicht wahr?"

Der Pandabär schüttelte den Kopf. „Nein", sagte er. „Ich nicht."

„Ich auch nicht", sagte die Pandafrau, und sie ließen Herrn Noah stehen und wanderten davon, beide in eine andere Richtung.

Danach sah Herr Noah sie kaum einmal wieder. Manchmal erwischten er oder seine Söhne gerade noch einen Blick von ihnen, wenn sie einen Gang entlangschlenderten oder eine Treppe hinaufstiegen. Ansonsten deutete nichts weiter darauf hin, dass die beiden Pandas noch immer an Bord der Arche waren, als die zernagten Reste der Bambusblätter, die er ihnen als Futter hinlegte. Wenn eines der anderen Tiere mit ihnen sprechen wollte, dann liefen die Pandas einfach weiter, ohne auch nur ein Wort zu sagen.

„Brauchen die denn keine Freunde?", wunderte sich der Eisbär, als er einmal einen großen schwarz-weißen Schatten am Ende des Gangs verschwinden sah.

„Anscheinend nicht", erwiderte seine Frau behaglich.

„Hm", meinte der Eisbär und schüttelte den Kopf. „Ich weiß gar nicht, ob ich Mitleid mit ihnen haben soll oder nicht."

Ein paar von den anderen Tieren sagten es deutlicher. „Das ist doch nicht normal", erregte sich die Emufrau. „Wenn sie nichts mit uns zu tun haben wollen, dann ist das ja schön und gut, obwohl ich schon sagen muss, dass ich es ziemlich hochnäsig finde. Aber sie sollten doch wenigstens zusammen herumlaufen und nicht getrennt. Mein Mann und ich sind immer zusammen, nicht wahr, mein Lieber?"

Ihr Mann nickte, meinte jedoch etwas wehmütig: „Ab und zu wäre es vielleicht ganz schön, auch einmal allein zu sein."

„Unsinn", sagte seine Frau schnippisch. „Das würde dir gar nicht gefallen. Und überhaupt", redete sie weiter. „So was sollte einfach nicht erlaubt sein. Herr Noah sollte ihnen sagen, dass sie sich in China, oder wo sie sonst herkommen, so aufführen können, aber nicht hier auf der Arche."

„Ach, lasst sie doch in Ruhe", sagte der Schakal ungeduldig. „Manchmal denke ich, die Pandas haben recht. Zumindest müssen sie sich nicht ständig das Gesabber anderer Leute anhören." Doch das hörte die Emufrau schon nicht mehr, denn sie war bereits davongeeilt, um mit Herrn Noah zu reden.

Bald fanden die Tiere ein anderes Gesprächsthema, und die Pandas gerieten in Vergessenheit. Tag für Tag wanderten sie bedächtig durch die Arche, und ihre großen Köpfe wackelten von einer Seite zur anderen. Nur selten begegneten sie einem der anderen Tiere, und noch seltener ihrem Partner.

Doch nach einer Weile wurde die Pandafrau neugierig. Obwohl sie nie die große Halle betrat, in der sich Tiere in allen Größen und Farben tummelten, blieb sie manchmal einfach auf der Schwelle stehen und spähte hinein. Sie sah die Tiere zu zweit oder dritt oder sogar in ganzen Gruppen zusammenstehen und miteinander reden, spielen, essen. Sie

sah, wie sie sich balgten und lachten und manchmal auch miteinander kämpften. Die Pandafrau
konnte darüber nur staunen. „Worüber unterhalten die sich bloß?", überlegte sie.

Pandabären haben keine festen Schlafstellen. Sie
schlafen, wenn sie müde werden, ganz egal, wo sie
sich gerade befinden. Manchmal schlafen sie tags-
über und manchmal in der Nacht.

Eines Nachts schlich sich die Pandafrau in die
große Halle. Leise lief sie zwischen den schlafen-
den Tieren umher und sah sie aufmerksam an. Wie
seltsam das alles ist, dachte sie. Vielleicht sind sie
gern beieinander.

Und ganz allmählich fing sie auch an, sich um
den anderen Pandabären auf der Arche Gedanken
zu machen. Sie begann hinter ihm herzulaufen,
und sie begegneten sich, wie es schien rein zufällig,
immer öfter. Doch wenn sie versuchte, mit ihm zu
reden, dann drehte er sich um und stapfte davon,
nicht schnell, aber doch ziemlich bestimmt. Als sie
nicht mehr wusste, was sie tun sollte, ging die Pandafrau zu Herrn Noah.

„Es tut mir leid, wenn ich dich störe", sagte sie.

„Das macht doch nichts", erwiderte Herr Noah.
„Deshalb bin ich ja hier."

„Vielleicht kannst du dich noch erinnern",

begann sie. „Als wir ankamen, habe ich gesagt, ich sei lieber allein. Nun, damals hat das auch gestimmt. Es hat mir gefallen. Ich habe ja auch nichts anderes gekannt. Aber jetzt habe ich gesehen, wie die anderen Tiere sich unterhalten und zusammen essen – und irgendwie gefällt mir das." Sie schwieg.

„Ja?", sagte Herr Noah aufmunternd.

„Ich glaube", fuhr die Pandafrau fort, „ich würde gern ein paar von den anderen Tieren kennenlernen. Es ist doch ziemlich einsam so allein."

Herr Noah machte die Pandafrau mit ein paar Tieren in der großen Halle bekannt. Obwohl sie zunächst sehr schüchtern tat, wurde die Sache doch ein großer Erfolg, denn die anderen Tiere waren alle sehr neugierig und gespannt darauf, sie kennenzulernen.

„Warum hast du so schwarze Ringe um die Augen?", fragte die Schwalbe und kam ihm Sturzflug herab, um die Pandafrau von Nahem zu betrachten.

„Das weiß ich nicht", meinte die Pandafrau schüchtern.

„Hast du dich mit jemandem geschlagen?", fragte der Ameisenbär.

„Nein. Ich habe mich noch nie mit jemandem geschlagen."

„Sei nicht so unverschämt", meinte das Warzenschwein missbilligend. „Du hättest es bestimmt auch nicht gern, wenn jemand daherkäme und dich wegen deiner großen Nase fragte."

„Och, das würde mich nicht stören", wehrte sich der Ameisenbär. „Immer noch besser, als am ganzen Körper so auszusehen wie du."

Das Warzenschwein grinste selbstbewusst. Ihm war es völlig egal, wie es aussah.

Doch trotz ihrer neuen Freunde konnte die Pandafrau natürlich ihren Mann nicht vergessen, der noch immer allein durch die Arche irrte.

„Schließlich sind wir beide Pandas", erklärte sie Herrn Noah. „Wir müssen doch irgendetwas gemeinsam haben. Irgendetwas, worüber wir uns unterhalten könnten." Sie überlegte einen Augenblick. „Was für Bambussorten wir am liebsten mögen, zum Beispiel."

„Vielleicht ist er schüchtern", meinte Herr Noah. „Warum lädst du ihn nicht einmal zum Kaffee zu Frau Noah und mir ein?"

„O ja, das werde ich machen", sagte die Pandafrau und ging los, um ihren Mann zu suchen. Doch sie konnte ihn nicht finden. Und was noch beunruhigender war, er hatte die Bambusblätter, die als Futter für ihn ausgelegt worden waren, seit mindestens drei Tagen nicht angerührt.

Die Pandafrau eilte zu Herrn Noah.

„Wo kann er bloß sein?", fragte sie besorgt.

„Ich weiß es nicht", sagte Herr Noah und fügte beruhigend hinzu: „Aber wenn er noch auf der Arche ist, dann werden wir ihn schon finden."

Herr Noah stellte einen Suchtrupp zusammen, er und die anderen Tiere suchten überall. Doch es war die Pandafrau, die ihn schließlich fand. Er saß im Stockfinstern, am Fuße einer steilen Leiter, ganz unten im Laderaum der Arche.

„Ich bin abgerutscht und habe mir das Bein ver-

letzt", erklärte er seiner Frau, „und ich konnte nicht mehr raufklettern. Ich hab entsetzlichen Hunger."

Die Pandafrau versuchte ihn hochzuheben, aber dafür war er zu schwer.

„Ich hole Hilfe", versprach sie.

Sie suchte Herrn Noah. Der rannte zusammen mit den anderen Tieren zur Leiter und spähte hinunter in die Dunkelheit.

„Hast du dir sehr wehgetan?", fragte Herr Noah.

„Nein", antwortete der Panda knapp. „Nur das Bein. Wenn du mir heraushelfen könntest, wäre ich dir sehr dankbar."

Die beiden Gorillas, die sehr stark waren, schwangen sich die Leiter hinunter und bildeten mit dem Eisbären und dem Löwen eine Kette. Gemeinsam hievten sie den Panda aus dem Laderaum.

Nachdem er sich satt gegessen und einen Verband um sein Bein bekommen hatte, erhob er sich.

„Vielen Dank, dass du mich gerettet hast und alles", sagte er zu Herrn Noah. „Wirklich, vielen Dank. Aber jetzt muss ich gehen."

„Wirklich?", fragte Herr Noah.

„Aber ja." Langsam sah der Pandabär sich in der großen Halle um, in der es sehr laut und lebhaft zuging. „Weißt du, ich bin nun mal ein Einzelgänger."

Die Pandafrau sah ihn an.

„Das habe ich auch gedacht", sagte sie. „Aber ich

habe meine Meinung geändert. Wir sind alle auf-
einander angewiesen. Denk doch nur, was passiert
wäre, wenn wir dich nicht gefunden hätten … Du
hättest sterben können!"

„Kann sein", meinte der Panda. „Aber ich fühle
mich wohler, wenn ich allein bin.'" Er zuckte die
Schultern. „Das liegt in meiner Natur. Ich kann es
auch nicht ändern."

„Stimmt", sagte Herr Noah. „Aber Gott kann
es." Er lächelte den beiden zu und ging still davon.

Ein paar Tage später, als er gerade das Abendessen aus der Küche in die große Halle brachte,
sah Herr Noah nicht nur einen, sondern zwei
Pandabären, die sich ganz langsam von ihm ent-
fernten. Gemeinsam gingen sie den Gang hinunter,
ihre großen Köpfe wackelten zufrieden im Takt
von einer Seite zur anderen.

„Danke, Herr", sagte Herr Noah. „Ich habe ja
gewusst, dass du helfen würdest."

Er lächelte immer noch, als er die große Halle
betrat.

„Ich weiß gar nicht, was es hier zu lachen gibt",
meinte der Affe säuerlich. „Es regnet schließlich
immer noch, oder nicht?"

„Natürlich", sagte Herr Noah. „Es regnet immer
noch. Aber ansonsten ist heute doch ein schöner
Tag gewesen."

Pass auf,
wo du hintrittst

Es war der neununddreißigste Tag der großen Reise. Neununddreißig Tage waren vergangen, seit Gott den Regen geschickt hatte, um die Erde zu überschwemmen, und jeden Tag hatten Herr Noah oder einer seiner Söhne auf einer riesigen Tafel in der großen Halle ein Kreuz gemacht. Jeden Tag hatten sich die Tiere vor der Tafel versammelt – obwohl nur die wenigsten von ihnen lesen konnten –, um zu sehen, wie viele Tage es noch regnen würde.

„Jetzt lasst mich einmal überlegen", sagte die Eule und starrte auf die Tafel, ohne auch nur einmal mit der Wimper zu zucken. „Heute regnet es seit neununddreißig Tagen."

„Länger nicht?", bemerkte der Schakal düster. „Mir kommt es vor wie eine Ewigkeit."

„Und Gott hat gesagt, es würde vierzig Tage regnen. Das heißt …" Die Eule, die gern rechnete, überschlug die Zahlen schnell im Kopf. „Das heißt, dass nur noch ein Regentag übrig bleibt", schloss sie triumphierend.

„Kommt drauf an, ob du auch die Nächte mitgezählt hast", sagte der Affe.

„Wie meinst du das?"

„Herr Noah hat uns erzählt, dass Gott gesagt hat, es würde vierzig Tage und vierzig Nächte regnen", erklärte der Affe und grinste spöttisch. „Aber du hast jetzt nur die Tage gezählt."

„Heißt das", fragte die Giraffe, die immer ein bisschen schwer von Begriff war, „dass es, wenn es morgen vierzig Tage geregnet hat, nun noch einmal vierzig Nächte dauern wird, bevor der Regen aufhört?"

„Unsinn", sagte der Gorilla, der herübergekommen war, um zu sehen, was los war.

„Wieso nicht?", fragte die Giraffe.

„Weil wir nachts geschlafen haben. Deshalb haben wir nicht gemerkt, dass es auch nachts geregnet hat", erklärte der Gorilla geduldig.

Die Giraffe schüttelte den Kopf. „Das verstehe ich nicht", sagte sie und legte verwirrt die Stirn in Falten.

„Mach dir nichts draus", meinte die Eule freundlich. „Ich würde mir deswegen keine Sorgen machen."

Die Tiere achteten alle sehr darauf, dass die Giraffe sich keine Sorgen machte, denn sie regte sich immer sehr schnell auf.

Die Giraffe überlegte noch einen Moment, aber dann hellte sich ihre Miene auf. „Habe ich euch schon die Geschichte von dem See erzählt, der nicht austrocknen wollte?", fragte sie gespannt.

Die Tiere seufzten und richteten sich darauf ein, eine sehr lange und nicht besonders lustige Geschichte anzuhören. Aber niemand beschwerte sich, denn sie alle mochten die Giraffe sehr gern. Nur der Hund blieb mit angestrengter Miene vor der Tafel stehen.

„Neununddreißig und eins ist …", murmelte er vor sich hin. „Neununddreißig und eins ist …" Kopfrechnen war nicht seine Stärke.

Ganz am Anfang, als die Tiere auf die Arche gekommen waren, da war Herr Noah sehr erleichtert gewesen, als er merkte, dass die beiden Giraffen tatsächlich hineinpassten.

„Es langt … gerade so", murmelte er. „Ich bin froh, dass ich mich genau an Gottes Anweisungen gehalten und nicht versucht habe, hier und da eine Ecke auszusparen."

Es gab zwar nicht viele Stellen auf der Arche, an denen die Giraffen aufrecht stehen und ihre Hälse recken konnten, ohne sich den Kopf zu stoßen, doch die Giraffenfrau nahm das ganz gelassen: „Wir haben es immer noch viel besser als ein paar von den schwereren Tieren. Die Ärmsten!"

Sie sah nach den zwei Elefanten. „Wir bringen wenigstens die Arche nicht gleich zum Kentern, wenn wir beide auf einer Seite stehen."

Die Giraffenfrau war nicht ganz so groß wie ihr Mann. Wenn sie umherwanderte, dann passte sie gut auf, wo sie hintrat. Ihr Mann hatte größere Schwierigkeiten.

„He! Pass doch auf, wo du hintrittst!", quiekte die Haselmaus aufgeregt, als der Giraffenmann sie fast zerquetscht hätte.

„Entschuldige bitte!", sagte die Giraffe.

„Achtung!", schrie das Meerschweinchen.

„Meine Güte", sagte die Giraffe. Sie setzte einen Fuß auf den Boden … und hob ihn sofort wieder hoch, als sie an den Igel gestupst hatte.

„Au!" Besorgt beugte sie den langen Hals hinunter. „Habe ich dir wehgetan?", fragte sie den Igel.

„Nein, nein, mir nicht", erwiderte der Igel. „Aber was ist mit dir? Hast du dir wehgetan? Es tut mir schrecklich leid, dass ich dir in den Weg gekommen bin."

„Manche Tiere können einfach nicht aufpassen, wo sie hintreten", näselte die Emufrau.

„Er kann doch wirklich nichts dafür", meinte der Ameisenbär. „Wie kann man überhaupt etwas sehen, wenn man den Kopf so weit oben trägt? Ich schnüffle lieber am Boden entlang. Da kann ich die Ameisen viel besser beobachten", fuhr er fort und leckte sich die Lippen.

„Danke bestens", sagte die Ameise.

„Es ist wirklich schwierig", sagte der Giraffenmann. „Meine Frau kommt ganz gut zurecht. Aber ich bin furchtbar ungeschickt. Schon immer. Tut mir leid."

Er blinzelte nach unten, bevor er ganz vorsichtig einen Schritt nach vorn machte. Wieder falsch! Ein lautes Quieken übertönte den Lärm in der großen Halle.

„Bitte, ich wäre doch sehr dankbar, wenn du … wenn du dich aus meinem Stall entfernen könntest", sagte das Schwein. „Meine Süße versucht gerade zu schlafen." Seine Frau grunzte.

„Tut mir schrecklich leid", sagte der Giraffenmann bedauernd.

Er bewegte sich in die andere Richtung, aber das war auch nicht besser. Es gab ein lautes Platschen, als er in das Wasserbecken plumpste, das für die Reptilien und all die anderen Tiere angelegt war, die gern badeten.

Die Krokodile rissen ihre Mäuler auf und verfehlten das Nilpferd nur um ein paar Zentimeter. Das Nilpferd versuchte sich schleunigst davonzumachen, und die ganze Arche erbebte unter seinem Gewicht. Darüber mussten die beiden Elefanten furchtbar lachen. Währenddessen bemühte sich die arme Giraffe, wieder aus dem Becken zu klettern.

„Hilfe! Holt mich hier raus! Hilfe!"

Doch sie rutschte immer wieder ins Becken hinein, fiel dabei gegen den Wasserbüffel und schubste ihn seitlich gegen das Rhinozeros. Das Wasser spritzte hoch und hinterließ auf dem Boden der großen Halle eine riesige Pfütze. Alle rutschten und stolperten durcheinander und machten einen Riesenkrach. Herr und Frau Noah kamen eilig angerannt, um zu sehen, was passiert war.

Nun wurde die Giraffe schnell aus dem Becken gehievt, und da stand sie nun, kerzengerade und tropfnass und furchtbar unglücklich.

„Es tut mir leid", wiederholte sie wieder und wieder. „Es tut mir so furchtbar leid."

Sie war wirklich so geknickt, dass ihr niemand lange böse sein konnte.

„Wir sollten dir dankbar sein", meinte der Fuchs und schüttelte ein paar Wassertropfen aus seinem buschigen Schwanz, „dass du uns den langweiligen Abend etwas aufgelockert hast. An Unterhaltung wird hier ja sonst nicht viel geboten."

Eine große Träne rollte der Giraffe über die Nasenspitze und tropfte herab.

„Du brauchst doch nicht zu weinen", tröstete sie die Schwalbe, die oben in der Luft ihre Kreise zog. „Keiner macht dir einen Vorwurf."

„Ich bin so dumm und ungeschickt", sagte der Giraffenmann. „Ich weiß wirklich nicht, wieso

Gott mich hier auf der Arche haben wollte. Er hätte mich draußen lassen sollen, damit ich ertrinke!"

Wieder rollte eine Träne über seine Wangen.

„Ach was", sagte der Schakal. „Kopf hoch! Auf dem Meer passieren noch viel schlimmere Sachen."

„Wir sind hier auf dem Meer", erinnerte ihn der Löwe.

Aber nichts konnte dem Giraffenmann helfen. Als er dann noch versehentlich dem Hund auf den Schwanz trat, da stand sein Entschluss fest. Er stellte sich genau in der Mitte der großen Halle auf und schloss die Augen.

„Ihr braucht euch keine Sorgen mehr zu machen", erklärte er. „Keiner. Ich bleibe jetzt einfach hier stehen und werde mich nicht mehr bewegen, bis die Reise vorüber ist. Ich tue einfach so, als wäre ich aus Holz."

Und dort fand Herr Noah ihn ein paar Stunden später.

„Nun komm schon, alter Junge", sagte er. „Du kannst doch nicht für den Rest der Reise hier stehen bleiben. Du bekommst ja einen Krampf."

„Aber wenn ich mich bewege, dann trete ich womöglich auf jemanden drauf", sagte der Giraffenmann. „Lieber bekomme ich einen Krampf, als dass ich auf jemanden drauftrete." Seine Unterlippe zitterte. „Ich hin so ungeschickt, Herr Noah. Und außerdem habe ich so eine lächerliche Figur. Zu Hause ist das gar nicht so aufgefallen, aber hier bin ich so furchtbar nutzlos und bringe alle anderen in Gefahr."

„Nein, das stimmt gar nicht", sagte Herr Noah bestimmt. „Hör zu, ich werde einmal mit Gott darüber sprechen. Er weiß bestimmt Hilfe."

„... und er kann doch nicht für den Rest der Reise dort so stocksteif stehen bleiben"', schloss Herr Noah, nachdem er Gott das Problem geschildert hatte. „Ich weiß bloß nicht, was wir tun könnten."

Er dachte einen Augenblick nach. „Er braucht eine Aufgabe. Irgendetwas, was ihm das Gefühl gibt, gebraucht zu werden."

„Seine Zeit wird noch kommen", sagte Gott. „Später wird es für ihn eine Aufgabe geben. Aber bis dahin sprichst du am besten mit den anderen Tieren. Sie sind bestimmt bereit zu helfen."

Also bat Herr Noah die anderen Tiere um Hilfe. Er sprach zuerst mit den großen Tieren, aber es waren schließlich die kleinen, die eine Lösung wussten.

„Wenn ich neben dem Giraffenmann herfliege, dann kann ich ihn rechtzeitig warnen", erklärte die Schwalbe.

„Und ich kann neben ihm herlaufen und laut rufen, wenn jemand im Weg ist", schlug die Haselmaus vor.

„Ich kann auch helfen", meinte der Igel.

„Wenn es ihm nichts ausmacht, dann kann ich auf seinen Rücken klettern und die Nachrichten weiterleiten", sagte der Koalabär. „Ich werde nicht so leicht schwindlig."

Der Giraffenmann war überwältigt von so viel Hilfsbereitschaft.

„Danke", sagte er. „Danke."

Die Tiere übernahmen ihre Aufgaben.

„Platz da, Platz da", rief der Hund mit wichtiger Stimme. „Die Giraffe will einen Schritt laufen!"

„Etwas nach links", piepste die Haselmaus, als der Giraffenmann vorsichtig einen Fuß hob.

„Etwas nach links", wiederholte der Koalabär.

Die Giraffe bewegte sich etwas nach links. „Vorsicht! Vorn ist ein Käfer", warnte die Schwalbe.

„Um mich braucht ihr euch keine Sorgen zu machen", erklärte der Käfer. „Ich kann euch ausweichen. Aber passt auf den Tausendfüßler auf. Er kommt dort drüben von rechts."

„Tausendfüßler rechts!", rief der Igel.

„Tausendfüßler rechts!", wiederholte der Koalabär.

Und so konnte der Giraffenmann nun mithilfe seiner Freunde bedenkenlos durch die Arche spazieren.

Am vierzigsten Tag der Reise sahen die Eule und
viele der anderen Tiere aufmerksam zu, wie Herr
Noah wieder ein großes Kreuz auf seine Liste setzte.

„Vierzig", sagte die Eule. „Heute ist der vierzigste Tag."

„Neununddreißig und eins ist vierzig", murmelte der Hund leise. „Neununddreißig und eins ist vierzig. Das muss ich mir merken."

Plötzlich kam der Adler von seinem Balken heruntergeschwebt.

„Der Regen", rief er mit tiefer Stimme, „der Regen hat aufgehört!"

Ein vielstimmiger Seufzer ertönte in der Halle.

„Gott hat sein Versprechen gehalten", sagte Herr Noah.

Er lächelte den Tieren, die plötzlich alle verstummt waren, zu. Doch dann fiel sein Blick auf die Giraffe, und sein Lächeln wurde noch etwas breiter.

„Jetzt hab ich's!", rief er. „Ich habe eine Aufgabe für dich!"

„Eine Aufgabe?", fragte der Giraffenmann. „Für mich?"

„Ja", sagte Herr Noah. „Jetzt, wo der Regen aufgehört hat, kannst du uns als Ausguck dienen und nach dem Land Ausschau halten."

„Meinst du?", fragte der Giraffenmann eifrig. „Meinst du, das kann ich?"

„Wer sonst?", erwiderte Herr Noah. „Niemand könnte das besser als du."

Und so streckte die Giraffe ihren langen Hals aus der Falltür oben im Dach der Arche und blickte sich um, ob nicht irgendwo ein Stück Land zum Vorschein käme. Herr Noah ging unterdessen in seine Kabine.

„Danke, Herr", sagte er. „Du hast gesagt, der Regen würde nach vierzig Tagen aufhören, und du hast gesagt, du hättest noch eine Aufgabe für die Giraffe. Danke."

Gott sah die kleine Arche, wie sie unter dem wolkenlosen Himmel dahintrieb. Aus der Luke im Dach ragte ein fröhlicher Giraffenkopf.

Wir haben einen Dieb an Bord!

Herr Noah und seine Familie hatten nur die wichtigsten Dinge mitgebracht, als sie die Arche bestiegen: die Kleider, die sie auf dem Leib trugen, etwas Wäsche zum Wechseln. Sie würden nicht viel Platz haben, das war ihnen schon vorher klar gewesen. Frau Noah hatte ein paar ihrer besten Töpfe und Pfannen mitgenommen und auch ihr schönstes Kleid angezogen, denn sie konnte es nicht übers Herz bringen, dieses von der großen Flut vernichten zu lassen. Die Frauen ihrer Söhne hatten es genauso gemacht.

Miriam war die Einzige, die auch etwas Schmuck mitbrachte: ein Halsband mit funkelnden Steinen, das sie von ihrem Mann Ham geschenkt bekommen hatte, und zwei glänzende Armreifen, die zu ihrem Brautschmuck gehörten.

„Die Sachen nehmen überhaupt keinen Platz weg", hatte sie zu Ham gesagt. „Es wäre eine Schande, sie zurückzulassen."

Sie trug den Schmuck, als sie auf die Arche kamen, doch später legte sie die Sachen in einen Schrank in ihrer Kabine – und vergaß sie. Es gab so viele andere Dinge zu tun, da blieb gar keine Zeit, um an schöne Kleider oder Schmuck zu denken.

Aber jemand hatte den Schmuck nicht vergessen. Die Elster, die Miriam an jenem ersten Tag mit dem Halsband und den Armreifen gesehen hatte, musste immerzu an die funkelnden Steine denken. Sie wollte den Schmuck haben, sie *musste* ihn einfach haben. Glitzernde Gegenstände liebte sie über alles.

„Wie sie geleuchtet haben", schwärmte sie ihrem Mann vor, „die Steine am Halsband waren dunkelblau und weiß, wie ein Wasserfall. Und die Armreifen … blank poliert, dass sich sogar mein Schnabel darin gespiegelt hat."

Die Elsterfrau konnte nicht mehr essen und nicht mehr schlafen. Sie redete unablässig von dem Schmuck, bis ihr Mann schließlich völlig entnervt stöhnte: „Nun, wenn du die Dinger so gern noch einmal ansehen willst, dann bitte doch Miriam, dass sie dir die Sachen zeigt. Es macht ihr bestimmt nichts aus."

Aber die Elster wollte die Sachen nicht nur ansehen. Sie wollte sie haben. Also trieb sie sich ständig vor Miriams Kabine herum – im Schatten, damit niemand sie sah – und passte auf und wartete.

Eines Abends wurde ihre Ausdauer belohnt. Miriam war fortgegangen und hatte die Schranktür offen gelassen. Hinten auf einem der Bretter sah die Elster etwas funkeln. Ganz vorsichtig zog sie das Halsband und die beiden Armreifen hervor und legte sie auf Miriams Bettdecke. Dann hockte sie sich auf den Bettpfosten und genoss den glitzernden Anblick. Es war wunderschön. Einfach vollkommen.

Da hörte sie ein Geräusch. Schnell schnappte sie sich ein Taschentuch, stopfte die Juwelen hinein und flog hastig davon, das Taschentuch im Schnabel. Natürlich hatte sie sich schon vorher überlegt, wo sie ihre Beute verstecken konnte. Und dort flog sie jetzt hin.

In den folgenden Wochen sah die Elster die Juwelen, die sie gestohlen hatte, nicht ein einziges Mal an. Es schien ihr viel zu gefährlich, und außerdem war es ja auch gar nicht nötig. Der Schmuck war sicher versteckt und konnte dort ruhig bis zum Ende der Reise liegen bleiben. Dann würde sie ihn mitnehmen und sich allein und in aller Ruhe daran freuen.

Auch Miriam vermisste ihren Schmuck nicht – bis zu dem Abend, an dem die große Abschiedsfeier stattfinden sollte. Die Elefanten hatten ein Fest organisiert, um das Ende des Regens zu feiern, und Frau Noah, Hanna, Rahel und Miriam zogen zu diesem Anlass ihre besten Kleider an.

„Weißt du was?", sagte Miriam zu Ham. „Ich werde heute Abend mein Halsband und die beiden Armreifen anlegen. Ich habe die Sachen schon seit

Ewigkeiten nicht mehr getragen, und zu diesem Kleid passen sie so gut."

Sie wühlte im Schrank und in allen Schubladen.

„Sie sind nicht da", sagte sie verwundert.

Sie suchte noch eine Zeit lang, aber umsonst. „Sie sind weg!"

Während des Festes sagte Miriam nichts, denn sie wollte den anderen den Spaß nicht verderben, doch hinterher durchsuchten Ham und sie die ganze Kabine. Sie fragte auch Rahel und Hanna, ob sie den Schmuck gesehen hätten, und dann ging sie zu Herrn und Frau Noah.

„Ich weiß, dass Gott gesagt hat, wir sollten nicht zu viele Sachen mitbringen", sagte sie. „Aber sie waren wirklich nicht groß, und sie haben mir viel bedeutet. Es würde mir leidtun, wenn sie fort wären."

„Das kann ich verstehen", meinte Frau Noah mitfühlend. „Noah, was kann damit nur passiert sein?"

„Ich weiß es nicht", sagte Herr Noah. „Vielleicht haben die Tiere die Sachen gesehen. Ich werde sie fragen."

Als Herr Noah die Tiere zusammenrief, da hatte angeblich keins von ihnen die Armreifen oder das Halsband gesehen.

„Sieht den Menschen ähnlich, ihre Sachen zu verlieren", krächzte der Rabe. „Uns würde das nicht passieren."

„Weil wir keinen Schmuck tragen", meinte der Dachs.

„Das haben wir auch gar nicht nötig!" Stolz betrachtete der Pfau seine nachgewachsenen Schwanzfedern. „Wir sind schon von Natur aus herrlich."

„Du hast gut reden", meinte das Warzenschwein. „Von uns wäre mancher froh, wenn er sich ein paar Juwelen um den Hals legen könnte."

„Du würdest auch mit Juwelen nicht besser aussehen, mein Alter", grinste der Fuchs.

„Du auch nicht, altes Fuchsgesicht", erwiderte das Warzenschwein liebenswürdig.

„Und überhaupt", sagte die Gans. „Wieso hat Herr Noah ihr überhaupt erlaubt, ihren Schmuck mitzubringen? Wir sind hier ja nicht auf einem Ausflugsdampfer. Es geht um Leben und Tod. Ich missbillige es durchaus, dass sie ihre Klunker mit an Bord bringen durfte. Wir durften ja auch nichts mitbringen."

„Weil wir gar nichts hatten", sagte der Büffel. „Sei nicht so kleinkariert. Sie ist ein hübsches Mädchen, und Schmuck nimmt überhaupt keinen Platz weg."

„Aber wo ist er hin? Das möchte ich jetzt doch gern wissen", sagte der Löwe mit ernster Stimme.

„Vielleicht hat ihn einer von den anderen Menschen gestohlen", überlegte der Specht. „Sems

Frau würde ich es durchaus zutrauen. Sie könnte wirklich ein bisschen Schmuck gebrauchen. Vielleicht sähe sie dann auch etwas hübscher aus."

Darüber musste der Papagei laut lachen, aber der Löwe runzelte die Brauen.

„Dies ist eine ernste Angelegenheit, und sie geht uns alle an", erklärte er. „Ich schäme mich, dass so etwas auf meinem Schiff passieren konnte. Und ich bin sicher, dass wir noch nicht das letzte Mal davon gehört haben."

Er sollte recht behalten. Herr Noah ließ die Arche durchsuchen. Alle halfen, sogar die Elster, aber der fehlende Schmuck wurde nicht gefunden.

„Es ist ein Rätsel", meinte Herr Noah, als er mit Gott darüber redete. „Ich weiß, dass es dir ziemlich unbedeutend vorkommen muss", fügte er demütig hinzu. „Aber für Miriam ist es wichtig, und ich mag sie und möchte nicht, dass sie traurig ist."

„Für mich ist alles wichtig, Noah", widersprach ihm Gott.

„Wir haben einen Dieb an Bord", sagte Herr Noah unglücklich. „Was soll ich da nur machen?"

„Gar nichts", sagte Gott. „Ich habe die Sache schon in der Hand. Hab einfach Geduld."

Aber es fiel Herrn Noah schwer, Geduld zu haben, denn jeden Tag lagen ihm seine Söhne und ihre Frauen mit der Angelegenheit in den Ohren.

„Gott hat die Sache in der Hand", erklärte er ihnen.

„Nun, wenn Gott die Sache in der Hand hat, dann kann er sie ja auch zurückgeben", blökte die Ziege, die zufällig gehört hatte, was Herr Noah gesagt hatte. „Ich kann mir sowieso nicht vorstellen, was Gott mit zwei Armreifen und einem Halsband anfangen will. Wann sollte er sie denn tragen?"

„Ach, sei doch nicht so albern", tadelte sie der Fuchs.

Die Stimmung war inzwischen sehr gespannt.

„Es reicht schon, dass wir hier immer noch eingesperrt sind, obwohl der Regen aufgehört hat", beschwerte sich der Otter. „Aber dass wir nun auch noch als Diebe verdächtigt werden, das ist der Gipfel. Mir reicht's!"

„Wir stecken nur hier drin, weil draußen alles überschwemmt ist", erklärte der Adler. „Wenn das Wasser erst einmal abgelaufen ist, dann dürfen wir auch raus."

„Ihr Vögel habt gut reden", knurrte der Otter.

Die Vögel hatten wirklich gut reden. Sie konnten zwischendurch die Arche verlassen und draußen ein bisschen herumfliegen, um ihre Flügel zu trainieren. Die Elster allerdings flog nie sehr weit von der Arche fort. Sie musste ihr Versteck bewachen, denn sie hatte Angst, ein anderer könnte es entdecken und auch Verlangen nach ihren Schätzen bekommen.

„Bald", so dachte sie. „Bald kann ich davonfliegen und die Juwelen mitnehmen."

Sie wurde in ihren Gedanken unterbrochen. Der Giraffenmann, der weiterhin nach Land ausgespäht hatte, begann auf einmal zu schreien.

„Land in Sicht", rief er aufgeregt. „Land!"

Eilig strömte alles zum Dach.

„Passt auf!", rief Herr Noah. „Wir wollen nicht, dass zu guter Letzt noch jemand vom Dach fällt!"

Vor lauter Freude stolperte er über seinen eigenen Umhang, als auch er die Treppe hinaufeilte, um zur Dachluke zu gelangen.

„Wo ist es?", fragte er die Giraffe.

Die Giraffe zeigte mit ihrem langen Hals in eine bestimmte Richtung. „Dort drüben."

Herr Noah folgte ihrem Blick. Er sah genau hin und dann noch einmal. Dort hinten am Horizont war ein schwarzer Strich, der Land hätte sein können … wenn dieser schwarze Strich nicht plötzlich einen Purzelbaum geschlagen hätte und davongeschwommen wäre, wobei er eine richtige Fontäne aus seinen Nasenlöchern blies.

„Hm, das war wohl nur ein Wal", meinte Herr Noah bedauernd.

Enttäuscht kletterten die Tiere wieder die Treppe hinunter.

„Hör auf, so zu drängeln!", sagte der Pinguin gereizt.

„Ich drängle gar nicht", widersprach der Hirsch.

„Doch", sagte der Pinguin. „Du hast mich mit deinem Geweih in den Rücken gestupst."

„Nein, hab ich nicht", beharrte der Hirsch.

Der Pinguin drehte sich um. Hinter sich, im Zwischenraum zwischen zwei Treppenstufen, sah er ein zerfetztes Stück Stoff, unter dem sich ein spitzer Gegenstand verbarg, der etwas hervorlugte. Die Erschütterung durch die vielen Tiere, die mit ihren Hufen die Treppe hinauf- und heruntergedonnert waren, hatte das Bündel aus seinem Versteck rutschen lassen.

„Herr Noah", rief der Pinguin. „Ich glaube, ich habe etwas gefunden."

Herr Noah trug das Bündel in die große Halle. Alle Tiere versammelten sich um ihn. Langsam wickelte er es aus: ein Halsband und zwei Armreifen.

Aber sie schimmerten und funkelten nicht mehr wie damals, als Miriam sie zuletzt getragen hatte. Sie waren stumpf geworden und von einer grünen Schicht überzogen.

Die Elster und Miriam schrien gleichzeitig auf. Herr Noah wandte sich an die Elster.

„Hast du Miriams Schmuck genommen?"

Die Elster ließ den Kopf hängen. „Hm, nun ja … in gewissem Sinne …"

„Ja oder nein?"

„Hm … Ja …"

„Warum?"

„Er hat so schön gefunkelt", sagte die Elster. „Er war so schön. Wenn ich etwas sehe, was funkelt, dann kann ich nicht widerstehen."

„Das nennt man Stehlen", sagte Herr Noah und schüttelte den Kopf.

„Wieso?", erwiderte die Elster keck. „Sie hätte die Sachen erst gar nicht mitbringen sollen. Mich so in Versuchung zu führen!"

„Das ist keine Entschuldigung", wies Herr Noah sie streng zurecht. „Du weißt, wie sehr Miriam sich aufgeregt hat und wie jeder unter Verdacht stand. Es war wirklich nicht recht, was du getan hast."

Er betrachtete die verblassten, trüben Gegenstände, die vor ihm lagen. „Du hast sie gestohlen, weil sie funkelten. Jetzt würdest du sie wahrscheinlich nicht mehr stehlen, nicht wahr?"

„Nein", murmelte die Elster. „Jetzt sind sie gar nicht mehr schön."

„Was ist damit passiert?", fragte das Meerschweinchen.

„Die feuchte Luft hat ihnen geschadet", seufzte Herr Noah. „Es ist wirklich ein Jammer."

Miriam brach in Tränen aus. „Sie sind ruiniert", schluchzte sie. „Mein schönes Halsband und die Armreifen. Alles hin."

Die Elster blickte in Miriams tränenüberströmtes Gesicht, und nun schämte sie sich doch.

„Ich wollte dich nicht ärgern", sagte sie bedrückt. „Ich habe nur daran gedacht, wie gern ich die Sachen haben wollte. An dich habe ich überhaupt nicht gedacht."

„Wie selbstsüchtig", meinte der Löwe vorwurfsvoll.

„Es tut mir leid", sagte die Elster. Sie wandte sich an Miriam. „Ich will versuchen, es wieder gutzumachen. Was meinst du? Wenn ich sie sauber mache, kannst du mir dann verzeihen?"

Miriam schluchzte noch einmal auf. „Ja, gut."

Die Elster machte sich an die Arbeit und putzte die Juwelen so sorgfältig, dass Halsband und Armreifen schließlich heller glänzten als vorher.

Miriam war hocherfreut und legte sie sofort an. Die blauen Steine aus dem Halsband spiegelten das Blau des Himmels wider, und die weißen Steine die bauschigen weißen Wolken, die vorübersegelten. Die Armreifen glänzten und funkelten im Sonnenlicht. Und die Sonne glänzte und funkelte auf das Wasser herunter – das sich ganz allmählich von der Erde zurückzog.

Damit fing das Unheil an

Als der Regen erst einmal aufgehört hatte, spähten Herr Noah und alle Tiere, die sich auf der Arche befanden, ständig nach Land aus. Eines Tages schickte Herr Noah eine Taube hinaus. Sie sollte nach ersten Anzeichen suchen, ob das Wasser tatsächlich zurückwich. Als sie dann wirklich mit einem Olivenzweig im Schnabel zurückkehrte, war die Freude groß.

„Das bedeutet, dass die Baumspitzen jetzt schon aus dem Wasser herausragen", erklärte Herr Noah gutgelaunt. „Aber es wird noch eine Zeit dauern, bis wir trockenes Land sehen können", fügte er hinzu.

Von nun an drängelten und stießen sich die Tiere dauernd, um einen Platz auf dem Dach zu erobern. Die mit den besten Augen stritten sich, wer von ihnen wohl als Erster das Land sehen würde. Aber schließlich war es nicht das Tier mit den besten Augen, das als Erstes das Land entdeckte. Es war weder der Luchs noch der Adler. Nein, zur Überraschung aller anderen war es die Schlange.

Niemand an Bord konnte die Schlangen besonders leiden. „Hinterlistig", sagte der Emu jedes Mal, wenn er einer von ihnen begegnete.

„Bei den Schlangen weißt du nie, woran du bist", sagte der Bär unumwunden, und die großen Tiere stimmten ihm zu. Die kleineren sagten nichts, sie hatten schlichtweg Angst.

„Ich bekomme jedes Mal eine Gänsehaut, wenn die Schlange mich mit ihren runden Augen anstarrt", erklärte die Spitzmaus theatralisch. „Und diese grässliche, glitschige Haut. Es überläuft mich regelrecht!"

„Aber wir haben eine Abmachung getroffen",

sagte die Haselmaus ernst. „Herr Noah hat die Regel aufgestellt, dass auf der Arche keiner gefressen werden darf."

„Na ja, du hast vielleicht zugestimmt und ich auch, aber ob die Schlangen so einer Regel überhaupt zustimmen würden, das wage ich doch sehr zu bezweifeln", meinte die Spitzmaus. „Und überhaupt, was die Regeln angeht … ich würde es den Schlangen durchaus zutrauen, dass sie sich um die Regeln einfach herumschlängeln, wenn es ihnen passt."

Selbst Herr Noah, der versuchte, alle ihm anvertrauten Tiere mit Respekt zu behandeln, konnte einen leisen Schauder nicht unterdrücken, wenn er sah, wie eine Schlange die hölzernen Säulen in der großen Halle herunterschlüpfte oder geräuschlos über den Boden schlich.

„Ja, ich weiß, sie gehören zu deiner Schöpfung", sagte Herr Noah zu Gott. „Aber ich mag sie nicht. Diese Schlangen sind einfach grässlich und glitschig."

Die Schlangen spürten, was die anderen über sie dachten. Der Schlangenfrau machte es nicht viel aus, aber ihren Mann störte es.

„Schließlich haben wir gar nichts Böses getan", sagte er verdrießlich. „Wir sind immer nett und höflich zu allen Tieren, denen wir begegnen."

„Schlangen hat man noch nie gemocht", sagte

seine Frau besänftigend. „Ich habe erst kürzlich gehört, wie Herr Noah seiner Frau davon erzählte, dass vor langer Zeit mal irgendetwas passiert ist, woran angeblich eine Schlange schuld war."

„Was denn?"

„Ich habe nicht alles hören können, aber es ging wohl um zwei Menschen, die in einem schönen Garten lebten, der Eden genannt wurde. Gott hatte ihnen gesagt, sie dürften alles essen, was es dort gab, außer den Früchten von einem ganz bestimmten Baum."

„Und was ist passiert?", fragte der Schlangenmann.

„Nun, sie sagen, dass eine unserer Vorfahren die Menschen dazu überredete, eine Frucht von diesem Baum zu essen, und sie taten es."

Die Schlangenfrau schwieg einen Augenblick. „Und damit fing wohl das Unheil an."

„Kein Wunder", sagte der Schlangenmann und schüttelte sich. „Wahrscheinlich waren es Äpfel! Wie kann man nur! Ich würde ersticken, wenn ich einen Apfel essen müsste – und du auch!"

„Ich weiß nicht, ob sie erstickt sind", erwiderte seine Frau. „Ich habe leider nicht gehört, wie die Geschichte ausging. Aber ich finde es ein bisschen unfair, einer Schlange die Schuld zu geben", fügte sie nachdenklich hinzu.

„Und wieso sollen wir es jetzt büßen?", fragte ihr

Mann. „Wir sind doch nicht verantwortlich für Dinge, die vor wer weiß wie vielen Jahren passiert sind."

„Jeder ist froh, wenn er einen Schuldigen findet", sagte seine Frau. „Das ist ganz normal. Aber was soll's, wenn uns niemand mag?" Sie wand sich zu einem komplizierten Knoten zusammen. „Mach dir deswegen doch nicht den Kopf verrückt."

Aber der Schlangenmann machte sich den Kopf verrückt. Er versuchte, sich mit ein paar von den Tieren anzufreunden. Und er ging sogar so weit, in der Öffentlichkeit aufzutreten. Beim bunten Abend, der von den Elefanten organisiert wurde, warf er seine ganze Haut in einem Stück ab. Alle klatschten Beifall, aber leider war deshalb hinterher keiner netter zu ihm oder seiner Frau.

Als das Wetter endlich besser war, verbrachten die Schlangen die meiste Zeit auf dem Dach. Sicherheitshalber schlangen sie sich um die hölzernen Streben, damit sie nicht ins Wasser hinunterrutschen konnten.

„Rück mal ein Stück zur Seite", sagte der Ameisenbär verärgert. „Ihr liegt immer hier oben und nehmt uns die besten Plätze weg."

„Ich verstehe gar nicht, wieso ihr überhaupt hier heraufkommt", sagte der Emu und rümpfte die Nase. „Ihr werdet das Land sowieso nicht als Erste sehen. Ihr seid viel zu weit unten."

Die Schlangen antworteten nichts.

„Und viel zu unbedeutend", ergänzte das Lama mit überheblichem Blick.

„Ich gehe davon aus", sagte der Löwe, „ dass ich als Erster Land sehen werde. Schließlich bin ich Herrn Noahs Assistent."

„Oder ich", sagte der Adler. „Ich habe die schärfsten Augen."

„Auf jeden Fall nicht ihr Schlangen", wiederholte der Ameisenbär. „Und nun rutscht endlich!"

Gehorsam rutschten die Schlangen ein Stück zur Seite.

Als es Zeit zum Mittagessen war, zog sich ein Tier nach dem anderen zurück.

„Willst du auch zum Essen nach unten gehen?", fragte die Schlangenfrau.

„Nein", sagte ihr Mann. „Ich habe keinen Hunger."

Also blieben sie, wo sie waren. Die Schlangenfrau döste in der warmen, lauen Luft vor sich hin, und ihr Mann fragte sich einmal mehr, was er getan hatte, dass die anderen Tiere ihn so gar nicht mochten.

Und dann sah er es.

„Sieh mal", sagte er zu seiner Frau. „Da drüben. Kannst du es erkennen?"

Seine Frau hob den Kopf.

Ganz hinten am Horizont ragte etwas Dunkles, Festes aus dem Wasser heraus.

Der Schlangenmann wickelte sich von dem Holzpfosten los. „Ich will es Herrn Noah berichten."

Herr Noah war gerade in der großen Halle und verteilte das Essen.

„Herr Noah", zischte die Schlange und beugte sich über seine Schulter.

Herr Noah zuckte zusammen und ließ die Schüssel fallen. „Musst du mir denn solch einen Schrecken einjagen?", fragte er gereizt.

„Tut mir leid", antwortete der Schlangenmann.

„Aber ich dachte, du solltest als Erster wissen, dass meine Frau und ich etwas gesehen haben."

„Was denn?", fragte Herr Noah, noch immer verärgert.

„Könnte sein, dass es Land ist", sagte die Schlange. „Oder vielleicht ein sehr großer Fisch. Wir dachten, es wäre am besten, wenn du es dir selbst einmal ansiehst."

„Land?", rief der Dingo. „Hat hier jemand Land gesagt?"

Und plötzlich war das Essen unwichtig. Alle Tiere eilten hinauf zum Dach. Die Vögel schwärmten in einer dichten Wolke aus und flatterten zu dem dunklen Schatten, der jetzt ganz deutlich am Horizont zu erkennen war.

Der Adler kam als Erster zurück.

„Es ist Land", rief er mit seiner majestätischen Stimme. „Der oberste Gipfel eines hohen Berges."

„Das ist ungerecht!", knurrte der Löwe beleidigt. „Ich hätte es als Erster entdecken sollen!"

Das war natürlich eine aufregende Neuigkeit. Aber trotzdem konnte man nicht viel mehr tun, als einfach zu warten und zu hoffen, dass die Arche langsam auf das Land zutreiben würde.

„Hat denn niemand ein paar Ruder dabei?", fragte das Schwein mit lauter Stimme. „Dann ginge es ein bisschen schneller. Schließlich sind wir hier doch auf einem Schiff."

„Nein", sagte Herr Noah. „Gott hat mir nie gesagt, ich sollte Ruder bauen."

„Na, das muss wohl ein Versehen sein", meinte das Schwein. „Ein Schiff ohne Ruder ist wie …" Es dachte einen Augenblick nach. „… ist wie ein Stall ohne Futter", schloss es schließlich.

Als die Arche sich dem Land näherte, konnten die Tiere auf dem Gipfel ein eigenartiges schwarzes Gebilde erkennen, das sich in den Himmel reckte.

„Was ist denn das?", fragte die Haselmaus.

Der Adler flog hinüber.

„Traurig, traurig", sagte er, als er zurückkam. „Es sind die Reste von einem Baum."

„Was ist daran denn traurig?", fragte der Biber.

„Er ist tot", erwiderte der Adler.

Darauf verstummten sie alle und beobachteten schweigend, wie das kleine Fleckchen Land allmählich immer größer wurde. Dann erhob sich ein heftiger Wind, der das Wasser zu hohen, schaumgekrönten Wellen aufpeitschte. Die kleine Arche wurde von einer Seite auf die andere geworfen.

„Seht nur!", meinte der Adler plötzlich. „Der Wind treibt die Arche vom Land fort!"

So war es tatsächlich. Ganz langsam wurde die Arche vom Land weg und wieder aufs Meer hinausgetragen.

„Wir müssen sie sofort anhalten", rief der Biber aufgeregt.

„Wie denn?", fragte der Fuchs.

„Nun …", überlegte der Biber. „Wir müssten einen Anker werfen."

Alle drehten sich zu Herrn Noah um.

„Tut mir leid", sagte der betrübt. „Von einem Anker hat Gott nie etwas gesagt."

„Hmm", meinte der Affe mit säuerlicher Miene. „Das wundert mich überhaupt nicht."

„Wenn ich gewusst hätte, wie schlecht dieses Schiff ausgerüstet ist, dann wäre ich nie im Leben mitgekommen", sagte die Ziege.

„Dann wärst du ertrunken", meinte der Fuchs giftig.

Der Biber spähte nach vorn. „Haben wir denn wenigstens ein Seil?", fragte er. „Wenn wir eins hätten, dann könnten wir versuchen, es um den Baumstumpf zu werfen."

Wieder wandten sich alle an Herrn Noah, aber der schüttelte stumm den Kopf.

„Dann können wir also … gar nichts tun?", fragte die Haselmaus besorgt.

„Ich könnte mal mit Gott reden", sagte Herr Noah, und das tat er dann auch.

„Ich bin sicher, dass das alles zu deinem Plan gehört", begann Herr Noah ein wenig zweifelnd. Das Fehlen von Rudern, einem Anker und sogar einem Stück Seil hatte seinen Glauben doch ziemlich erschüttert.

„Aber können wir denn wirklich gar nichts machen?"

„Hab doch ein bisschen mehr Vertrauen, Noah", sagte Gott aufmunternd. „Irgendetwas kann man immer machen."

Genau in diesem Augenblick rollte sich der Schlangenmann von seinem hölzernen Gerüst los.

„Komm mit", sagte er zu seiner Frau. „Ich glaube, wir werden gebraucht."

„Ihr?", rief der Emu spöttisch. „Was könnt ihr denn tun?"

„Wir haben auch unsere guten Seiten", sagte die Schlangenfrau würdevoll.

Ihr Mann verknotete das Ende seines Schwanzes mit dem von seiner Frau.

„Bist du so weit?", fragte er. Sie nickte und umklammerte den hölzernen Pfosten so fest sie konnte. Der Schlangenmann rollte sich zunächst zu einem dichten Knäuel zusammen, dann holte er tief Luft und schleuderte sich vom Dach hinunter. Die Tiere hielten den Atem an.

„Was hat er vor?", fragte der Biber.

Mitten in der Luft rollte die Schlange sich auseinander. Mit ihrer gespaltenen Zunge berührte sie den Baumstamm, doch der Sog von der Arche war zu stark und zog sie zurück ins Wasser. Die Schlangenfrau wickelte sich schnell um den Pfahl und zog ihren Mann zurück an Bord.

Ein zweites Mal warf der Schlangenmann sich auf das Land zu. Dieses Mal konnte er sich kurz am Baum festhalten, doch gerade in diesem Augenblick kam eine heftige Welle und trieb die Arche etwas davon. Wieder wurde er zurückgezogen.

„Aller guten Dinge sind drei", keuchte er atemlos. Und tatsächlich. Dieses Mal hatte er Glück. Er bohrte seine scharfen Zähne fest in die Baumrinde und hielt sich fest. Der Wind blies, die Wellen zogen, aber ganz langsam wickelte die Schlange sich um den Baum – und zog die Arche an Land.

Ein rasselndes, knarrendes Geräusch war zu hören, als die Arche langsam zum Stehen kam. Die Schlange ließ ihren Halt los und glitt geschmeidig auf das Schiff zurück. Viele Hände halfen ihr.

„Und weißt du was", sagte die Spitzmaus später zur Haselmaus. „Als ich die Schlange berührte, da war ich wirklich überrascht! Es war ganz eigenartig, denn sie fühlte sich trocken und kein bisschen glitschig an – und wir wissen doch alle, dass Schlangen eklige, schleimige Tiere sind. Was meinst du dazu?"

„Dass wir nicht nach dem Äußeren urteilen sollten", meinte die Haselmaus trocken.

„Da hast du recht", nickte die Spitzmaus. „Das tue ich auch nie!"

Am Abend wurde auf der Arche ausgiebig gefeiert. Spät in der Nacht, als die beiden Schlangen müde zu ihren Betten schlichen, wurden sie von Herrn Noah aufgehalten.

„Ich muss mich bei euch entschuldigen", sagte er. „Bei euch und bei Gott."

„Schon gut", sagte die eine Schlange.

„Was ihr heute getan habt, das hat uns alle beschämt", sagte Herr Noah.

„Das wird nicht lange anhalten", sagte die Schlangenfrau. „Bald ist das alles vergessen. Nur unsere Urururgroßmutter aus dem Garten Eden, die wird wohl nie vergessen." Sie sah Herrn Noah an. „Wir denken alle immer gleich das Schlimmste voneinander."

„Nun", meinte Herr Noah, „ich werde auf jeden Fall nie vergessen, was ihr getan habt."

Gesetz ist Gesetz

Nachdem die Arche auf dem Gipfel eines hohen Berges gestrandet war, kam jeden Tag etwas mehr trockenes Land zum Vorschein. Ganz langsam ging das Wasser zurück. Schließlich erklärte Herr Noah den Tieren, dass sie am nächsten Tag die Arche verlassen könnten.

„Wurde auch Zeit", meinte der Panther und lief ruhelos in der großen Halle auf und ab.

„Nun, ich könnte nicht sagen, dass mir der Abschied schwerfällt", sagte der Fuchs. „Obwohl ich zugeben muss, dass die Reise ein nettes Erlebnis war."

„Auf das ich durchaus hätte verzichten können", murmelte der Affe.

„Hm, ich weiß nicht", schaltete sich der Esel ein. „Wenn ich an all die verschiedenen Tiere denke, denen ich hier begegnet bin. Manche habe ich vorher gar nicht gekannt."

„Und will sie auch möglichst schnell wieder vergessen", ergänzte der Affe.

„Wir sind immerhin vor der Flut gerettet worden", meinte der Elefant. „Das hätte ich nie geglaubt. Und richtig verstehen kann ich es auch jetzt noch nicht."

„Das haben wir Herrn Noah zu verdanken", sagte der Biber. „Er hat uns sicher durch alle Gefahren hindurchgeschifft."

Der Löwe hüstelte. „Mit der Hilfe und Unterstützung anderer."

„Meinst du Gott?", fragte der Biber.

„Gott? Äh, natürlich, Gott auch", sagte der Löwe. „Aber ich meinte eigentlich mithilfe von anderen Tieren."

„Wie dir, zum Beispiel?", erkundigte sich das Eichhörnchen.

„Nun … ja …", meinte der Löwe.

„Und …?", fragte der Tiger, und seine Augen funkelten gefährlich.

„Und dem Tiger natürlich", fügte der Löwe hastig hinzu. „Als Herrn Noahs Assistenten haben wir mitgeholfen, dass jedes Tier …"

„… zwei von jeder Tierart …", ergänzte der Tiger.

„… zwei von jeder Tierart, ein Männchen und ein Weibchen", fuhr der Löwe fort, „gerettet werden konnten. Ich finde, wir dürfen uns dafür ruhig selbst beglückwünschen."

„Bescheidenheit könnte man euch beiden jedenfalls nicht vorwerfen", sagte der Fuchs mit süßlicher Stimme.

„Aber hat nicht irgendwie Gott die ganze Sache in der Hand gehabt?", erkundigte der Esel sich vorsichtig.

„Ja, ja, natürlich, er hat all die Regeln aufgestellt", beruhigte ihn der Löwe. „Zwei von jeder Tierart sollten auf die Arche kommen, ein Männchen und ein Weibchen, und von einigen wenigen Tieren auch sieben Männchen und sieben Weibchen. Und sie alle sollen die Arche nach der Flut auch wieder verlassen. Nicht mehr und nicht weniger. Daran haben wir uns zu halten."

Der Tiger nickte. „Den Regeln muss man immer folgen."

Die Kaninchen, die der Unterhaltung aufmerksam zugehört hatten, sahen einander an und hoppelten recht nachdenklich zu ihrem Bau zurück.

„Was sollen wir nur machen?", fragte der Kaninchenmann seine Frau.

„Wegen …?"

„Ja, wegen …"

Und sie blickten auf das kleine neugeborene Kaninchenbaby, das vor ihnen im Nest lag.

„Herrn Noah macht es bestimmt nichts aus", meinte die Kaninchenfrau, doch es klang nicht allzu überzeugt.

„Nein, ihm vielleicht nicht, aber Gott", wandte ihr Mann ein. „Du hast ja gehört, was der Löwe gesagt hat."

„Wenn wir es Herrn Noah nicht sagen, dann erfährt Gott vielleicht gar nichts davon", schlug die Kaninchenfrau vor.

„Ja, aber wie sollen wir das Baby von der Arche schaffen, ohne dass Herr Noah es merkt?", erkundigte sich ihr Mann.

Darüber musste seine Frau erst einmal nachdenken.

„Vielleicht sollten wir mit dem Löwen reden. Er ist schließlich Herrn Noahs Assistent."

Also gingen die beiden Kaninchen zum Löwen.

„Wir haben da ein kleines Problem", begann der Kaninchenmann. „Und wir wollten dich fragen, ob du uns womöglich helfen kannst."

„Aber natürlich", sagte der Löwe großmütig.

„Du hast uns gesagt, Gott wollte, dass zwei von jeder Tierart auf die Arche kommen, damit sie gerettet werden, nicht wahr?"

„Ja", erwiderte der Löwe vorsichtig.

„Und zwei von jeder Tierart sollen die Arche auch wieder verlassen, wenn die Flut vorüber ist. Das hast du doch gesagt, nicht wahr?"

„Ja", stimmte der Löwe zu.

„Nun, das Problem ist, dass nicht nur zwei Kaninchen an Bord sind. Wir sind drei, und wir wissen nicht, was wir jetzt machen sollen."

„Hmm." Der Löwe dachte einen Augenblick nach. „Habt ihr schon mit Herrn Noah geredet?"

„Hm, nein, noch nicht. Die Sache ist nämlich die. Wir haben uns gedacht, dass es ihm bestimmt nichts ausmacht. Aber er wird es wahrscheinlich Gott erzählen, und Gott ist womöglich nicht so begeistert", sagte die Kaninchenfrau.

„Gott mag es vielleicht nicht, wenn man sich über seine Regeln hinwegsetzt", erklärte ihr Mann.

„Hmm", sagte der Löwe erneut. „Das ist wirklich ein schwieriger Fall."

Er schwieg eine lange Zeit. „Ich glaube, es ist das Beste, wenn ich mich mit meinem Kollegen, dem Tiger, berate", meinte er schließlich und trottete davon.

Für den Tiger war die Sache ganz klar.

„Gesetz ist Gesetz", sagte er bestimmt. „Gesetze dürfen nicht gebrochen werden. Vor allem nicht, wenn Gott selbst sie erlassen hat. Von jeder Tierart sind zwei, ein Männchen und ein Weibchen, an Bord gekommen, und zwei sollen die Arche wieder verlassen – zur festgesetzten Stunde und am festgesetzten Tag."

Der Adler erhob Einspruch. „Von einigen Tieren sind sieben Paar an Bord gekommen."

„Mag sein", entgegnete der Tiger. „Aber die Kaninchen gehörten jedenfalls nicht dazu. Sie waren zu zweit – und deshalb kann jetzt auch nicht eine ganze Kaninchenherde die Arche verlassen."

„Wir sind auch keine ganze Herde", protestierte die Kaninchenfrau. „Wir sind nur zu dritt, und es ist wirklich ein ganz entzückendes kleines Ding."

„Wirklich?", fragte die Elefantenfrau gerührt. „Ach wie nett."

„Nun, ich muss dem Tiger recht geben", sagte der Skorpion. „Ob einer oder fünfzig, darauf kommt es eigentlich nicht an. Gesetz ist Gesetz, das können wir nicht ändern."

„Ja, Gesetz ist Gesetz", wiederholte der Tiger. „Als wir an Bord kamen, da hat Herr Noah die Regeln festgesetzt, dass wir nicht miteinander kämpfen und uns nicht gegenseitig auffressen sollten. Und wir haben uns alle daran gehalten, nicht wahr?"

„Ja", sagte der Fuchs traurig. „Obwohl es nicht immer einfach war."

„Wir haben uns daran gehalten, weil man den bestehenden Regeln Folge leisten muss", fuhr der Tiger fort. „Sonst gibt es nur ein großes Durcheinander."

Danach herrschte eine Weile Stille.

„Betrachtet es doch einmal von dieser Seite", redete der Tiger weiter. „Wenn Herr Noah nicht die Regel erlassen hätte, dass wir einander nicht auffressen sollen, dann würden morgen nicht zwei von jeder Tierart die Arche lebend verlassen können. Habe ich nicht recht?"

„Stimmt." Die Haselmaus erschauerte. „Wahrscheinlich hätte es nicht eine einzige Haselmaus mehr gegeben, und schon gar keine zwei."

„Das wäre wirklich schade gewesen", sagte der Fuchs und leckte sich die Lippen.

„Die Regel über das Auffressen hatte sicher ihre Berechtigung", meinte der Schakal bedächtig. „Und ich verstehe auch, warum nur eine bestimmte Zahl von jeder Tierart auf die Arche kommen sollte. Für mehr wäre gar nicht genug Platz gewesen. Aber ich begreife nicht, wieso Gott sagt, es dürften auch nur jeweils genauso viele die Arche wieder verlassen."

„Vielleicht wollte er einfach irgendwo eine Grenze ziehen", schlug der Esel vor. „Sonst würde die Erde vielleicht von Kaninchen überrannt ..."

„Oder von Eseln. Da sei Gott vor", meinte der Affe mit säuerlicher Miene.

„Oder von Eseln", stimmte der Esel ihm treuherzig zu.

„Also bitte", sagte der Tiger. „Ich habe die Gesetze schließlich nicht erfunden. Ich muss sie nur durchsetzen. Wenn ihr euch beschweren wollt, dann geht zu Herrn Noah. Aber in meinen Augen ist die Sache eindeutig. Zwei Kaninchen sind auf die Arche gekommen, also dürfen auch nur zwei die Arche verlassen."

„Ich will mein Baby aber nicht hierlassen", protestierte die Kaninchenfrau mit fester Stimme.

„Herr Noah oder Gott werden sich schon um dein Baby kümmern", sagte der Löwe.

„Ich würde mein Baby keinem anderen überlassen", meldete sich die Kängurufrau zu Wort.

„Und was wissen Herr Noah oder Gott schon davon, wie man ein Kaninchenbaby großzieht?", fügte die Kaninchenfrau hinzu.

„Das hättest du dir früher überlegen sollen", knurrte der Tiger.

Die Tiere debattierten die ganze Nacht hindurch. Gleichzeitig riss der Strom der Tiere, die bei der Kaninchenfamilie vorbeischauen wollten, nicht ab. Einige wollten ihnen die Meinung sagen oder einen guten Ratschlag geben, aber die meisten wollten sich einfach das süße Baby ansehen.

Am folgenden Morgen kamen Herr und Frau Noah und ihre Söhne mit ihren Frauen recht früh in die große Halle. Herr Noah öffnete die große Tür, die Gott selbst am Beginn der Reise verschlossen hatte, und die helle Sonne schien herein. Alle jubelten vor Freude.

Dann stellte Herr Noah sich an den Eingang und hakte auf seiner langen Liste die Tiere ab.

„Hyänen … also … hier … H… Hy… Da sind sie ja. Ich hoffe, ihr habt die Reise gut überstanden. Auf Wiedersehen. Gott segne euch."

Dann kamen die Kängurus.

„K… Augenblick … I … J … K … Genau. Auf Wiedersehen und Gott befohlen."

Er warf einen kurzen Blick auf den Beutel der Kängurufrau, der sich verdächtig wölbte, sagte aber nichts.

Die beiden Kaninchen, die direkt hinter den Kängurus gewartet hatten, waren schon ganz nervös.

„Kaninchen … Ja, da sind sie. Ganz unten auf meiner Seite. Zwei Kaninchen. Ich hoffe, die Reise hat euch gefallen." Er sah auf und lächelte. „Ach, und noch meinen herzlichen Glückwunsch. Wie wollt ihr das Kleine denn nennen?"

Den Kaninchen blieb der Mund offen stehen.

„Woher weißt du denn das?", fragten sie.

Herr Noah lachte.

„Gott könnt ihr nichts vormachen", sagte er. „Und mir auch nicht." Er lachte. „Euer Baby kann jetzt ruhig aus dem Kängurubeutel hervorkommen."

Ganz vorsichtig holte die Kängurufrau das kleine Kaninchen aus ihrer Tasche und übergab es seiner Mutter.

„Warum seid ihr bloß nicht zu mir gekommen?", fragte Herr Noah.

„Weil wir wussten, dass du es Gott sagen würdest, und wir wollten nicht, dass Gott erfährt, dass wir seine Gebote übertreten", sagte die Kaninchenfrau. „Wir hatten Angst, er würde böse werden und uns verbieten, das Baby mitzunehmen."

„Warum hätte er denn so etwas tun sollen?", fragte Herr Noah verständnislos.

„Weil der Tiger gesagt hat, Gott hätte dir erklärt, du solltest von allen Tieren soundso viel Männchen und Weibchen mit auf die Arche nehmen und dafür sorgen, dass auch nur genau so viel Männchen und Weibchen die Arche verlassen."

„Weil Gott nicht will, dass die Welt von Eseln überrannt wird", warf der Esel ein.

„Kaninchen", stöhnte der Affe mit leidender Stimme.

„Ach ja?", fragte der Esel.

„Und außerdem hat der Löwe das gesagt, nicht ich", beeilte sich der Tiger festzustellen. „Ich habe so etwas nie behauptet."

„Du hast mir aber zugestimmt", meinte der Löwe mit honigsüßer Stimme.

„Nun, Gebote sind dazu da, dass sie befolgt werden", sagte der Tiger hartnäckig. „Vor allem, wenn sie von Gott selbst aufgestellt wurden."

„Ja", erwiderte Herr Noah. „Gebote müssen befolgt werden. Aber ihr müsst genau hinhören, was Gott wirklich gesagt hat – und nicht eure eigenen Gesetze dazuerfinden. Gott hätte euch doch nie verboten, euer Baby mitzunehmen!" Er lachte. „Wer hätte sich denn darum kümmern sollen? Ich? Oder etwa Gott?"

„Das habe ich auch gesagt", meinte die Kaninchenfrau.

Nun wandte Herr Noah sich an den Löwen und den Tiger. „Gott hat nämlich nie gesagt, dass nur zwei von jeder Tierart die Arche verlassen dürfen. Er hat mir befohlen, alle Lebewesen aus der Arche herauszulassen, damit sie die Erde bevölkern können. Und genau das habe ich auch getan."

Glücklich und zufrieden ließ er seinen Blick über die Tiere schweifen, die sich auf dem Gras vor ihm drängten.

„Meine lieben Freunde", begann er. „Denn ihr seid alle meine Freunde. Wir wollen uns eines merken, und das ist ganz wichtig. Gott geht mit jedem von uns in Zukunft wieder andere Wege. Aber immer begegnet er uns mit der Liebe, mit der er uns vor der großen Flut gerettet hat."

„Und so bist du auch uns begegnet, Herr Noah", erklärte feierlich der Adler, der in den Ästen eines hohen Baumes saß. „Du warst immer um unser Wohlergehen besorgt. Was wir dir verdanken, das können wir nie wiedergutmachen."

Die Tiere stimmten ihm zu, zuerst leise, doch dann erhob sich ein wahrer Sturm der Begeisterung.

In Herrn Noahs Augen glitzerten ein paar Tränen. „Ich habe doch nur getan, was Gott mir aufgetragen hat", sagte er. „Gott segne euch. Jeden Einzelnen."

Das Ende ...
und der Anfang

Herr Noah betrachtete die Arche, die auf dem Berg gestrandet war. Sie lag umgekippt auf einer Seite und sah ziemlich ramponiert aus: Der hölzerne Rumpf war vom Wasser ganz fleckig geworden, und auf der Unterseite klebten Muscheln und Seetang. Die Tiere waren schon lange verschwunden, und ringsum war es still. Das Einzige, was man noch hörte, war das Plätschern des Wassers.

„Es ist wie ein Traum", sagte Jafet.

„Oder ein Albtraum", meinte Ham.

„Nein", widersprach Herr Noah. „Kein Albtraum."

„Hattest du je Zweifel, ob wir es schaffen würden, Vater?", erkundigte sich Sem.

Herr Noah seufzte. „O ja. Oft. Aber ich hatte unrecht. Ich habe an Gott gezweifelt, und das hätte ich nie tun sollen."

Plötzlich wurde es dunkel, und es fing an zu regnen.

„Gibt es wieder eine neue Flut?", fragte Frau Noah erschrocken.

„Ich weiß es nicht", antwortete ihr Mann. „Was meinst du, Herr?"

„Nein", sagte Gott. „Nie wieder werde ich die Erde und alles, was darauf lebt, durch eine Flut vernichten. Sieh einmal hoch, Noah."

Herr Noah blickte zum Himmel empor. Da wurden die dunklen Wolken auseinandergetrieben, und die Sonne leuchtete hervor. Herr Noah hielt die Luft an. Denn über ihm spannte sich ein wunderschöner bunter Regenbogen.

„Dieser Regenbogen ist mein Versprechen an dich und an alle, die nach dir leben werden", sagte Gott zu Herrn Noah. „Jedes Mal, wenn du einen Regenbogen am Himmel siehst, dann sollst du daran denken, dass ich nie wieder eine Flut schicken werde, um die Erde zu vernichten. Darauf hast du mein Wort."

„Danke, Herr", erwiderte Herr Noah, aber er sah immer noch nicht sehr glücklich aus.

„Kopf hoch, Noah", sagte Gott aufmunternd, „du darfst jetzt ganz neu anfangen."

„Ja, ich weiß", meinte Herr Noah und seufzte schon wieder. „Weißt du, es ist eigenartig. Jetzt, wo alles vorbei ist, da fühle ich mich so lustlos. Die Tiere fehlen mir. Komisch, nicht wahr? Erst wollte ich die Aufgabe gar nicht übernehmen, und auch während der ganzen Reise konnte ich mich nicht so recht dafür begeistern, aber jetzt, wo alles überstanden ist und die Tiere fort sind …"

„Aber sie sind doch gar nicht fort", unterbrach ihn Gott. „Sieh dich doch einmal um."

Herr Noah sah sich um. Unter seinen Füßen wimmelte es von Käfern und anderen Insekten, und von der Haselmaus, die durch das dichte Gras huschte, konnte er gerade noch die Schwanzspitze sehen. Im nahen Teich quakten die Frösche, und ein Biber war damit beschäftigt, im Bach einen neuen Damm zu errichten. Ein Fuchs schlich durchs Unterholz, und in der Ferne konnte Herr Noah die Elefanten bei ihrem abendlichen Bad beobachten. Träge sonnte sich ein Schmetterling auf einer Blüte, und eine Biene summte an seiner Nase vorbei.

„Du hast recht, Gott", sagte Herr Noah, und er klang schon wieder etwas fröhlicher. „Sie sind gar nicht fort."

„Wo sollen wir heute Nacht schlafen, Vater?", unterbrach Jafet seine Grübeleien.

„Und wo sollen wir wohnen?", wollte Ham wissen.

Herr Noah lächelte. „Macht euch keine Sorgen", sagte er. „Heute Nacht werden wir noch einmal in der Arche schlafen, und morgen fangen wir an, ein neues Haus zu bauen. Wir wollen auch wieder einen Weinberg anlegen." Er blickte seine Frau an. „Was meinst du dazu?"

„O ja", meinte Frau Noah und lächelte ihm aufmunternd zu.

Da tauchte ein großes Tier vor ihnen auf. Es war
der Löwe. Hinter ihm war eine ganze Gruppe anderer Tiere zu sehen.

„Herr Noah", begann der Löwe, „entschuldige bitte die Störung. Wir haben gerade eine Versammlung abgehalten, und man hat mir – als dem
König der Tiere – den Auftrag erteilt …"

„Nun komm schon zur Sache!", fauchte der
Fuchs ungeduldig.

„… den angenehmen Auftrag erteilt, dir für den

Bau deines neuen Hauses unsere Dienste anzubieten", fuhr der Löwe fort. „Wir hatten nämlich den Eindruck …"

Herr Noah spürte etwas an seinen Beinen, und als er hinunterblickte, da sah er die Katze, die leise schnurrte.

„Wir haben Übung darin, schwere Sachen hochzuheben", unterbrach die Elefantenfrau.

„Und ich bin Holzexperte", sagte der Biber. „Du brauchst nicht zu befürchten, dass dein neues Haus nicht dicht wäre."

„Ich bin ein guter Lastenträger", meinte der Esel.

„Ich auch", ergänzte das Kamel.

„Wir sind unermüdliche Arbeiter", erklärte die Ameise. „Auch wenn wir nicht viel auf einmal tragen können."

„Wir könnten dir einen Weinberg anlegen", bot sich der Tiger an.

„Und ich sage euch immer, wie spät es ist", krähte der Hahn.

„Ich kann zwischendurch ein paar Witze erzählen", meinte die Giraffe eifrig.

Herr Noah hob die Katze hoch und streichelte ihr über das weiche Fell.

„Wenn du willst", sagte die Spinne, „dann kann ich in den Ecken deines Hauses ein paar Spinnweben spannen."

„Und ich könnte dafür sorgen, dass in deinen Garten etwas Farbe kommt", krächzte der Pfau gnädig und schlug ein wunderschönes Rad.

„Zu etwas anderem bist du auch nicht nütze", meinte das Rhinozeros rundheraus.

„Wir könnten eine Kommission bilden", sagte der Tiger. „Ich wäre bereit, die Arbeitsleitung zu übernehmen."

„Hm …" Der Löwe räusperte sich.

„Vielleicht wäre es gut, wenn es zwei Arbeitsleiter gäbe", meinte Herr Noah diplomatisch.

Er sah sich um. „Ich weiß gar nicht, was ich sagen soll. Vielen Dank euch allen. Vielen, vielen Dank."

Als alle gegangen waren, konnten Herr Noah und seine Familie sich endlich schlafen legen. Es war eine klare, milde Nacht, und der Mond leuchtete hell. Eine Eule heulte, und durch die Bäume huschten die Fledermäuse.

Herr Noah blickte zum Himmel empor, an dem die Sterne funkelten, und ihm war ganz feierlich und friedlich zumute.

„Danke, Gott", sagte er leise. „Mit deiner Hilfe ist alles möglich."

Dann drehte er sich zufrieden um und war sofort eingeschlafen.

Wie kommt der Floh zum Regenbogen?

Schmunzelgeschichten aus der Arche

Herr Noah kann nicht schlafen

Herr Noah hatte einen schlechten Traum. Er wälzte sich im Bett hin und her und weckte dadurch seine Frau auf. Sie gab ihm hin und wieder einen kleinen Stoß, doch Herr Noah wälzte sich nur noch heftiger umher. Plötzlich warf er die Arme hoch, verpasste Frau Noah einen kräftigen Nasenstüber und setzte sich kerzengerade auf.

„Nein, Gott!", rief er. „Nicht ich! Such dir einen anderen aus! Ich mag keine Tiere!"

„Was ist denn mit dir los?", fragte Frau Noah.

Herr Noah schüttelte den Kopf. „Ich hatte einen schrecklichen Traum."

„Das kommt sicher von den Zwiebeln, die du gestern Abend gegessen hast", sagte Frau Noah und stieg aus dem Bett, um Herrn Noahs Decke aufzuheben, die zu Boden gefallen war. „Sie sind mir auch mächtig aufgestoßen."

Herr Noah stand auch auf und lief unruhig im Zimmer umher. „Ich habe geträumt, dass die Welt zerstört werden soll, weil die Menschen so böse geworden sind."

„Ich hab dir doch gesagt, dass du nicht so viel essen sollst", erwiderte seine Frau ruhig und strich die Bettdecke glatt.

„Es soll vierzig Tage und vierzig Nächte lang regnen, bis die ganze Erde überflutet ist ..."

„Vielleicht war es auch der Wein ..." Frau Noah ging wieder zu Bett und zog sich die Decke über die Ohren. „Ich hab dir gesagt, du sollst nicht so viel trinken. Jetzt komm wieder ins Bett. Wir haben morgen viel zu tun."

„Aber du und ich und unsere drei Söhne mit ihren Frauen sollen gerettet werden. Außerdem ein Pärchen von jeder Tierart ..."

„So was Lächerliches hab ich noch nie gehört", schimpfte Frau Noah. Sie drehte sich um und schlief sofort ein.

Herr Noah legte sich auch wieder hin. Aber er konnte nicht einschlafen. Deshalb stand er auf und verließ auf Zehenspitzen das Haus.

Sein Hof lag still und friedlich unter dem klaren Nachthimmel. Die Sterne leuchteten, und der Schein des Mondes tauchte den Weinberg in ein silbriges Licht. Herr Noah strich prüfend über einige Trauben. Sie waren rund und fett und noch warm von der Sonne. Es würde eine gute Ernte werden. Eine prächtige Ernte.

Vielleicht kam mein schlechter Traum tatsächlich von den vielen Zwiebeln, die ich gestern Abend gegessen habe, dachte Herr Noah. Oder lag es am guten Wein, von dem er ziemlich viel getrunken

hatte? Die Welt sollte zerstört werden? Was für ein Unsinn! Nur seine Familie sollte überleben? Quatsch! Herr Noah fühlte sich schon sehr viel ruhiger und ging ins Haus zurück.

„Noah."

Herr Noah sah sich um. Aber er konnte niemanden sehen.

Da hörte er die Stimme noch einmal.

„Noah!"

„Bist ... bist du das, Gott?"

„Ja."

„Das war doch nur ein schlechter Traum, oder?", fragte Herr Noah ängstlich. „Ich meine, dass die Welt zerstört wird und ... und das alles?"

„Leider nicht."

„Ach du meine Güte!"

„Jetzt hör mir genau zu, Noah. Du bist der einzige gute Mensch auf dieser Welt, und ich verlasse mich auf dich …"

Und während Herr Noah mitten in der Nacht mitten auf seinem Hof stand, hörte er genau zu, was Gott von ihm wollte.

Am nächsten Morgen beim Frühstück erzählte Herr Noah seiner Familie alles.

„Eine Arche bauen?", fragte sein ältester Sohn Sem ungläubig.

„Ja", sagte Herr Noah.

„Groß genug für uns alle und noch für je ein Paar von jeder Tierart?", bohrte sein mittlerer Sohn Ham nach.

„Ja."

„Das ist doch nicht dein Ernst, Vater", meinte Jafet, sein jüngster Sohn.

Herr Noah seufzte.

„Das waren die Zwiebeln, die er gestern Abend gegessen hat", beharrte Frau Noah. „Und wenn es nicht die waren, dann hat er eben zu viel Wein getrunken. Ich hab's ihm gesagt, aber er hört ja nicht auf mich. Und wenn's nicht am Essen oder Trinken lag, dann hat er einfach zu viel Sonne abgekriegt."

„Wir haben noch nie einen so schönen Sommer

gehabt", sagte Ham. „Es war der trockenste seit Jahren. Zu trocken sogar."

„Deshalb ist das ganze Gerede von einer Flut auch so unsinnig", sagte Frau Noah, während sie aufstand, um den Tisch abzuräumen.

„Und wenn wir die Ernte nicht bald einbringen, Vater, werden die Trauben überreif sein und verderben", gab Sem zu bedenken.

Das stimmte. Dagegen konnte Herr Noah wirklich nichts sagen. Und in den folgenden Tagen war er viel zu beschäftigt, um sich über irgendeine Flut Gedanken zu machen. Die Sonne brannte auf Herrn Noahs Familie nieder, während alle im Weinberg arbeiteten.

Hin und wieder jedoch, wenn er gerade Trauben pflückte oder sich aufrichtete, um seinen schmerzenden Rücken ein bisschen auszuruhen, dachte Herr Noah darüber nach, was Gott gesagt hatte. Aber schnell wies er diese Gedanken von sich. Das machte doch alles keinen Sinn!

Eines Abends blickte Herr Noah zufrieden auf die Körbe, die bis obenhin mit sonnengereiften Trauben gefüllt waren. Er steckte sich gerade eine besonders pralle Frucht in den Mund, als er plötzlich wieder Gottes Stimme hörte.

„Noah."
Herr Noah verschluckte sich fast.

„Noah, was hast du wegen der Arche unternommen?"

„Ach, Gott", seufzte Herr Noah, „ich war in letzter Zeit so beschäftigt. Es tut mir wirklich sehr leid, aber ich hab's irgendwie verschwitzt."

„Die Tiere werden bald kommen, Noah."

„Tatsächlich?", fragte Herr Noah erschrocken und blickte sich um, als erwarte er, dass die ersten schon den Weg zu seiner Haustür heraufmarschierten.

„Noah, ich habe dich von allen Menschen dieser Welt ausgewählt. Enttäusche mich nicht!"

Jetzt fühlte sich Herr Noah ganz schrecklich. Gleich nach dem Abendessen sprach er ernsthaft mit seiner Familie.

„Weder Zwiebeln und Wein noch die Sonne waren der Grund für meine schlechten Träume. Gott selbst hat mit mir gesprochen. Wir sollen endlich anfangen, ein großes Schiff zu bauen, damit wir wegfahren können und gerettet werden, wenn die Flut kommt."

Einen Augenblick lang herrschte absolute Stille. Dann stieß Frau Noah einen Schrei aus.

„Wegfahren? Den Hof verlassen?" Sie warf sich die Schürze über den Kopf, setzte sich in eine Ecke und brach in Tränen aus.

„Jetzt schau, was du angerichtet hast, Vater", sagte Ham vorwurfsvoll. Herr Noah seufzte.

In den folgenden Tagen wurde die Ernte vernachlässigt. Herr Noah und seine Söhne fingen an, die Arche nach Gottes Anweisungen zu bauen. Frau Noah und ihre Schwiegertöchter begannen zu packen.

Keiner glaubte Herrn Noahs Geschichte.

„Warum sollte Gott etwas so Wichtiges wie den Bau einer Arche und die Rettung der Tiere ausgerechnet mit Herrn Noah besprechen?", sagte Frau Noah, als sie ihre Kleider in Bündeln zusammenschnürte. „Er ist zwar ein lieber, guter Mann, aber so was Besonderes ist er nun auch wieder nicht. Seine Holzarbeiten sind ein wahrer Albtraum, und was die Tiere betrifft … Schon beim Anblick einer Spinne gerät er in Panik!"

„Entweder hat er die Sache erfunden oder falsch verstanden. Oder er hat nicht alle Tassen im Schrank", sagte Ham, während er Nägel in das Holzgerüst der Arche schlug. „Ich jedenfalls glaube, dass er da was falsch verstanden hat. Ist doch klar. Schließlich ist er schon sechshundert Jahre alt. In dem Alter kann man schon mal was durcheinanderbringen."

Mit der Zeit kamen auch Herrn Noah Zweifel. Vielleicht hatten alle anderen recht. Vielleicht hatte er sich überanstrengt und überarbeitet. Vielleicht hatte er es sich nur eingebildet, dass Gott mit ihm gesprochen hatte. Warum sollte Gott auch ausgerechnet mit ihm reden?

Schon bald nahm Noah die Arbeit an der Arche nicht mehr so ernst. Und irgendwann stellte er sie ganz ein. Die Familie machte sich wieder an ihrem vernachlässigten Weinberg zu schaffen.

Es geschah am letzten Erntetag. Die Familie war zum Mittagessen in der Küche versammelt. Herr Noah gratulierte sich gerade zu der guten Ernte. Sem sagte, wie viel Glück sie doch mit dem Wetter gehabt hatten, und Frau Noah war mit der Planung des großen Festes beschäftigt, das sie an diesem Abend feiern wollten. Da stürzte plötzlich Jafet in den Raum. Er war aschfahl im Gesicht und bebte am ganzen Körper. Mit zitterndem Finger wies er auf die offen stehende Tür und flüsterte stockend: „V-vater … schau … mal!"

Herr Noah drehte sich herum – und traute seinen Augen nicht.

Der Weg vor dem Haus war voller Tiere: große und kleine, behaarte und solche mit nackter Haut. Da kamen Tiere mit Schwänzen und andere ohne Schwänze; wilde und zahme Tiere, gut aussehende und hässliche. Aber nicht nur Vierbeiner liefen herbei. Auch Reptilien, Insekten und Vögel strömten auf Herrn Noahs Haus zu – immer hübsch zu zweit, Paar für Paar zogen sie in einer endlosen Schlange voran.

Es klopfte am Fenster, und kurz darauf stieß Frau

Noah einen durchdringenden Schrei aus. Herr
Noah drehte sich um. Ein riesiger Eisbär schaute
sie durch die Scheibe an. Plötzlich hörte man ein
lautes Krachen, und der Eisbär verschwand. Herr
Noah nahm einen kräftigen Stecken, atmete tief
durch und lief nach draußen.

Der Eisbär lag auf dem Boden, während ein

zweiter Bär ihm mit der Sitzfläche eines zerbrochenen Stuhls eifrig Luft zufächelte.

„Er kann die Hitze nicht vertragen, der Arme", erklärte der zweite Bär.

„Das war mein Lieblingsstuhl!", stöhnte Herr Noah.

Ein sehr würdig aussehender Löwe mit glänzender goldener Mähne trabte auf Herrn Noah zu und brüllte: „Gott hat uns mitgeteilt, dass sich in dieser Gegend eine Art Boot oder Schiff befindet. Sind wir hier richtig?"

„Ja. Hier seid ihr richtig. Das Dumme ist nur, wir sind noch nicht ganz fertig ..."

Hinter einem Baum lugte ein Emu hervor. „Ist das etwa die Arche?", fragte er mit scharfer Stimme und blickte zum Haus hinüber.

„Nein, das ist nur ..."

„Sieht ja nicht gerade wasserdicht aus", schnaubte der Emu verächtlich.

„Die Arche ist noch nicht ganz fertig, aber ..."

„Nun, ich hoffe, die Unterbringung wird zu unserer Zufriedenheit ausfallen. Meine Frau und ich haben recht hohe Ansprüche an unsere Behausung."

„Ihr werdet schon zufrieden sein", beschwichtigte Herr Noah verzweifelt. „Das versichere ich euch. Sehr zufrieden ..."

Ein riesiger behaarter Affe kam um die Ecke der Veranda gelaufen. „Ich hoffe, du hast recht", rief er drohend.

Herr Noah trat einen Schritt zurück und fiel auf die Reste des Stuhls, die unter seinem Gewicht vollends zusammenbrachen.

„Hast du hier die Oberaufsicht?", erkundigte sich der Löwe ungläubig.

„Ja", sagte Herr Noah und rappelte sich wieder auf. „Das heißt … in Wirklichkeit trägt Gott die Verantwortung, aber ich bin sein Beauftragter."

„Nun, ‚Herr Beauftragter', wie wär's denn mal mit 'ner anständigen Mahlzeit?", fragte ein Schakal. „Wir haben alle eine lange Reise hinter uns, und wenn wir nicht bald was zu essen kriegen, könnten wir vielleicht auf die Idee kommen, dich zu verspeisen." Er knurrte bedrohlich und zeigte dabei seine messerscharfen Zähne. Die anderen Tiere lachten.

Herr Noah floh ins Innere des Hauses und verschloss mit zitternden Händen die Tür. Er wollte sich zu seiner Familie umwenden, aber sie waren alle in ihre Zimmer gerannt und hatten sich dort eingeschlossen.

„Gott?"

„Ja, Noah?"

„Gott, was soll ich tun?"

„Du solltest lieber die Arche fertigbauen."

„Muss ich wirklich?", fragte Herr Noah und beobachtete mit Entsetzen, wie zwei sehr schwarze und stark behaarte Spinnen unter der Tür hindurchkrochen.

„Nein. Du musst nicht."

„Wirst du dann die Tiere fortschicken?"

Gott schwieg einen Augenblick.

„Als ich dich schuf, Noah, habe ich dir Freiheit geschenkt. Die Freiheit, zu wählen. Du kannst tun, um was ich dich bitte, oder du lässt es bleiben. Ganz wie du willst. Ich habe beschlossen, dich und deine Familie vor der Flut zu retten, weil du ein guter Mann bist, der einzig gute Mensch auf der Welt. Aber es liegt nun mal bei dir. Es ist deine Entscheidung. Ich biete dir das Leben an. Aber du kannst es auch ablehnen, wenn du willst."

Herr Noah dachte darüber nach, was Gott gesagt hatte. Dabei ließ er die Spinnen nicht aus den Augen. Dann ging er in sein Zimmer, wusch sich das Gesicht, kämmte sich, zog ein sauberes Gewand an und rief seine Familie zusammen.

„Gott und ich haben darüber gesprochen, und ich habe mich entschlossen, die Arche fertigzubauen."

Herr Noah blickte auf seine schweigende Familie.

„Ich bin nur ein törichter alter Mann mit zwei linken Händen. Aber aus irgendeinem Grund hat

Gott mich ausgewählt. Er hat mich sogar sehr freundlich gefragt, ob ich die Aufgabe übernehmen würde. Und ich habe Ja gesagt."

„Aber du magst doch keine Tiere …", begann Ham.

„Das stimmt, und ich bin ziemlich sicher, dass die Tiere mich auch nicht mögen werden. Wie wir alle miteinander auskommen sollen, ist mir wirklich ein Rätsel. Aber ich bin sicher, dass Gott alles bedacht hat. Jetzt müssen wir unbedingt die Arche bauen, bevor es zu spät ist."

„Du meinst, d-dort hin-ausg-gehen?", fragte Jafet mit kläglicher Stimme.

„Ja", antwortete Herr Noah und versuchte dabei, ruhig zu wirken.

Er ging zur Tür und atmete noch einmal ganz tief durch.

„Bitte hilf mir, Gott. Ich habe solche Angst. Ich zittere wie Espenlaub."

„Natürlich. Du kannst dich ganz auf mich verlassen."

„Danke", seufzte Herr Noah schon viel ruhiger. Dann ging er allein hinaus, den vielen, vielen Tieren entgegen.

Vertrauen ist alles

Obwohl Herr Noah sehr dankbar war, dass Gott ihn und seine Familie vor der Flut retten wollte, hatte er doch einige Bedenken.

„Ich kann nicht gut mit Tieren umgehen, Gott. Manche können's und manche nicht. Ich nicht. Um ehrlich zu sein, ich fürchte mich vor ihnen. Und die, vor denen ich keine Angst habe, versetzen mich regelrecht in Panik. Deshalb habe ich ja auch Wein angebaut, statt Viehzüchter zu werden. Wäre ein Bauer, der Ziegen und Schafe hält, für deine Zwecke nicht besser geeignet? Oder vielleicht ein Tierpfleger im Zoo?"

Aber Gott setzte sehr großes Vertrauen in Herrn Noah.

Und dafür war Noah Gott dankbar – im Gegensatz zu seiner Familie.

„Ich mag keine Schiffe", murmelte Jafet düster. „Bestimmt werde ich seekrank."

„Warum lässt Gott mich in meinem Alter noch eine solche Reise antreten", murrte Frau Noah. „Gerade jetzt, wo auf unserem Land alles so gut gedeiht."

„Es ist auch Vater gegenüber nicht gerade fair", fügte Ham hinzu. „Er ist doch schon so alt."

Auch die Tiere, die zur Arche kamen, schienen nicht gerade begeistert zu sein. Als Herr Noah sie an Bord willkommen hieß, kamen bereits die ersten Klagen.

„Soll das etwa unsere Wasserstelle sein?", empörte sich das Nilpferd, als man ihm den kleinen Teich zeigte, den Herr Noah angelegt hatte. „Du glaubst doch nicht im Ernst, dass wir uns in dieser Pfütze anständig wälzen können!"

„Und wo ist der Schlamm?", fragte seine Frau. Sie ließ sich mit einem so mächtigen Platscher ins Wasser plumpsen, dass Herr Noah bis auf die Haut durchnässt wurde.

„Weiß doch jeder, dass man sich ohne Schlamm gar nicht richtig wälzen kann."

„Der Schlamm ist noch nicht da", erklärte Herr Noah. „Aber Sem und Ham sind schon unten am Fluss, um welchen zu holen."

„Hm", brummte das männliche Nilpferd und ließ sich ebenfalls in den Teich fallen, sodass Herr Noah eine zweite Komplettdusche bekam.

Die anderen Tiere benahmen sich nicht besser.

„He, Herr Noah!", rief das Schwein, als er gerade in seine Kabine laufen wollte, um sich etwas Trockenes anzuziehen. „Meine Frau Rosa ist nicht gerade glücklich mit ihrem Stall."

„Was hat sie denn daran auszusetzen?", wollte Herr Noah wissen.

„Das Stroh stinkt, und mein Röschen hat eine sehr empfindsame Nase. Wir würden auch viel lieber mehr in der Mitte der Arche wohnen. Dort wird man nicht so leicht seekrank, haben wir gehört. Aber damit könnten wir noch leben. Das eigentliche Problem sind unsere Nachbarn. War es wirklich nötig, die beiden bösartig und giftig aussehenden Skorpione neben uns einzuquartieren? Mein Röschen wäre vor Schreck fast gestorben!"

Der Einzige, der überhaupt zufrieden schien, war Herrn Noahs Hund. Tag für Tag blieb er an der Seite seines Herrn, der alle eintreffenden Tiere in der Arche begrüßte und sich mit ihren Klagen befasste.

„Es ist sehr schwierig für sie, ihre gewohnte Umgebung zu verlassen", seufzte Herr Noah, als er sich zum Schlafengehen bereitmachte. „Ich kann das gut verstehen. Es ist für uns alle schwer."

„Sie sollten dir dankbar sein", erwiderte sein Hund. „Schließlich rettest du sie vor der Flut."

„Nicht mir sollten sie dankbar sein, sondern Gott. Er entscheidet, wer gerettet wird."

Als der Hund sich am Fußende des Bettes zusammenrollte, dachte er darüber nach, was sein Herrchen gesagt hatte. Bis jetzt waren keine anderen Hunde in die Arche gekommen. Hieß das, dass Gott ihn retten wollte?

„Unwahrscheinlich", dachte er. „Gott wird zwei

gut aussehende Rassehunde aussuchen, nicht einen schäbigen alten Köter wie mich."

Er seufzte. Es würde ihm schwerfallen, Herrn Noah zu verlassen. Er war ein freundlicher, guter Mann, und der Hund liebte ihn sehr.

„Aber vielleicht macht es Herrn Noah gar nicht viel aus", dachte der Hund weiter. „Er hat so viele andere Tiere, um die er sich kümmern muss. Wahrscheinlich hat er noch keinen einzigen Gedanken an mich verschwendet."

Aber hier lag er falsch. Herr Noah hatte sehr wohl an seinen Hund gedacht. Er hatte sogar mit Gott über ihn gesprochen.

„Ich weiß nicht, welche Hunde du vor dem Tod bewahren willst, Gott. Aber dürfte ich ein gutes Wort für meinen einlegen? Ich habe ihn schon viele Jahre, und er war mir immer treu ergeben. Er ist auch ein guter Wachhund. Nicht, dass wir hier einen brauchen, aber …"

Gott antwortete nicht.

„Ich weiß, dass er nur eine ganz gewöhnliche Promenadenmischung ist, aber ich hänge sehr an ihm."

Gott schwieg noch immer.

„Ich würde dir ja nicht wegen einer solchen Kleinigkeit in den Ohren liegen, wo du so viel anderes zu tun hast. Und natürlich werde ich deine Entscheidung akzeptieren, weil ich weiß, dass sie für uns alle das Beste ist, aber …"

„Ich muss jeweils zwei Exemplare von jedem Lebewesen bewahren, Noah", sagte Gott freundlich. „Und dein Hund ist allein."

„Ich könnte sicher ein Weibchen finden …"

„Dafür ist die Zeit zu knapp. Deine Aufgabe ist es, die Tiere in der Arche willkommen zu heißen. Überlass mir die Auswahl."

„Oh", sagte Herr Noah. „Ja, natürlich."

Der folgende Tag war heiß und still, und am Himmel zogen sich bedrohlich schwarze Wolken zusammen. Herrn Noahs Hund stand neben seinem Herrn, während sich unzählige Tiere bei Herrn Noah meldeten, auf seiner langen Liste abgehakt wurden und an Bord der Arche gingen.

Am späten Nachmittag fielen die ersten Regentropfen.

„Es fängt an zu regnen!", rief der Adler und flog von der Luke hoch oben im Dach in die große Halle.

Die Tiere verstummten. Dann kreischte der Emu: „Wir werden alle ertrinken!"

Der Strauß versuchte, seinen Kopf in den hölzernen Boden der Halle zu stecken. Und der Elefant fiel in Ohnmacht, worauf die Arche bedenklich schwankte.

„Es hat angefangen zu regnen", rief Rahel, Sems Frau, Frau Noah durch die geöffnete Kabinentür zu.

„Das ist gut", sagte Frau Noah seelenruhig. „Je eher wir in See stechen, desto schneller ist die Reise zu Ende, und wir können alle wieder nach Hause zurückkehren."

Herr Noah blickte zum Himmel auf. Der Regen prasselte jetzt noch heftiger nieder, und es wurde dunkel.

„Die Tiere werden Angst bekommen", murmelte Herr Noah und eilte in die große Halle.

Sein Hund wollte ihm gerade folgen, blieb aber plötzlich stehen. In der Dämmerung entdeckte er zwei Tiere. Sie sehen aus wie ein Hundepaar, dachte er traurig. Ohne darauf zu warten, dass sie näher kamen und er sie besser erkennen konnte, sprang er von der Arche herunter und rannte davon.

Abseits der Arche ging es sehr ruhig zu. Nur das Prasseln des Regens war zu hören, wenn die dicken Tropfen auf die Blätter der Bäume fielen. Schwül und stickig lag die Luft über der Erde, als hielte die Welt den Atem an. Herrn Noahs Hund lief in die Dunkelheit.

Es herrschte schon pechschwarze Nacht, als Herr Noah endlich die Tiere beruhigt hatte. Er sah sich nach seinem Hund um, konnte ihn aber nirgends entdecken. Aufgeregt suchte Herr Noah den Hund in der ganzen Arche, rief dabei ständig seinen Namen und suchte dann das Schiff noch ein zweites Mal von oben bis unten ab. Doch der Hund blieb verschwunden. Herr Noah setzte sich in seine Kabine und vergrub sein Gesicht in den Händen.

„Wo ist er, Gott? Wo ist er hingegangen?"

„Es geht ihm gut, Noah. Ich kümmere mich um ihn."

Herr Noah schwieg einen Moment. Dann sprang er von seinem Bett auf.

„Er ist mein Hund, und ich werde ihn jetzt suchen", protestierte er. „Tut mir leid, Gott, aber ich kann ihn nicht zurücklassen. Ich möchte dir nicht ungehorsam sein, aber ich fürchte, du musst jemand anders finden, der sich um die Tiere kümmert, wenn ich nicht rechtzeitig zurückkomme. Sem, mein Ältester, ist ein guter Kerl."

Und ohne ein weiteres Wort rannte er aus seiner Kabine.

Herr Noah hatte noch nie eine solche Finsternis erlebt. Über den Himmel zogen dicke, tiefschwarze Wolken, aus denen der Regen in Bächen herabstürzte. Im Nu war Herr Noah bis auf die Knochen durchnässt. Als er sein verlassenes Haus sah, beschloss er, bis zum Morgen dortzubleiben. Bei Tageslicht wollte er dann weitersuchen.

Herr Noah stieß die Tür auf und trat in die Küche.

Mit lautem Gebell sprang plötzlich sein Hund so ausgelassen an ihm hoch, dass Herr Noah das Gleichgewicht verlor und fast umfiel.

„Schon gut, schon gut", lachte Herr Noah und drückte seinen Hund fest an sich. „Ist ja schon gut. Hast du etwa gemeint, ich würde ohne dich wegfahren?"

„Ich hätte es nicht ertragen, dir Lebewohl zu sagen", antwortete der Hund. „Ich hätte nie gedacht, dass du nach mir suchen würdest."

„Komm jetzt, wir gehen zur Arche zurück."

„Aber Gott will mich nicht. Er will von jedem Tier ein Paar, und ich bin allein."

„Ich auch", bellte eine müde Stimme. „Dann gehen wir am besten gemeinsam."

Herr Noah und sein Hund drehten sich um. An der Tür sahen sie eine völlig erschöpfte und pitschnasse Hündin stehen.

Sie humpelte ins Zimmer. „Ich hoffe, ich komme nicht zu spät. Aber ich hab einfach zu lange gebraucht. Unterwegs bin ich in eine Falle geraten. Mein Bein ist verletzt und tut ziemlich weh. Ich wollte schon aufgeben, da habe ich eure Stimmen gehört."

Die Hündin verschnaufte einen Moment, bevor sie fortfuhr: „Ich habe schrecklichen Hunger und bin sehr müde. Aber ich freue mich, euch zu sehen. Du bist doch Herr Noah?"

„Ja", antwortete Herr Noah, beugte sich hinunter und tätschelte die Hündin liebevoll.

„Das verstehe ich nicht", sagte Herrn Noahs Hund, als sie zur Arche zurückliefen. „Du hast doch schon zwei Hunde in der Arche. Ich habe sie gesehen. Deswegen bin ich weggerannt."

Herr Noah lachte. „Du hast wahrscheinlich die beiden Wölfe gesehen, die auf die Arche gekommen sind, als es anfing zu regnen. Bei dem trüben Licht konntest du sie wohl nicht richtig erkennen."

Glücklich drückte Herr Noah die Hunde an sich. „Gott hat euch beide ausgewählt, und darüber freue ich mich riesig. Ich hätte nie daran zweifeln sollen."

Gemeinsam liefen sie auf die freundlich leuchtenden Lichter der Arche zu.

Wettlauf gegen die Flut

Schon seit Tagen strömten Tiere zu dem Schiff, das Herr Noah nach Gottes Auftrag gebaut hatte. Große, kleine, nackte und behaarte Tiere kamen zu zweit, um vor der Flut gerettet zu werden. Und jedes Pärchen, das in die Arche ging, sauste, krabbelte oder glitt, hakte Herr Noah auf seiner langen Liste ab.

Als die beiden Geparden die Laufplanke hinaufjagten, fehlte kaum noch ein Haken. Fast alle Tiere waren eingetroffen. Und es regnete schon wieder: Dicke runde Tropfen fielen aus dem düsteren Wolkenhimmel.

„Wir kommen doch nicht zu spät, oder?", keuchte der Gepard.

„Nein, nein", beruhigte Herr Noah ihn. „Schön, dass ihr da seid. Herzlich willkommen."

Im Innern der Arche starrten die Neuankömmlinge voller Verwunderung auf die vielen Tiere, die schon die große Halle bevölkerten. Es herrschte ein ohrenbetäubender Lärm.

„Hallo", sagte der Esel. „Entschuldigt meine Unwissenheit, aber wer seid ihr denn? Ich glaube, wir sind uns noch nicht begegnet."

„Wir sind Geparden."

„Ach wirklich?", bemerkte der Esel höflich. „Wie interessant. Ich habe schon so viele merkwürdige und wunderbare Tiere in dieser Arche getroffen. Geparden, die kenne ich noch gar nicht. Was macht ihr denn so, wenn ich fragen darf."

„Wie meinst du das?"

„Nun, viele der Tiere hier scheinen irgendetwas tun zu können. Überaus erstaunliche Dinge. Schaut nur die Giraffe an mit ihrem wunderbar langen Hals. Sehr nützlich, Dinge aus dieser Höhe zu sehen. Die Reiher können auf einem Bein stehen, und der Pfau hat einen ganz herrlichen Schwanz. Jeder hier scheint irgendwas Besonderes zu können oder zu haben – außer mir. Ich bin eben nur schwerfällig und langweilig."

„Wir laufen", sagte der Gepard, „und zwar schnell wie der Wind."

„So ist es", bestätigte seine Gefährtin. „Ohne uns etwas darauf einbilden zu wollen: Wir laufen schneller als irgendein anderes Tier auf der Welt."

„Wirklich?", staunte der Esel.

Neugierig kamen die anderen Tiere herbei.

„Die Schnellsten der Welt?", knurrte der Leopard. „Das müsst ihr erst mal beweisen."

„Ich dachte immer, wir seien die schnellsten Tiere der Welt", murmelte eine Gazelle.

„Ich auch", sagte die andere Gazelle. Nervös beäugte sie die Geparden. „Vor allem, wenn ein Gepard hinter uns her ist."

Die Geparden lächelten. „Das könnte ein höchst vergnügliches Wettrennen werden", sagte das Gepardenmännchen und leckte sich die Lippen.

„Es werden KEINE anderen Tiere gefressen, während wir hier an Bord sind", stellte der Löwe brüllend klar.

„Wer sagt das?", wollte der Gepard wissen.

„Herr Noah. Ich bin sein Stellvertreter."

„Und ich bin sein zweiter Stellvertreter", meldete sich der Tiger.

„Das gehört zu den Regeln", erklärte der Esel.

„Es ist eine gute Regel", gackerte das Huhn.

„Das ist Ansichtssache", meinte der Fuchs.

Eins der Kängurus kam angesprungen. „Wenn von Geschwindigkeit die Rede ist …"

„Ich dachte, es wäre vom Essen die Rede", unterbrach der Fuchs.

„… wir gelten als ziemlich schnelle Läufer", fuhr das Känguru unbeeindruckt fort.

„Veranstalten wir doch einen Wettlauf", schlug der Elefant vor. „So finden wir heraus, welches der Tiere tatsächlich am schnellsten ist."

„Ich bin der Schiedsrichter", brüllte der Löwe feierlich.

„Gibt es eine Vorschrift in Bezug auf Wettrennen?", fragte der Esel. Aber niemand hörte auf ihn. Die Vögel waren schon in die Dachsparren geflogen, und die Landtiere pressten sich an die Seitenwände der großen Halle, um den Wettkämpfern Platz zu schaffen.

Weit von der Arche entfernt suchten zwei Schildkröten unter einem Stein Schutz vor dem Regen.

„Meinst du nicht, dass wir lieber weitergehen sollten?", fragte die erste Schildkröte besorgt.

„Wir haben keine Eile", sagte die zweite. Sie lugte unter dem Stein hervor. „Es ist doch so nass draußen."

„Das kommt, weil es regnet."

„Das weiß ich auch", sagte die zweite Schildkröte. Sie schloss die Augen.

„Du willst jetzt doch wohl hoffentlich nicht schlafen!", stöhnte ihre Gefährtin.

„Bei unserem Tempo wird die Welt überflutet sein, bevor wir die Arche erreichen!"

Die zweite Schildkröte blinzelte verschlafen. „Eile mit Weile", gähnte sie müde und schloss die Augen wieder.

In der Arche hatte Herr Noah gerade bemerkt, dass die Schildkröten fehlten.

„Wir müssen alles durchsuchen. Vielleicht haben sie unbemerkt die Arche bestiegen."

„Vorher sollten wir die Türen schließen, Vater", schlug Sem vor. „Sonst regnet das Schiff ganz voll."

„Vielleicht ist das ja nur ein kleiner Schauer", meinte Herr Noah hoffnungsvoll. „Jedenfalls können wir die Schildkröten auf keinen Fall zurücklassen."

„Wenn wir die Wahl hätten, die Schildkröten nicht zu retten oder selbst zu ertrinken, weiß ich genau, wofür ich mich entscheiden würde", murmelte Sem missmutig.

In der großen Halle stellten sich die Tiere auf, die an dem Wettlauf teilnehmen wollten.

„Drei Runden ohne Stoßen, Beißen oder Kratzen", brüllte der Löwe.

„Und die anderen Regeln?", fragte der Esel.

„Auf die Plätze … fertig … los!"

Alle brachen in Jubelrufe aus. Das Rennen hatte begonnen.

„Halt!", rief der Löwe. „Halt!" Er lief zum Strauß hinüber.

„Du bist doch ein Vogel. Vögel dürfen an diesem Rennen aber nicht teilnehmen."

Die Augen des Straußes füllten sich mit Tränen. „Ach bitte, lass mich doch mitmachen!", schluchzte er.

Der Löwe schüttelte entschlossen seine dicke Mähne, und der Strauß schlich schniefend davon.

„Das nenne ich gemein", kreischte der Papagei. „Was hätte es schon ausgemacht, den Strauß an dem Rennen teilnehmen zu lassen?"

„Mein lieber Papagei", sagte der Löwe mit überaus hoheitsvoller Miene. „Bei dem Rennen geht es darum, das schnellste Landtier zu ermitteln. Vögel haben dabei nichts zu suchen. So sind nun mal die Regeln."

„Dacht ich's mir doch, dass es noch irgendeine Regel gibt", murmelte der Esel zufrieden. Nun wurde das Rennen neu gestartet.

Währenddessen redete Herr Noah in seiner Kabine mit Gott.

„Es wäre schrecklich, wenn die Schildkröten aussterben müssten, weil sie nicht rechtzeitig in die Arche kommen. Aber was kann ich tun? Wenn ich nur wüsste, wo sie stecken."

„Vertraue mir", sagte Gott. „Ich habe die Schildkröten nicht vergessen. Aber sie brauchen vielleicht Hilfe."

„Von mir?"

„Von dir und den Tieren."

Da stürmten Herrn Noahs Söhne durch die Tür.

„Die Schildkröten sind auf der ganzen Arche nicht zu finden", rief Sem.

„Das Wasser steigt schon die Laufplanke hoch", keuchte Ham.

„Du wirst nicht glauben, was die Tiere gerade machen!", stöhnte Jafet. „Sie veranstalten ein Wettrennen!"

Herr Noah blickte auf. „Ein Wettrennen …?", staunte er. „Ich frage mich …"

In der Halle war der Wettlauf gerade zu Ende gegangen.

„Du hast geschummelt!", rief das Känguru verärgert.

„Du nennst mich einen Betrüger?", fragte der Gepard drohend.

„Von Natur aus ein Betrüger!"

Der Gepard strich gefährlich knurrend um das Känguru herum.

„Nur mit der Ruhe", beschwichtigte der Elefant. „Keine Kämpfe in der Arche."

„Noch eine von Herrn Noahs Vorschriften", erklärte der Esel jedem, der es hören wollte.

„Wir veranstalten noch eine Entscheidungsrunde zwischen dem Geparden und dem Känguru", schlug der Löwe besänftigend vor.

Da betrat Herr Noah die Halle. „Ihr Tiere, hört mal her!"

„Auf die Plätze … fertig …"

„Ich brauche eure Hilfe!"

„Wozu brauchst du unsere Hilfe?", fragte der Panther rundheraus. „Ich dachte, du und Gott, ihr habt alles miteinander bestens geregelt."

„Die Schildkröten sind noch nicht da."

„Das ist ihr Problem", meinte der Panther. „Warum sind sie auch so langsam."

„Wir sind schließlich auch rechtzeitig gekommen", fiel eine der Schnecken ihm ins Wort. „Und uns zählt man wohl kaum zu den schnellsten Tieren."

„Ihr seid überhaupt keine Tiere", höhnte der Fuchs. „Ihr seid … ihr seid …"

„Nahrungsmittel", ergänzte der Adler.

Die Schnecken zogen sich in ihr Haus zurück.

„Auf die Plätze … fertig …", kommandierte der Löwe wieder.

„Wartet!", rief Herr Noah. „Ich habe eine Idee."

Weit entfernt stapften die beiden Schildkröten vorwärts. Sie waren vollkommen durchnässt, sie froren und fühlten sich schrecklich elend.

„Warum halten wir keinen Winterschlaf?", fragte die müde Schildkröte. „Wir könnten uns nach einer netten, trockenen Unterkunft umsehen und schlafen, bis alles vorbei ist."

„Es gibt keine netten, trockenen Unterkünfte", erwiderte ihre Gefährtin. „Jedenfalls bald nicht mehr. Komm schon, du alte Tranfunzel."

Verzweifelt seufzte die andere Schildkröte: „Du bist die schnellste Schildkröte, die ich je gesehen habe."

Mit gesenkten Köpfen kämpften sich die Schildkröten langsam voran. Sie strengten sich so sehr an, dass Sie den Adler, der hoch über ihnen flog, gar nicht bemerkten. Mitten im Flug hielt der Vogel plötzlich inne, kreiste einmal, zweimal, drehte dann ab und flog weg.

„Ich habe sie gefunden, Herr Noah", rief er und flog durch die Luke hoch oben im Dach der Arche.

Herr Noah und die Tiere rannten aus der großen Halle und drängten sich um den Schiffseingang.

„Seid ihr bereit?", fragte Herr Noah.

Der Gepard und das Känguru nickten.

„Also …", begann Herr Noah, „auf die Plätze … fertig … los!"

Unter den Jubelrufen der anderen Tiere flog der Adler davon, um dem Geparden und dem Känguru den Weg zu zeigen.

Der Gepard erreichte die Schildkröten zuerst.

„Hallo", begrüßte ihn die eine. „Wenn du die Arche suchst, gehst du in die falsche Richtung."

„Ich suche euch", erwiderte der Gepard. „Ihr müsst euch beeilen, sonst kommt ihr zu spät. Das Wasser ist schon enorm gestiegen."

„Wir laufen, so schnell wir können."

„Das reicht aber nicht. Los, klettert auf meinen Rücken", erwiderte der Gepard. „Ich laufe so schnell wie der Wind."

Die Schildkröten blickten zum Geparden auf, dachten einen Augenblick nach und schüttelten den Kopf. So standen sie da, als auch das Känguru eintraf.

„Also gut", meinte das Känguru zum Geparden. „Du hast gewonnen. Du bist tatsächlich das schnellste Tier."

„Ich kann vielleicht schnell laufen", antwortete

der Gepard. „Aber wie kriege ich die Schildkröten sicher in die Arche? Sie können nicht auf meinen Rücken steigen."

Das Känguru schaute die Schildkröten an und lächelte.

„Überlass das mir."

In der Arche starrte Herr Noah derweil unruhig auf den ständig steigenden Wasserspiegel.

„Du musst die Türen schließen, Vater!", flehte Sem eindringlich.

„Nicht, bevor die Schildkröten hier sind", erwiderte Herr Noah stur.

Plötzlich hörten sie ein Rauschen in der Luft. Der Adler stieß im Sturzflug vom Himmel herab und landete direkt vor Herrn Noahs Füßen.

„Puuh, ist das nass draußen", schimpfte er und schüttelte die Tropfen aus dem Gefieder.

„Kommen sie?", fragte Herr Noah besorgt.

„O ja", freute sich der Adler. „Sie kommen! Allerdings frage ich mich, warum Gott überhaupt flügellose Tiere erschaffen hat. Wenn die Schildkröten ein ordentliches Paar Flügel hätten, hätten wir uns die ganze Aufregung sparen können."

Der Gepard traf zuerst ein. Er war völlig erschöpft. Als er die Arche betrat, jubelten die Tiere ihm zu.

„Du bekommst den ersten Preis, Gepard. Das ist

der Geschwindigkeitsrekord zu Lande", brüllte der Löwe.

„Ich bin vielleicht der Schnellste", erwiderte der Gepard, „aber wir haben alle unsere Vor- und Nachteile."

„Wo sind die Schildkröten?", fragte Herr Noah, als das Känguru in die Arche hüpfte.

Da reckte sich ein kleines Köpfchen aus dem Beutel des Kängurus.

„Hier", sagte die erste Schildkröte.

„Hier", sagte die zweite Schildkröte und schaute das Känguru fröhlich an: „Danke für die überaus bequeme Reise."

Gott selbst verschloss die großen Türen der Arche, gerade als das Wasser in den Eingang zu schwappen drohte. Das große Schiff schaukelte, und das hölzerne Gebälk knarrte. Tiere und Menschen wurden still. Dann flog der Adler in die große Halle und krächzte: „Die Arche schwimmt."

Einfach ungeheuerlich!

Als die Arche endlich schwamm, begannen sich alle häuslich niederzulassen und für eine lange Seereise einzurichten.

„Schließlich und endlich", meinte die Kuh bedächtig, „sitzen wir alle im selben Boot. Also sollten wir überlegen, wie wir alle mit anpacken können."

„Mir steht nicht der Sinn danach, mit irgendjemandem ‚anzupacken'", murrte die Gans und rümpfte die Nase. „Meiner Meinung nach ist diese ganze Unternehmung sowieso schlecht organisiert."

„Da stimme ich dir voll und ganz zu", flötete der Pfau. „Ich habe um Unterbringung in der ersten Klasse gebeten, aber offenbar gibt es die hier gar nicht. Herr Noah meinte, Gott habe ihm diesbezüglich keine Anweisungen gegeben. Einfach schockierend!"

„Meiner Meinung nach schiebt Herr Noah viel

zu gern die Verantwortung auf Gott", gackerte die Gans.

„Aber es hat dich niemand nach deiner Meinung gefragt", murmelte die Küchenschabe.

Die Gans überhörte diesen Einwurf. „Hatte Herr Noah beim Bau der Arche gar nichts zu sagen? Sehen wir die Sache doch mal klar: Gott hat vermutlich nicht viel Erfahrung im Schiffsbau."

„Herr Noah auch nicht", sagte der Pfau. „Als ich ankam, wollte er gerade die Tür verkehrt herum einsetzen."

Die Gans kicherte. „Meiner Meinung nach …", begann sie. Aber in diesem Augenblick kam die Ziege meckernd in die Halle gerannt.

„Rettet mich! Oh, rettet mich! Es ist hinter mir her!"

„Was ist hinter dir her?", fragte die Kuh.

„Das … das … Ungeheuer!"

„Ich wusste gar nicht, dass es Ungeheuer an Bord gibt", bemerkte der Esel neugierig.

Die Ziege zitterte am ganzen Körper und stieß kleine meckernde Laute aus.

„Jetzt beruhige dich erst mal, meine Liebe, und erzähl uns, was du gesehen hast", schlug die Kuh vor.

„Es … es war schwarz … und … und total behaart", begann die Ziege.

„Meinst du etwa mich?", fragte die Spinne und

ließ sich an einem feinen Faden von den Dachsparren herunter.

„Natürlich nicht", meckerte die Ziege. „Es war riesengroß … und es lief auf zwei mächtigen Beinen und hatte zwei lange Arme und ein schreckliches Gesicht."

Der Fuchs grinste. „Bist du sicher, dass du nicht Herrn Noah, unseren Gastgeber, gesehen hast?", fragte er. „Er läuft auf zwei Beinen und hat zwei Arme." Dann überlegte er einen Augenblick. „Sein Gesicht würde ich zwar nicht gerade als schrecklich bezeichnen, zumindest nicht, was menschliche Gesichter betrifft. Aber über Geschmack lässt sich bekanntlich streiten."

„Nein, es war nicht Herr Noah!", keuchte die Ziege. „Es war ein Ungeheuer!"

„Ich würde gern mal ein Ungeheuer sehen", seufzte der Esel.

Er hatte es kaum ausgesprochen, als er plötzlich Schritte hinter sich hörte. Sofort drehte er sich um. Die Ziege meckerte laut, der Emu bekam einen hysterischen Anfall, der Strauß fiel in Ohnmacht, die Gans flog in Panik auf und ab, während die Ursache dieser ganzen Aufregung die anderen Tiere aus schwarzen, reglosen Augen anstierte und dann kopfschüttelnd davontrottete.

„W-was war das?", stotterte die Gans verstört.

„Der reinste Albtraum", flüsterte der Pfau und fächelte sich mit seinem Schwanz heftig Luft zu.

„War das etwa das Ungeheuer?", fragte der Esel.

„Nein", sagte der Schimpanse und schwang sich von einem Balken hinunter. „Das ist der Gorilla."

„Ach, einer von deinen Verwandten, wenn ich recht sehe?", schnauzte der Emu ihn an.

„Nur entfernt", gab der Schimpanse kleinlaut zurück.

„Mir egal, wie er heißt", sagte die Ziege. „Hätte ich gewusst, dass solche Kreaturen mit uns reisen, wäre ich nie gekommen."

„Du wärst lieber ertrunken, vermute ich", murmelte der Fuchs trocken.

„Ich finde jedenfalls, dass er ganz schrecklich aussieht. Man hätte ihn nicht in die Arche lassen dürfen", schimpfte der Pfau.

Dieser Meinung waren die meisten Tiere.

Nicht etwa, dass die beiden Gorillas irgendetwas Schlimmes taten. Sie waren einfach nur da: dunkle bedrohliche Wesen, die um Ecken verschwanden; breite, flache Gesichter, die aus dem Hintergrund der großen Halle stierten; schwarz behaarte Körper, die immer ganz unverhofft auftauchten, um sich dann gemächlich wieder zurückzuziehen.

„Sie verbreiten überall Angst und Schrecken",

ereiferte sich der Emu. „Ich finde wirklich, jemand sollte sich bei Herrn Noah über sie beschweren."

„Das finde ich auch", nickte die Gans.

„Ich ebenfalls", quakte die Ente, die nicht recht wusste, um was es eigentlich ging, aber gern dieselbe Meinung wie die Gans zum Ausdruck brachte, weil sie sich dann wichtig fühlte.

Doch als Herr Noah die Klagen der Tiere hörte, schüttelte er nur den Kopf.

„Tut mir leid, aber Gott hat mir gesagt, ich solle zwei von jedem Lebewesen – außer den Fischen natürlich – in der Arche mitnehmen. Wir müssen alle lernen, miteinander auszukommen."

„Du solltest lernen, mit uns auszukommen", regte sich die Ziege auf.

„Habt ihr denn mal versucht, mit den Gorillas zu reden?", fragte Herr Noah freundlich.

„Mit ihnen reden?", empörte sich der Pfau. „Ich? Das meinst du doch nicht im Ernst!"

„Darf ich den Vorschlag machen, dass du mit ihnen redest, Herr Noah, wenn es denn sein muss", mischte sich der Löwe ein. „Gott hat dich zu unserem Kapitän bestimmt, unserem furchtlosen Führer. Und es ist deine Pflicht, uns schwache Tiere vor Gefahren zu beschützen." Er lächelte und zeigte dabei seine starken, wohlgeformten Zähne.

„Dachte mir schon, dass du das sagen würdest",

murmelte Herr Noah und zog sich in seine Kabine zurück.

„Du siehst, Gott", sagte Herr Noah, „dass ich auch Angst vor den Gorillas habe. Aber das weißt du ja sowieso schon. Sie sind so riesig und so stark und so haarig." Er schauderte. „Sie könnten zornig werden, wenn ich mit ihnen rede, und an einen wütenden Gorilla wage ich gar nicht zu denken." Er schloss die Augen. „Ganz zu schweigen von zwei zornigen Gorillas!"

Mit diesen Worten stieg Herr Noah ins Bett. Aber es dauerte lange, bis er endlich einschlief. Von einem donnernden Geräusch wurde er geweckt. Die Arche erbebte heftig, und Herr Noah wurde aus dem Bett geschleudert.

Das Geräusch hatte auch die meisten Tiere in der großen Halle aufgeweckt. Als Herr Noah hereinkam, erbebte die Arche wieder und neigte sich plötzlich zur Seite. Die Tiere schlitterten ans andere Ende, und die Vögel flogen aufgeregt von ihren Stangen hoch hinauf in die Dachsparren.

„He … ho, Achtung!", rief das Pferd und rutschte an der Giraffe vorbei.

„Sind wir gelandet?", quiekte die Ratte, während sie versuchte, sich am Boden festzukrallen.

„Als dein Stellvertreter, Herr Noah", sagte der Löwe und klammerte sich an einen Holzbalken,

„sollte ich darüber informiert werden, wenn sich das Schiff so unvorschriftsmäßig verhält. Das ist sehr ... sehr ... unwürdig ...“

Die Arche bebte noch einmal. Der Löwe verlor den Halt und stieß heftig mit dem Tiger zusammen.

„Ich weiß selbst nicht, was hier los ist“, seufzte Herr Noah verzweifelt. „Aber ich werde sofort versuchen, es herauszufinden.“

„Bestimmt sind diese Gorillas schuld daran“, meckerte die Ziege. „Wahrscheinlich hüpfen sie am anderen Ende der Arche auf und ab, damit sie umkippt.“

Herr Noah stieg die Leiter hinauf, die zur Dachluke führte, und spähte hinaus. Was er sah, ließ ihn erbleichen. Schnell kletterte er wieder ins Schiffsinnere zurück.

„Die Arche scheint auf Grund gelaufen zu sein",

„Heißt das, dass nun alles vorbei ist?", fragte das Schwein voller Hoffnung. „Sag, Herr Noah, sind wir gelandet?"

„Nein", sagte Herr Noah. „Ich fürchte, wir haben etwas gerammt."

„Ich wusste es!", kreischte der Emu. „Wir sind mit einem Eisberg zusammengestoßen! Wir werden alle ertrinken!"

„Unsinn", entgegnete der Eisbär. „Hier gibt es gar kein Eis. Es ist viel zu warm." Und er fächelte sich mit seiner mächtigen Pranke Luft zu.

„Ich glaube, die Arche hängt zwischen zwei Berggipfeln fest", sagte Herr Noah.

„Dann wird's ja nicht lange dauern, bis sie in ihre Einzelteile zerfällt", murmelte der Affe düster.

„Wir werden alle ertrinken!", kreischte der Emu. „Wir sitzen in der Falle und werden alle ertrinken!"

Der Strauß schluchzte laut auf und versuchte, seinen Kopf in den Holzboden zu stecken.

„Unsinn", stieß Herr Noah mit einer Gewissheit hervor, die er selbst keineswegs verspürte. „Gott wird uns niemals ertrinken lassen."

„Warum lässt er uns dann zwischen diesen Felsen festhängen?", fragte der Schakal mit aalglatter Stimme.

Die Arche erbebte noch einmal.

„Ich werde versuchen, die Arche abzustoßen", sagte Herr Noah.

„Hast du denn Ruder?", wollte der Biber zweifelnd wissen.

„Nein", gab Herr Noah kleinlaut zu. „Gott hat nichts von Rudern gesagt."

„Siehst du?", zischte die Gans jedem zu, der es hören wollte oder nicht, „er gibt immer Gott die Schuld!"

Herr Noah kletterte wieder aufs Dach. Der Wind blies heftig und der Regen prasselte nur so nieder. Das Dach war sehr rutschig. Herr Noah kroch bis zum Heck der Arche, das eingeklemmt war, und stemmte sich mit den Händen gegen den Felsen. Aber nichts rührte sich. Er presste noch fester. Dann rief er seine drei Söhne und ihre Frauen herbei, und sie alle schoben und drückten. Doch es nützte nichts. Die Arche steckte fest.

In der Halle wurden die ersten Tiere seekrank.

„Das ist eine schreckliche Art zu reisen", stöhnte das Kamel. „Ein Königreich für eine Wüste!"

„Ich hab ja immer gesagt, dass die Sache nicht gut ausgehen kann", kreischte der Affe altklug.

Oben auf dem Dach verhandelte ein völlig erschöpfter Herr Noah mit Gott: „Du kanst doch nicht wollen, dass unsere Reise so endet, Gott", sagte er. „Nicht nach all der Mühe, die du dir gemacht hast, um uns zu retten. Bitte sag mir doch, was ich tun soll."

Die Luke ging auf.

„Tut mir leid, wenn ich störe, Herr Noah", dröhnte eine Stimme, die sich sehr um Zurückhaltung bemühte, „aber vielleicht könnten wir helfen?"

Herr Noah drehte sich um und fiel beinahe vom Dach, als er die beiden riesigen, tiefschwarzen und dicht behaarten Gorillas hinter sich erblickte.

„Wir wollen uns ja nicht einmischen", sagte die Frau des Gorillas ruhig und etwas schüchtern. „Wir drängen uns nicht gern in den Vordergrund, weißt du. Bitte sag uns, wenn wir fortgehen sollen."

„Nein, nein", stotterte Herr Noah, der sich von seinem ersten Schreck erholt hatte. „Bitte bleibt. Ich glaube, ihr seid die Antwort auf mein Gebet. Könntet ihr ... würdet ihr ... uns von den Felsen abstoßen?"

„Wir können's ja mal versuchen", sagte der Gorilla. „Was meinst du, mein Täubchen?"

Seine Frau nickte eifrig. „Natürlich, wir sollten es auf jeden Fall probieren."

Die beiden Gorillas krallten sich mit ihren massigen Füßen ins Dach der Arche, pressten ihre riesigen Arme gegen die Felsen und stöhnten.

Die Arche knarrte und ächzte. Und plötzlich – plötzlich glitt sie mit einem lauten, schmatzenden Geräusch wieder aufs freie Wasser. Die Bewegung war so heftig, dass die Gorillas beinahe das Gleichgewicht verloren.

Unter dem lauten Beifall der anderen Tiere stiegen sie vom Dach herunter.

„Ein Hoch auf die Gorillas!", trompetete der Elefant.

„Nein … nein … keine Ursache", beschwich-

363

tigte der Gorilla und versuchte, sich hinter Herrn Noah zu verstecken.

„Hip, hip …!"

„Bitte nicht … das alles ist uns sehr peinlich", genierte sich die Frau des Gorillas.

„Es tut uns … hm … sehr leid, wenn wir euch Grund gegeben haben, zu glauben, wir würden … äh …", begann der Löwe.

„Nicht der Rede wert", versicherten ihm die Gorillas.

„Es war nur, weil ihr wie Ungeheuer ausseht", mischte sich der Esel ein. „Zumindest hat das die Ziege gesagt. Aber da ich noch nie ein Ungeheuer gesehen habe, kann ich nicht beurteilen, ob's stimmt."

„Wir wissen, wie ihr euch gefühlt habt", meinte die Frau des Gorillas verständnisvoll. „Deshalb haben wir versucht, euch in Ruhe zu lassen. Wir sind eigentlich sehr friedliebende Tiere. Wir würden keiner Fliege etwas zuleide tun."

„Gut zu wissen", murmelte die Fliege.

„Danke", seufzte Herr Noah. „Ihr habt die Arche vor dem Untergehen bewahrt."

„Unsinn", krächzte der Adler von seinem Platz hoch oben im Dach.

„Was willst du damit sagen?"

„Wenn du gewartet hättest, bis der Wasserspiegel

weiter gestiegen wäre, wäre die Arche von selbst wieder freigekommen."

„Warum hast du das nicht früher gesagt", wollte Herr Noah wissen.

„Du hast mich nicht gefragt", erwiderte der Adler schnippisch und schloss die Augen.

„Aber wenn die Gorillas uns nicht zu Hilfe gekommen wären, hätten wir alle immer noch Angst vor ihnen", wandte der Esel ein.

„Das ist richtig", sagte Herr Noah. „Vielleicht haben wir alle eine wichtige Lektion gelernt."

Er ging zum Gorilla hinüber und ergriff seine Hand. „Man sollte nie jemanden nach seinem Äußeren beurteilen."

Später am Abend, als Herr Noah gerade schlafen gehen wollte, kam ihm plötzlich ein Gedanke. „Du wusstest, dass die Arche mit der steigenden Flut von selbst freigekommen wäre, Gott. Stimmt's?", fragte er.

„Du musst doch nicht alles wissen, Noah", antwortete Gott.

Sag die Wahrheit!

Der erste schwache Schimmer des Tageslichts fiel auf eine graue, nasse Welt. Unaufhaltsam prasselte der Regen aus den finsteren Wolken nieder. Auf dem Wasser schwamm die Arche und schaukelte wie eine Nussschale auf und ab, dem Wind und den Wellen scheinbar hilflos ausgeliefert.

Im Innern der Arche schliefen die meisten Tiere noch tief und fest. Doch als der Morgen anbrach, rappelte sich der Hahn auf, atmete tief ein und krähte aus Leibeskräften.

„Ki-ke-ri-ki! Ki-ke-ri-ki!"

Dann fragte er seine Frau: „Findest du nicht auch, dass meine Stimme heute Morgen besonders schön klingt?"

Die Henne nickte bewundernd.

Der Hahn plusterte sich auf. „Ki-ke-ri-ki! Zeit, aufzustehen, ihr Schlafmützen!"

Die Tiere begannen sich zu regen.

„Kannst du nicht mal die Luft anhalten?", schimpfte der Tiger verschlafen.

„Ki-ke-ri-ki!"

„Ki-ke-ri-ki dich selbst", schnauzte der Fuchs den Hahn an. „Hör endlich mit diesem Krach auf.

Sonst sorge ich dafür, dass du ruhig bist. Und zwar für immer!"

Dabei fletschte er die Zähne und sprang auf den Hahn zu. Der stieß einen heiseren Schrei aus und machte sich schnell aus dem Staub. Der Fuchs lachte.

„Habt ihr das gesehen?", krähte der Hahn tonlos. „Gewalt! Ich bin mit Gewalt bedroht worden."

„Selbst schuld, warum hast du auch so laut gekräht", meinte der Tiger wenig mitfühlend. „Das mag auf einem Bauernhof ja ganz schön sein, aber hier sind wir in der Arche, und ich sehe keinen Grund, früh aufzustehen."

„Ich auch nicht", stimmte das Krokodil zu. „Schlafen hilft, die Zeit zu vertreiben."

„Es ist noch nicht mal Tag", meckerte die Ziege.

„Ist es wohl", stritt der Hahn. „Und zwar ein sehr schöner."

„Von wegen schön!", trällerte die Lerche von hoch oben im Dach. „Es ist wieder ein scheußlicher, trüber Tag!"

„Ki-ke-ri-ki!", krähte der Hahn.

„Ich leg mich jedenfalls wieder schlafen", murmelte die Ziege. „Und wenn du dein dummes Krähen nicht lässt, dann werde ich, werde ich …"

„Dich fressen", schlug der Fuchs vor.

„Ich fresse keine Tiere. Ich fresse nur Gras und Blätter", wies die Ziege ihn zurecht.

„Aber ich liebe Fleisch", grinste der Fuchs und leckte sich die Lippen. „Ich würde mich gern an deiner Stelle um den Hahn kümmern. Sehr gern. Und um die Henne natürlich auch. Besonders um die. Was für ein hübsches, molliges Vögelchen sie doch ist. Genau wie ich es liebe."

Er sprang auf die Henne zu, und die flatterte unter lautem Gegacker auf.

„Lass bloß meine Frau in Ruhe!", rief der Hahn. „Du Rüpel!"

„Wenn du so schimpfst, hört sich dein Krähen an wie eine … wie eine röchelnde Ente", ärgerte ihn der Fuchs.

„Quack", machte die Ente. „Hat da jemand von mir gesprochen?"

Der Hahn plusterte sich auf. „Noch nie in meinem Leben bin ich derart beleidigt worden!"

Er warf sich in die Brust und krähte, so laut er konnte: „Ki-ke-ri-ki! Ki-ke-ri-ki!"

Herr Noah hörte den Krach. Noch im Halbschlaf und gar nicht ganz angezogen stürmte er in die Halle.

„Was ist denn hier los?", fragte er.

„Eine ganze Menge", ereiferte sich der Hahn. „Der Fuchs hat mich und meine Frau angegriffen."

„War doch nur ein Scherz", grinste der Fuchs.

„Komischer Scherz. Er hat gesagt, er würde uns fressen."

Der Tiger blinzelte mit dem rechten Auge. „Das hat er nur gesagt, weil der Hahn unbedingt mitten in der Nacht krähen wollte."

„Was heißt hier mitten in der Nacht", schnauzte der Hahn ihn an. „Es ist früh am Morgen. Hähne begrüßen den neuen Tag immer mit einem fröhlichen Krähen."

„Wenn ich der neue Tag wäre", zischte der Fuchs, „dann würde ich nur zu gern auf deine Begrüßung verzichten."

„Nun, Fuchs", griff Herr Noah ein, „du kennst die Vorschriften: Kein Tier frisst während der Reise ein anderes auf."

„Regeln sind da, um gebrochen zu werden", murmelte der Fuchs.

Herr Noah blickte ihn streng an. „Diese Regeln sind zum Besten von allen gemacht."

„Aber die Versuchung ist so groß, Herr Noah", winselte der Fuchs und warf dabei sehnsüchtige Blicke auf den Hahn und die Henne. „Stell dir das doch mal vor: Jeden Tag läuft dir dein Lieblingsessen vor der Nase herum, während du kurz vorm Verhungern bist."

„Aber du bist nicht am Verhungern", erwiderte Herr Noah.

„Das nicht gerade. Aber wenn ich fresse, was du uns gibst, schmeckt's bei Weitem nicht so gut", grinste der Fuchs. „Ich mag mein Essen eben lieber lebendig. Regt meine Geschmacksnerven an. Und die Jagd nach frischem Fleisch erhöht das Essvergnügen erheblich." Wieder leckte er sich lustvoll die Lippen. „Es ist wirklich kaum zu ertragen, zwei so köstliche Bissen herumstolzieren zu sehen. Und sehr gefährlich", fügte er hinzu. „Denn der Hahn weckt mich durch sein Krähen aus tiefsten Träumen auf. Womöglich verspeise ich ihn im Halbschlaf, ohne es zu merken."

„Dann schläfst du am besten auf der anderen Seite der Halle, weit weg von der Versuchung", entschied Herr Noah.

Der Fuchs seufzte und schlich davon.

Doch am nächsten Morgen war er schon lange

vor dem Hahn wach. Er schlich an der Wand der Halle entlang, bis er direkt vor dem Hühnerstall stand.

Der Hahn erwachte, sah den blassen Schimmer Tageslicht, der durch die Dachluke drang, erhob sich und atmete tief ein.

Der Fuchs sprang vor und fletschte die Zähne. Entsetzt hüpfte der Hahn hoch in die Luft und stieß einen lauten Schrei aus.

„Wie eine röchelnde Ente", rief der Fuchs lachend und schlich wieder in seinen Bau auf der anderen Seite der Halle.

Der Hahn war fuchsteufelswild. „So kann das nicht weitergehen!", zeterte er.

Sein Geschrei weckte den Tiger auf, der brüllte: „Kannst du eine arme alte Kreatur nicht in Frieden schlafen lassen?"

„Du bist einer von Herrn Noahs Stellvertretern", schimpfte der Hahn. „Erheb also deinen faulen Hintern und tu was!"

„Na gut." Der Tiger stand auf. „Für ein Leben in Frieden tu ich alles."

Der Fuchs protestierte. „Aber das war doch nur ein Scherz!"

„Das weiß ich. Und unter uns gesagt, mir tät's nicht leid, wenn diesem Hahn mal was zustieße."

„Na also."

„Aber es ist jetzt einfach nicht dran. Wir würden Herrn Noah enttäuschen."

Der Fuchs zuckte die Achseln. „Was hat Herr Noah damit zu tun?"

„Er hat uns gerettet. Sonst wären wir schon längst ertrunken."

„Das war nicht er. Gott hat uns gerettet."

„Na gut", lenkte der Tiger geduldig ein. „Dann enttäuschen wir eben Gott."

Am folgenden Tag, als Herr Noah das untere Deck der Arche sauber machte, fand er eine einzelne weiße Feder auf dem Boden. Ein wenig weiter fand er noch eine. Eine ganze Federspur führte um das Innere der Arche herum.

Herr Noah ging in die große Halle.

„Was hat das alles zu bedeuten?", fragte er streng.

„Ach, Herr Noah", gackerte die Henne. „Herr Noah, es war der Fuchs!"

Der Fuchs blinzelte. „Ich?"

„Er hat mich um die ganze Arche herumgejagt und mir die Federn ausgerupft. Ich habe fast einen Herzanfall gekriegt, solche Angst hatte ich!"

„Das ist doch gelogen!", protestierte der Fuchs. „Ich hab gar nichts gemacht."

„Er hat gesagt, er würde mich fressen, wenn er mich wieder erwischt."

Herr Noah wandte sich an den Fuchs. „Nun?"

„Sie lügt", sagte der Fuchs.

„Warum sollte sie lügen? Jemand hat ihre Federn herausgerupft, und sie ist offenbar sehr aufgebracht. Ich werde den Hahn und die Henne in einem andern Teil der Arche unterbringen, damit sie endgültig aus der Gefahrenzone sind."

Für einige Tage herrschte tatsächlich Frieden. Der Hahn und die Henne wohnten jetzt in einem so abgelegenen Teil der Arche, dass sein Krähen die anderen Tiere nicht weckte. Und über den Fuchs gab es auch keine weiteren Klagen.

Doch eines Abends suchten der Hahn und die Henne Herrn Noah auf.

„Er fängt schon wieder an", sagte der Hahn.

„Was ist denn passiert?", wollte Herr Noah wissen.

„Los", stubste der Hahn die Henne an, „sag's ihm."

„Ich hab gerade nach ein paar Körnern gescharrt, als der Fuchs seinen Kopf über den Rand meines Stalls steckte und grinste. ‚So ist's richtig', sagte er. ‚Mäste dich nur schön fett. Dann schmeckst du mir noch besser.'" Die Henne schniefte. „Ich bin so aufgeregt, ich kann gar keine Eier mehr legen."

„Du solltest ihn einsperren", meinte der Hahn. „Er ist eine öffentliche Bedrohung."

„Gut", erwiderte Herr Noah. „Überlasst die Sache mir."

Doch der Hahn und die Henne hatten noch viel

mehr zu sagen, bevor sie endlich wieder in ihren Stall zurückkehrten und Herr Noah mit Gott sprechen konnte.

„Was soll ich bloß tun, Gott?", fragte er. „Wenn der Fuchs tatsächlich die Henne frisst, werden auch alle anderen Tiere anfangen, einander aufzufressen. Wenn dann der Wasserspiegel sinkt und die Arche irgendwo landet, werden keine Tiere mehr übrig sein, um die Welt neu zu besiedeln. Mir gefällt der Gedanke nicht, den Fuchs einzusperren, aber was soll ich anderes machen?"

Gott schwieg einen Augenblick.

„Es ist nicht so einfach, wie es scheint", sagte er schließlich.

„Nein?"

„Unternimm im Augenblick gar nichts, Noah. Halte nur deine Augen und Ohren offen, dann wirst du die Wahrheit herausfinden."

„Ja, Gott. Und ich werde den Fuchs im Auge behalten und darauf achten, dass er den Hühnern nicht zu nahe kommt."

„Behalte auch die Hühner im Auge."

„Ja natürlich. Ich werde dafür sorgen, dass sie sicher sind."

Als Herr Noah gerade auf dem Weg zum Hahn und der Henne war, um ihnen einen Besuch abzustatten, hörte er sie miteinander reden.

„Also, das nächste Mal sage ich, dass der Fuchs meinen Flügel geschnappt hat, oder?" fragte die Henne.

„Ja, aber sag, dass er losgelassen hat, als ich dir zu Hilfe kam", entgegnete der Hahn.

„Er hat losgelassen, als du mir zu Hilfe kamst", wiederholte die Henne.

„Das wird ihm eine Lehre sein!", lachte der Hahn und krähte schadenfroh.

Herr Noah trat vor. „Ich habe gehört, was ihr beide geredet habt. Ihr habt mich also angelogen. Stimmt's?"

Der Hahn und die Henne ließen die Köpfe hängen. „Nun ja", gaben sie zu.

„Warum?"

„Die Versuchung war zu groß", erklärte die

Henne. „Hier hatten wir endlich mal die Gelegenheit, es ihm heimzuzahlen. Schließlich würde er uns tatsächlich fressen, wenn er könnte."

„Viele Tiere in der Arche würden einander auffressen. Ich hab euch doch schon so oft gesagt, dass ihr alle eigens von Gott ausgewählt worden seid, um vor der großen Flut gerettet zu werden. Und ihr wart damit einverstanden, einander während dieser Reise in Ruhe zu lassen."

Der Hahn und die Henne sahen einander an.

„Das war nicht der einzige Grund, oder?"

„Nein", sagte der Hahn. „Dieser Fuchs hat sich sehr unverschämt über mein Krähen geäußert. Er hat gesagt … er hat gesagt, dass ich mich anhöre wie eine röchelnde Ente."

„Das war sehr unverschämt und unfreundlich", empörte sich die Henne.

„Ihr wolltet also dem Fuchs eine Lektion erteilen, ist es so?"

„Ja."

„Kommt mit", entschied Herr Noah. „Ich glaube, ihr müsst euch beim Fuchs entschuldigen. Und – falls ich einen Vorschlag machen dürfte – warum hörst du nicht einfach mit diesem Gekrähe am frühen Morgen auf?"

„Das kann ich nicht", entrüstete sich der Hahn. „Ich muss krähen. Das liegt in meiner Natur."

„Und in der Natur des Fuchses liegt es, nach Beute zu jagen", gab Herr Noah freundlich zu bedenken. „Dennoch war er damit einverstanden, das auf dieser Reise zu unterlassen."

Der Hahn schwieg.

„Könntest du nicht zu einer anderen Tageszeit krähen? Vielleicht wenn es Zeit ist, zu essen? Das würde die anderen Tiere sicher nicht stören."

„Na gut", murmelte der Hahn.

Mit dieser Lösung waren auch die anderen Tiere glücklich. Und für den Rest der Reise krähte der Hahn nur zu den Essenszeiten.

Wir passen wirklich nicht zusammen

Als Herr Noah die Arche baute, wies Gott ihn darauf hin, den Quartieren der Tiere besondere Aufmerksamkeit zu schenken.

„Ich möchte, dass die Tiere, die ich vor der Flut rette, es während der Reise so bequem wie möglich haben", sagte Gott.

Herr Noah hatte lange über die Sache nachgedacht. Schließlich war er recht zufrieden mit den

Plänen, die er entworfen hatte. Vor allem, weil er von den meisten Tieren gar nicht wusste, wie sie aussahen.

Als ein Kamel an Bord kam, hieß Herr Noah es willkommen und zeigte ihm sein Quartier.

„Es wird dir bestimmt gefallen", sagte er, als er es ins untere Deck führte. „Es ist ein bisschen eng, fürchte ich – nicht wie deine Heimat in der Wüste – aber ihr beide werdet es sicher recht bequem haben."

„Beide?", fragte das Kamel entsetzt. „Was meinst du mit ‚beide'?"

„Nun, deine Frau, das andere Kamel", sagte Herr Noah überrascht. „Ich nehme an, sie wird bald hier sein."

„Ich weiß nicht, wovon du sprichst", meinte das Kamel von oben herab.

„Aber Gott hat bestimmt, dass zwei von jeder Tierart in der Arche mitfahren sollen."

„Davon hat mir keiner was gesagt. Und ich bin auch nicht sicher, ob mir das gefällt."

Eine Weile später begrüßte Herr Noah ein zweites Kamel auf der Arche: „Dein Mann ist schon da. Ich habe ihm sein Quartier gezeigt."

„Mann? Ich hab gar nicht gewusst, dass ich einen habe."

„Nun", begann Herr Noah, dem langsam unbehaglich zumute wurde. „Die meisten Tiere sind hier zu zweit angekommen. Ich war, ehrlich gesagt, ein wenig überrascht, als dein Mann allein eintraf, weil Gott doch will, dass jeweils ein Paar von jeder Tierart an Bord geht."

„Hm", machte das zweite Kamel trocken.

„Ich bin auch ein wenig überrascht, weil … Nun, du wirst ja selbst sehen."

Herr Noah brachte das zweite Kamel zum Quartier.

„Hier ist es."

Die beiden Kamele starrten einander an.

„Wer", fragte das erste Kamel entsetzt, „ist denn das?"

„Das zweite Kamel", erwiderte Herr Noah kurz.

„Diese Kreatur ist kein Kamel."

„Das könnte ich von dir auch behaupten", keifte das zweite Kamel.

„Wie kannst du es wagen! Ich bin zufällig ein Dromedar, eine weitaus höhere Kamelrasse, das möchte ich doch sehr betonen."

„Nun, ich bin auch eine höhere Rasse. Ich bin aus Baktrien."

„Nie gehört!"

Herr Noah blickte nervös von einem Kamel zum anderen. „Aber ihr seid beide Kamele. Ich meine, ihr habt beide Höcker."

„Das", sagte das Dromedar, „ist Ansichtssache."

„In der Tat", meinte das Kamel aus Baktrien. „Wenn es um Höcker geht, wirst du zugeben müssen, dass ich im Vorteil bin. Ich habe schließlich zwei Höcker. Du hast nur den einen."

„Besser einen perfekten Höcker als zwei minderwertige."

Die beiden Kamele starrten einander zornig an.

„Nun", räusperte sich Herr Noah nervös. „Ich überlasse euch beide am besten euch selbst, damit ihr euch … äh … in aller Ruhe miteinander anfreunden könnt." Dann machte er sich schleunigst aus dem Staub.

„Ist hier irgendwas falsch gelaufen, Gott?", fragte Herr Noah wenig später.

„Nein", antwortete Gott. „Es hat alles seine Richtigkeit."

„Aber ich hab das Gefühl, dass die beiden Kamele einander nicht sonderlich mögen."

„Das wird sich schon noch ändern."

Doch je mehr Zeit verging, desto weniger schienen sich die beiden Kamele leiden zu können.

„Zwei Höcker kommen sehr häufig vor", sagte das Dromedar. „Einer ist viel eleganter."

Das Kamel aus Baktrien zuckte nur mitleidig die Schultern: „Ich weiß wirklich nicht, wie du mit nur einem Höcker auskommst. Ich würde mich damit schrecklich unvollständig fühlen."

Beide gingen getrennt zu Herrn Noah und baten, er möge ihnen jeweils ein Quartier am entgegengesetzten Ende der Arche zuweisen.

„Tut mir leid, aber es ist einfach kein Platz da", bedauerte Herr Noah. „Versucht doch noch mal, besser miteinander auszukommen."

„Auskommen? Mit dieser … dieser Missgeburt?", erregte sich das Dromedar.

„Du machst wohl Witze!", schimpfte das Kamel aus Baktrien.

Die beiden Kamele sprachen nur noch miteinander, wenn sie sich wieder eine neue Beleidigung ausgedacht hatten. Nachts bissen und traten sie einander. Es war der reinste Albtraum für die anderen Tiere, die in ihrer Nähe schliefen. Und schon bald gab es ernste Klagen.

„Schlimm genug, in der Nähe von Tieren schlafen zu müssen, die grunzen, schnauben, quieken und schnarchen. Aber dann noch diese Kamele, die sich immer zanken und raufen – das ist einfach zu viel!", grollte der Löwe. „Ständig herrscht eine unerträgliche Unruhe, Herr Noah. Ich schlage vor, dass du ganz schnell etwas dagegen unternimmst."

„Ach du liebe Güte. Ich dachte, dass die Kamele sich inzwischen ein wenig angefreundet hätten."

Herr Noah redete den Kamelen noch einmal ins Gewissen, doch es nützte nicht viel.

„Tut mir leid", sagte das Kamel aus Baktrien. „Aber ich habe nicht damit angefangen. Du solltest mit diesem einhöckerigen Ungeheuer sprechen, nicht mit mir."

„Keiner hat mir gesagt, dass ich mein Quartier mit einer zotteligen, zweihöckerigen Missgeburt teilen muss!", gab das Dromedar zurück.

„Als Gott die Kamele erschuf, hat er sicher mit dir experimentiert und dann erst herausgefunden, dass zwei Höcker viel schöner sind!", rief das Baktrien-Kamel.

„Du warst das Experiment. Ich war das Endpro-
dukt!"

Herr Noah lief schnell weg. „Ich muss sie wohl
trennen, Gott, oder was meinst du?"

„Tu, was du für richtig hältst, Noah."

„Sie scheinen einander abgrundtief zu hassen."

„Hass? Glaubst du, es ist Hass?"

„Nun ja, Liebe ist es ja wohl auf keinen Fall",
entgegnete Herr Noah und machte sich auf die Suche nach einem anderen Quartier für das Kamel
aus Baktrien.

Nachdem die beiden Kamele getrennt waren,
konnten zwar alle friedlicher durchschlafen, aber
bei Tage wurde die Atmosphäre in der Arche nicht
besser. Die beiden Kamele stritten nur noch heftiger miteinander. Die anderen Tiere wurden den
ständigen Zwist langsam leid.

„Ihr seid doch beide Kamele, oder nicht?", fragte
der Fuchs. „Warum macht ihr euch dann gegenseitig das Leben so schwer? Ich könnte ja noch
verstehen, wenn die Hyäne und ich ständig Ärger
miteinander hätten. Aber ihr beide habt doch so
viel gemeinsam. Da müsstet ihr euch eigentlich gut
verstehen."

„Ich komme doch gut mit dir aus, Fuchs", wunderte sich die Hyäne. „Ich finde, du bist ein sehr
witziges und amüsantes Tier."

„Wirklich? Danke vielmals. Ich finde dich eigentlich auch ganz nett."

Das Dromedar starrte den Fuchs zornig an. „Erstens bin ich keine Hyäne, und das ist auch nur gut so. Zweitens bin ich kein Fuchs, und das möchte ich noch weniger sein, denn ich finde, du bist ein sehr leichtfertiges Tier. Drittens ..." Das Dromedar stockte. „Ich habe vergessen, was das Dritte war."

Das Kamel aus Baktrien lachte gehässig. „Du leidest wohl langsam an Hirnerweichung? Das kommt davon, wenn man nur einen Höcker hat."

„Ihr fallt mir beide auf den Wecker mit euren Höckern", stöhnte der Affe verdrießlich.

„So ein Höcker ist schon etwas sehr Merkwürdiges", bemerkte die Dohle nachdenklich. „Was habt ihr denn da drin?"

„Ich habe auch einen Höcker", sagte die Schnecke. „Aber das ist mein Haus. Es ist sehr nützlich, weil ich mich darin verkriechen kann, wenn es regnet."

„Und warum verkriechst du dich jetzt nicht darin?", fragte die Dohle. „Es regnet doch, oder?"

„Nein, hier drin nicht."

Die Dohle wandte sich wieder den Kamelen zu. „Verkriecht ihr euch in euren Höckern, wenn es regnet?"

„Natürlich nicht", antwortete das Dromedar. „Ich hebe dort Vorräte auf."

Das Kamel aus Baktrien lächelte süß. „Ich kann doppelt so viel Nahrung aufbewahren wie er, weil ich zwei Höcker habe."

Wütend trat das Dromedar nach dem Kamel aus Baktrien. Das drehte sich um und biss dem Dromedar in den Po. Es gab erst wieder Frieden, als Herr Noah beide Tiere in ihre Schlafquartiere schickte.

„Was soll ich nur mit ihnen anfangen, Gott?"

„Mach dir keine Sorgen, Noah."

„Leicht gesagt! Du siehst doch, wie sehr sie die anderen Tiere aufregen."

Einige Tage lang sah und hörte man weder das eine noch das andere Kamel. Die beiden ließen sich auch nirgends blicken.

„Vielleicht hat Herr Noah sie eingesperrt", vermutete der Fuchs voller Hoffnung.

„Vielleicht überlegen sie auch nur, wie sie einander umbringen können", überlegte der Ochse.

„Vielleicht haben sie es schon gemacht und sind deshalb so still", meinte die Ratte.

In dem Augenblick betrat das Dromedar die Halle. Den Tieren stockte der Atem. Denn sein Höcker, der vorher schon ziemlich groß gewesen war, hatte nun ein solches Ausmaß angenommen, dass das Dromedar ganz langsam und vorsichtig

gehen musste, um nicht aus dem Gleichgewicht zu geraten.

Die Ratte kicherte, der Ochse schnaubte, und der Fuchs brach in schallendes Gelächter aus. Dann fingen alle Tiere an zu lachen. Das Dromedar warf ihnen einen verächtlichen Blick zu, drehte sich – mit großer Mühe – herum – und stolzierte davon.

„Was, um Himmels willen, macht es da eigentlich?", fragte die Dohle.

„Keine Ahnung. Aber es sieht ziemlich lächerlich aus", bemerkte der Fuchs.

Einige Tage später kam Ham, der die größeren Tiere fütterte, aufgeregt in die Halle gerannt.

„Vater, Vater, du musst sofort kommen!"

Herr Noah folgte Ham eilends zu dem Schlafquartier des Kamels aus Baktrien. Er schaute das Kamel an, das auf seinem Strohlager lag, und erschrak: Die beiden Höcker waren völlig eingeschrumpft, und die Haut hing dem Kamel lose über den Rücken. Das Essen stand unberührt neben dem Bett.

„Bist du krank?", fragte Herr Noah besorgt.

Das Kamel blickte erschöpft auf. „Nein, nicht krank", flüsterte es unter Tränen.

Nach dieser Begegnung führte Herr Noah ein langes Gespräch mit Gott. Danach suchte er das Dromedar auf.

„Das Kamel aus Baktrien stirbt. Es will nicht fressen."

„Schön blöd. Aber das interessiert mich nicht. Oder erwartest du etwa, dass ich irgendwas dagegen tue?"

„Ich weiß nicht, ob du irgendwas tun sollst. Ich dachte nur, du solltest es wissen."

„Oh", wunderte sich das Dromedar.

Spät am Nachmittag schwankte plötzlich ein Ende der Arche heftig. Herr Noah wollte der Ursache auf den Grund gehen. Doch der Weg war ihm versperrt. Der Höcker des Dromedars klemmte in der Tür, die zur Schlafstelle des Kamels aus Baktrien führte.

„Hilfe, ich stecke fest! Helft mir! So helft mir doch!", schrie das Dromedar verzweifelt.

Am Ende brauchte es die vereinten Bemühungen von Herrn Noah, Ham, Sem, Jafet, den beiden Nashörnern und einem Nilpferd, um das Dromedar durch die Tür in die Koje des Kamels zu drücken.

Das Kamel versuchte aufzustehen. Aber es konnte nur kurz den Kopf heben, als das Dromedar sich mit seinem wund gescheuerten, blutenden Höcker zu ihm niederbeugte und flüsterte: „Tut mir leid. Ich habe mich wirklich unmöglich benommen. Ich war neidisch auf deine beiden Höcker. Deshalb habe ich Unmengen gefressen, weil ich hoffte, dass mir dann vielleicht auch ein zweiter Höcker wächst. Dabei habe ich mich zum Gespött der ganzen Arche gemacht und mir an meinem einen Höcker sehr wehgetan."

„Und ich habe aufgehört zu essen, weil ich auf dich neidisch war", gab das Kamel aus Baktrien verschämt zu. „Ich dachte, einer meiner Höcker würde verschwinden, wenn ich faste."

Beide schauten Herrn Noah verlegen an.

„Dürfte ich wohl hier bei meiner Freundin bleiben?", fragte das Dromedar. „Nur, bis sie wieder laufen kann?"

„Und bis der Höcker von meinem Freund geschrumpft ist, sodass er wieder leicht durch die Tür kommt?", fügte das Kamel aus Baktrien hinzu.

Sie sahen einander an und lächelten. Herr Noah ließ die beiden Kamele beieinander und kehrte zufrieden in seine Kabine zurück.

Alles hört auf dein Kommando

Der große Aufstand der Tiere entzündete sich an einem kleinen Häufchen Nüsse, die sich das Eichhörnchen genommen hatte. Es hatte sie nicht etwa gestohlen. Nein, es hatte Ham, Herrn Noahs mittleren Sohn, gefragt, ob es sie nehmen dürfe.

„Meine Frau und ich haben beschlossen, die meiste Zeit zu verschlafen, die wir hier in der Arche sind. Für unseren ausgiebigen Winterschlaf möchten wir gern einen kleinen Vorrat an Nüssen anlegen, damit wir etwas zu Beißen haben, falls wir einmal aufwachen und was zwischen die Zähne brauchen."

Aber Ham hatte es verboten. „Hier auf der Arche ist für alles gesorgt. Kein Tier braucht Vorräte zu sammeln. Wir haben gerade genug, dass es für alle reicht."

Da war das Eichhörnchen ins Vorratslager gegangen und hatte sich die Nüsse einfach genommen.

„Das ist kein Diebstahl", erklärte es seiner Frau. „Denn wir essen ja nur, falls wir wirklich aufwachen. Wenn man's genau bedenkt, tun wir Herrn Noah sogar einen Gefallen, weil wir uns selbst um unsere Nahrung kümmern. Sie steht uns ja zu und ist auch eingeplant. Wir nehmen niemandem etwas weg."

Leider war Ham anderer Meinung. Er hatte dem Eichhörnchen eine mächtige Standpauke gehalten und dessen gesamten Nussvorrat in seine Kabine geschafft. „Hier sind die Nüsse wenigstens vor Dieben wie dir sicher."

Das Eichhörnchen war sehr aufgebracht.

„Er hatte kein Recht, meine Nüsse wegzunehmen! Überhaupt kein Recht! Und ich habe sie nicht gestohlen! Ich habe ihn ganz höflich gefragt, ob ich ein paar haben könnte, und was war der Dank dafür? Nichts als eine freche Antwort!"

„Warum beschwerst du dich nicht?", fragte der Pfau und schlug ein prächtiges Rad mit seinen Schwanzfedern. „Ich beschwere mich ständig. Nicht, dass jemand auch nur die geringste Notiz davon nähme. Aber ich sage jedenfalls, was ich denke."

„Das ist eine gute Idee", fand das Eichhörnchen. „Ich werde mich beim Löwen beschweren. Oder beim Tiger. Sie sind Herrn Noahs Stellvertreter. Sie sollten wissen, wie man mich behandelt hat!"

„Das würde ich nicht tun", zischte die Schlange

und ließ sich von einem Dachbalken heruntergleiten. „Ich würde zu keinem von beiden gehen."

„Warum nicht?"

„Weil sie auf Herrn Noahs Seite stehen", sagte die Schlange und rollte sich wieder ein.

„Ich wusste gar nicht, dass es Seiten gibt", warf der Waschbär ein, während er sein Futter wusch.

Der Schakal, der rastlos die Halle auf und ab getrabt war, blieb stehen und starrte ihn verwundert an.

„Was, um Himmels willen, machst du da?"

Der Waschbär blickte auf. „Ich wasche immer mein Essen, bevor ich es verzehre. Du etwa nicht? Man weiß schließlich nie, woher es kommt und wer es angefasst hat."

„Dieser elende Ham natürlich", sagte das Eichhörnchen bitter. „Außerdem hat er den ganzen Nussvorrat in seine Kammer getragen, damit ich nur ja nicht drankomme."

„Typisch", meinte das Wiesel mitfühlend. „Aber so sind die Menschen nun mal. Sie nehmen uns die Nüsse weg, machen uns Vorschriften, hören uns nicht zu – das passt alles zusammen."

„Deshalb sind wir ja in diesem Schlamassel", schimpfte der Schakal, der wieder auf und ab trabte. „Wir sitzen hier auf Gedeih und Verderb in der Arche fest. Die ganze Welt ist überflutet, und es sieht nicht so aus, als würde der Regen bald aufhören."

„Das verstehe ich nicht", wunderte sich die Giraffe und schaute verdutzt. „Was hat denn der Regen mit den Nüssen des Eichhörnchens zu tun?"

Der Schakal seufzte. „Die Menschen haben ein solches Chaos in der Welt angerichtet, dass Gott sie zerstören musste. Begreifst du das?"

Die Giraffe bewegte ihren langen Hals auf und ab.

„Aber als Gott den Regen schickte, um die Welt zu überfluten, hat er beschlossen, ein Pärchen von jeder Art zu retten. Wenn also der Regen aufhört und der Wasserspiegel sinkt, können wir alle einen neuen Anfang machen. Kapiert?"

„Ja."

„Aber, und das verstehe ich nun wirklich nicht: Gott hat ausgerechnet Herrn Noah die Verantwortung für die Arche übertragen."

„Was ist daran so falsch?"

„Herr Noah ist ein Mensch", gab der Schakal zu bedenken.

Die Giraffe sah ihn verblüfft an.
Der Schakal seufzte. „Warum
hat Gott nicht Tieren die Verantwortung übertragen?", fragte er.

„Keine Ahnung." Die Giraffe zuckte ratlos die Schultern.

„Vielleicht hat er nie darüber nachgedacht",
meinte der Pinguin. „Gott kann ja wohl nicht an
alles denken."

„Er hätte aber darüber nachdenken sollen", sagte die Schlange von oben herab. „Er ist schließlich
Gott. Weiser und klüger als wir alle zusammen –
das sollen wir zumindest glauben."

„Wie weise und klug war es denn, Herrn Noah die
Verantwortung zu übertragen?", bohrte der Schakal.

„Ich glaube nicht, dass Herr Noah meine Nüsse weggenommen hätte", warf das Eichhörnchen
nachdenklich ein.

„Hier geht es um weitaus Wichtigeres als um ein
paar läppische Nüsse", ereiferte sich der Schakal.

„Nichts ist wichtiger als Nüsse", entgegnete das Eichhörnchen aus tiefster Überzeugung.

„Ich habe ja nicht gemeint, dass sie nicht wichtig seien …"

„Ich glaube, wir sollten dich unterstützen", sagte das Wiesel entschieden. „Die Sache mit den Nüssen geht uns alle an, und wir sollten gemeinsam etwas dagegen unternehmen!"

„Stimmt", nickte der Schakal. „Wir müssen jetzt handeln!"

„Als Nächstes sagst du womöglich, dass wir die Herrschaft über die Arche übernehmen sollen", meinte der Affe sarkastisch.

„Genau das!", erwiderte der Schakal.

„Aber ich will nicht das Kommando über die Arche übernehmen", protestierte das Eichhörnchen. „Meine Frau und ich wollen nichts weiter, als in aller Ruhe Winterschlaf halten und einen kleinen Vorrat Nüsse anlegen, falls wir mal aufwachen und Hunger bekommen."

Der Schakal hörte gar nicht hin.

„Ein Ausschuss", entschied er forsch. „Wir müssen einen Ausschuss bilden, um die Revolte zu planen."

„Daraus wird nichts", meinte der Affe trocken. „Eins kann ich dir sagen: Die Menschen werden immer gewinnen. Schließlich haben sie Gott auf ihrer Seite!"

„Wenn Gott erst einmal sieht, was für gute Arbeit wir leisten, wird er seine Meinung bald ändern." Der Schakal wandte sich an das Eichhörnchen. „Du sollst unser Anführer sein."

„Nein, wirklich …", stotterte das Eichhörnchen entsetzt.

„Wenn du nichts gesagt hättest, hätte das alles doch gar nicht angefangen!", tönte der Schakal.

„Ich wünschte, es wäre so", seufzte das Eichhörnchen, als es am Abend mit seiner Frau zusammensaß.

„Keine Sorge", entgegnete sie. „Das hält nicht lange an. Sie finden bald was anderes, über das sie sich aufregen können. Und wenn du erst mal Anführer bist, kannst du dem Ganzen ja jederzeit ein Ende machen."

Aber das Eichhörnchen merkte bald, dass dies leichter gesagt war, als getan.

Die Nachricht vom Aufstand verbreitete sich wie ein Lauffeuer unter den Tieren.

Manche waren damit einverstanden, andere nicht. Aber alle fanden die Sache sehr spannend.

„Wir brauchen ein einfaches, eingängiges Motto", beschloss der Schakal. „Eins, das jeder auf Anhieb versteht."

„Wie wär's mit ‚Schwanz gut, kein Schwanz schlecht'?", fragte der Pfau und fächerte seinen Schwanz in voller Schönheit auf.

„Was soll das heißen?", empörte sich das Meer-schweinchen.

„Es heißt, dass du auf unserer Seite bist, wenn du einen Schwanz hast, und gegen uns bist, wenn du keinen hast", erklärte der Pfau. „Menschen haben keine Schwänze."

„Ich auch nicht", fiepte das Meerschweinchen.

„Ich hab auch keinen", rief der Schimpanse.

„Und ich verliere meinen Schwanz von Zeit zu Zeit", fügte der Gecko hinzu.

Der Affe grinste. „Das heißt, du bist neutral. Du stehst weder auf der einen noch auf der anderen Seite."

„Ich denke, wir sollten Herrn Noah lieber un-terstützen, statt gegen ihn zu arbeiten", warf der Elefant ein. „Die Aufgabe, die Gott ihm gegeben hat, ist schon schwer genug."

„Hört, hört!", höhnte der Biber und klopfte mit dem Schwanz auf den Boden.

Die Argumente wurden immer hitziger ausge-tauscht. Und manchmal schien es, als würde das Ganze in einen handfesten Kampf münden.

Herr Noah merkte bald, dass irgendetwas nicht stimmte. Aber er wusste einfach nicht, was. Des-halb fragte er den Löwen und den Tiger.

„Alles in Ordnung, Herr Noah", brüllte der Löwe. „Wirklich völlig in Ordnung. Du kannst dich drauf verlassen. Schließlich wäre ich der Erste, der mitbekommen würde, wenn etwas nicht stimmte. Ich kann dir hundertprozentig versichern, dass alles genauso ist wie immer."

Der Tiger nickte zustimmend, und Herr Noah ging kopfschüttelnd davon.

Natürlich wussten der Löwe und der Tiger sehr wohl von der geplanten Revolte. Doch sie wollten nichts verraten.

„Zwar sind wir Herrn Noahs Stellvertreter", gab der Tiger zu bedenken, „aber er ist eben ein Mensch, und wir sind Tiere. Man hat schließlich seine Treuepflicht."

„Ja", stimmte der Löwe ihm zu. „Und wenn es Gerechtigkeit in der Welt gäbe, hätte Gott mir von vornherein die Verantwortung übertragen. Immerhin bin ich der König des Dschungels und der Herr aller Tiere."

„Und eingebildet obendrein", fügte der Tiger säuerlich hinzu.

Als der Tag des Aufstands näherrückte, wurde die Atmosphäre in der großen Halle immer gespannter. Trotz der Beteuerungen des Löwen und des Tigers war Herr Noah davon überzeugt, dass etwas Bedrohliches im Gange war.

„Ich weiß, dass die Tiere etwas vorhaben", sagte er zu Gott. „Ich wüsste nur allzu gern, was es ist. Überall gibt es Streitereien und Kämpfe, aber immer, wenn ich versuche, der Ursache auf den Grund zu gehen, weichen die Tiere mir aus. Ist das meine Schuld? Habe ich etwas falsch gemacht?"

Gott seufzte: „Nein, Noah, du hast nichts falsch gemacht. Aber weil du ein Mensch bist, wirst du für die Bosheit der Welt verantwortlich gemacht."

„Kann ich irgendetwas tun, um das wieder in Ordnung zu bringen?"

„Du kannst zumindest das Unrecht, das hier in der Arche geschieht, wieder in Ordnung bringen."

„Worum geht es denn?"

Gott erzählte Herrn Noah die Sache mit dem Eichhörnchen.

„Ich werde sofort mit ihm reden", beschloss Herr Noah und stand von seinem Bett auf.

„Nein", sagte Gott. „Warte noch."

Während Herr Noah mit Gott sprach, redete das Eichhörnchen mit seiner Frau.

„Ich weiß nicht, was das Beste für uns alle ist. Wenn Gott Eichhörnchen die Verantwortung hätte übertragen wollen oder Schakalen oder Wieseln, hätte er es doch von Anfang an getan, meinst du nicht? Er hat sicher einen guten Grund gehabt, Herrn Noah diese Aufgabe anzuvertrauen. Wenn ich nur wüsste, was ich tun soll!"

„Vielleicht solltest du offen mit Herrn Noah reden."

„Dann bin ich ein Petzer."

„Willst du, dass ich mit ihm spreche?"

„Nein", erwiderte das Eichhörnchen. „Das geht auch nicht. Oh, was soll ich nur tun? Ich wollte doch nur einen kleinen Vorrat an Nüssen, damit wir uns ohne Sorge schlafen legen können. Und was ist nun daraus geworden?!"

Die ganze Nacht lang trippelte das Eichhörnchen vor seinem Nest hin und her und grübelte darüber nach, was es machen sollte. Kurz vor Morgengrauen gelangte es zu einer Entscheidung.

Um von den anderen Tieren nicht gesehen zu werden, schlich das Eichhörnchen geduckt zu Herrn Noahs Kabine und klopfte an die Tür.

„Ich hatte das Gefühl, dir das alles erzählen zu müssen, Herr Noah", erklärte das Eichhörn-

chen, als es am Ende seiner Geschichte angelangt war. „Obwohl ich nicht gern petze. Aber irgendwie war alles meine Schuld. Also war es doch auch meine Pflicht, dem Ganzen ein Ende zu machen."

„Es war nicht allein deine Schuld", tröstete Herr Noah das Eichhörnchen. „Ich will gleich mit Ham sprechen. Er wird sich entschuldigen und dir ein paar Nüsse geben, damit du ohne Sorge schlafen gehen kannst. Es war sehr mutig von dir, mir alles zu erzählen. Das ist dir sicher nicht leichtgefallen."

Herr Noah berief in der großen Halle eine Versammlung ein.

„Hört mal her", sagte er. „Ich bin sicher, dass manche von euch die Arche viel besser verwalten könnten. Aber Gott hat nun mal mir diese Aufgabe übertragen. Ich weiß nicht, warum, und ich habe mich auch nicht gerade darum gerissen. Aber ich war damit einverstanden, und jetzt versuche ich, für uns alle das Beste daraus zu machen. Ich bitte euch also, keinen Aufstand anzuzetteln. Wenn es irgendetwas gibt, worüber ihr unglücklich seid oder was euch ärgert, kommt zu mir und sagt es mir. Dann können wir gemeinsam versuchen, eine Lösung zu finden."

Die Tiere flüsterten aufgeregt miteinander. Dann ergriff der Schakal das Wort:

„Wie hast du von der Revolte erfahren?", fragte er argwöhnisch und starrte das Eichhörnchen zornig an.

„Gott hat es mir gesagt", antwortete Herr Noah.

„Oh", stutzte der Schakal, „nun, wenn Gott es dir gesagt hat …"

Damit schlich er sich fort und verkroch sich an seinen Platz in der Halle. Und niemand dachte mehr an einen Aufstand der Tiere.

Natürlich kannst du fliegen

Es regnete unaufhörlich. Im Innern der Arche hörten die Tiere den Regen gegen die hölzernen Wände klatschen und auf das Dach trommeln. Es schien, als würde er niemals ein Ende nehmen.

„Das wird immer so weitergehen", stöhnte der Affe. „Wir werden den Rest unseres Lebens in diesem dunklen, leckenden Kahn verbringen!"

„Er hat kein Leck", widersprach die Termite. Sie hatte gerade einige Löcher repariert, die von den Spechten in die Arche gehackt worden waren. „Wir haben das Schiff absolut wasserdicht gemacht."

„Die Vorräte werden zu Ende gehen, und wir werden verhungern", jammerte der Affe weiter.

„Aber wir haben Herrn Noahs Versprechen, dass der Regen nach vierzig Tagen und vierzig Nächten aufhören wird", wandte die Haselmaus ein.

„Wer's glaubt …"

„Die Wolken werden sich verziehen, die Sonne wird wieder scheinen, und das Wasser wird zurückgehen."

„Ja, und Schweine fliegen", fügte der Affe sarkastisch hinzu.

„Wir müssen Hoffnung haben", sagte die Haselmaus, „und Herrn Noah vertrauen."

„Ich habe keine Hoffnung, und was das Vertrauen zu Herrn Noah angeht …!" Der Affe wandte sich angewidert ab.

Eine behaarte grüne Raupe hörte aufmerksam zu, während sie langsam an einem leckeren Blatt herumkaute, das ihr Sem hingelegt hatte. Sie sah ihren Freund an, eine weiße Raupe mit braunen Streifen.

„Ich hab ja gar nicht gewusst, dass Schweine fliegen können", sagte die grüne Raupe.

„Können sie auch nicht", schmatzte ihr Freund, der am anderen Ende des Blattes nagte.

Die grüne Raupe hob den Kopf. „Verzeihung, Schwein, kannst du fliegen?"

„Das soll wohl ein Witz sein", lachte das Schwein. Es wandte sich an seine Frau. „Liebling, stell dir vor, die Raupe hat gerade gefragt, ob wir fliegen können!"

Beide Schweine schüttelten sich vor Lachen.

„Hab ich's dir doch gesagt", meinte die gestreifte Raupe. „Hmm. Dieses Blatt ist gut."

„Ich wünschte, ich könnte fliegen", seufzte die grüne Raupe.

Eine Hummel flog an ihrem Kopf vorbei. Die Raupe beobachtete sie.

„Wie machst du das?"

„Was – summen?"

„Nein. Fliegen."

„Ich habe Flügel. Deshalb kann ich fliegen."

„Aber ich habe gehört, dass Hummeln eigentlich viel zu schwer sind, um fliegen zu können."

„Willst du etwa behaupten, ich sei zu fett?"

Die Raupe blickte auf den rundlichen braun und gold gestreiften Leib der Hummel.

„Nein, keineswegs. Ich finde, du bist hübsch. Wirklich, sehr hübsch."

„Nun ja."

„Aber ich habe tatsächlich gehört, dass du eigentlich gar nicht in der Lage sein dürftest, zu fliegen."

„Ach, wirklich?"

„Ja", beteuerte die Raupe. „Es ist physikalisch unmöglich, dass du fliegst."

„Das hat mir bisher noch keiner gesagt", meinte die Hummel. Lachend flog sie davon.

Die Raupe sah ihr nach. „Wenn ich doch auch fliegen könnte."

„Du willst immer das Unmögliche", brummte die gestreifte Raupe und machte sich über ein anderes Blatt her. „Warum kannst du nicht einfach zufrieden sein? Hier ist es warm und trocken, und wir kriegen andauernd frische Blätter. Ein bisschen Sonnenschein wäre nicht schlecht, aber man kann nun mal nicht alles haben."

Die Hummel flog in ihr Nest und prustete los: „Weißt du, was die Raupe mir gerade gesagt hat? Dass Hummeln nicht fliegen können!"

Die andere Hummel schaute erst ziemlich verdutzt und kicherte dann los: „Das hab ich ja noch nie gehört!"

Beide Hummeln flogen in der großen Halle herum und schwirrten auf und ab. „Guck mal, wie schlecht wir fliegen können!", riefen sie der Raupe zu. „Sind wir nicht klasse?"

Die Raupe sah ihnen zu, während sie an der Ecke eines Blattes herumknabberte. „Deshalb braucht ihr nicht so zu lachen. Ich hab da wahrscheinlich was falsch verstanden, das ist alles."

Die Hummeln flogen davon, und die Raupe fraß weiter.

„Hast du mal daran gedacht, wie langweilig es ist, eine Raupe zu sein?", fragte die grüne Raupe die Hummel, als diese noch einmal zurückkehrte.

„Nö", gab die Hummel unumwunden zu. „Sollte ich?"

„Du kannst fliegen, aber ich muss krabbeln, wenn ich irgendwohin will."

„Das stimmt, aber dafür hast du eine Menge Beine."

„Wohl wahr", seufzte die Raupe. „Trotzdem dauert es schrecklich lange, bis ich von einem Ende eines Blattes zum anderen gelange."

„Das kommt, weil du ständig stehen bleibst, um zu fressen."

„Aber ich habe immer Hunger."

„Das ist dein Problem", meinte die Hummel und wollte wegfliegen.

„Ich habe darüber nachgedacht", hielt die Raupe sie auf. „Wenn Hummeln fliegen können, obwohl sie physikalisch gar nicht dazu in der Lage sind, kann ich vielleicht auch fliegen, obwohl ich keine Flügel habe."

„Möglich", erwiderte die Hummel zweifelnd.

„Auf jeden Fall ist es einen Versuch wert."

Die Hummel sah zu, wie die Raupe sich zu dem Ende des Brettes schlängelte, auf dem sie lag, ihre Beinchen unter den Körper klemmte und absprang. Sie landete direkt auf dem Pavian.

„Hab nicht gedacht, dass es hier in der Arche auch Raupen regnet", wunderte sich der Pavian, der nicht gerade sehr helle war.

„Tut mir leid", sagte die Raupe. „Ich habe versucht zu fliegen."

Der Pavian kratzte sich am Kopf. „Ich hab nicht gewusst, dass Raupen fliegen können. Was kommt denn als Nächstes?"

Die Raupe hob den Blick zu dem Brett hoch über sich und seufzte. Sie würde lange, lange kriechen müssen, bevor sie wieder bei ihrem Essen war.

„Ich hätte dir sagen können, dass Raupen nicht fliegen können", meinte die Hummel. „Du nennst mich ja schon schwer. Aber schau doch mal deine komische Figur an! Es wäre wirklich ein Wunder, wenn du mit deinem plumpen Körper fliegen könntest. Aber ich glaube nicht an Wunder!"

„Was ist ein Wunder?"

„Etwas Wunderbares und Erstaunliches, das man sich nicht erklären kann."

„Nun, es ist ziemlich wunderbar und erstaunlich, dass du fliegen kannst, wo du doch so fett bist", gab die Raupe verärgert zurück, bevor sie sich auf den langen Rückweg machte.

Es war spät, als sie ihr Brett erreichte, und sie war schrecklich müde. Sie knabberte nur noch ein kleines Eckchen von einem Blatt ab. Dann legte sie sich erschöpft schlafen. Als sie am nächsten Morgen erwachte, hatte sie eine neue Idee.

„Ich habe nachgedacht."

„Schon wieder?", fragte die gestreifte Raupe mit vollem Mund. „Ich wünschte, du würdest das bleiben lassen. Ich kriege Kopfweh davon."

Die Raupe rief der Hummel zu. „Ich glaube, du kannst fliegen, weil du Flügel hast, die du auf und ab bewegst."

Die Hummel dachte einen Augenblick nach. „Das stimmt."

„Nun, ich habe zwar keine Flügel, aber ich habe Beine. Viele Beine. Wenn ich sie auf und ab schwinge, bewirken sie vielleicht das Gleiche wie deine Flügel, und ich könnte fliegen."

„Glaubst du das wirklich?"

„Was spricht dagegen?"

„Vieles", sagte die gestreifte Raupe, bevor sie sich auf ein anderes Blatt stürzte.

Aber die grüne Raupe atmete bereits ganz tief ein und hörte gar nicht zu. Sie schloss die Augen und sprang. Dabei strampelte sie wild mit ihren Beinen in der Luft umher und – landete rücklings auf dem Boden.

„Ist alles in Ordnung?", fragte die Hummel besorgt.

„Nein", stöhnte die Raupe und versuchte verzweifelt, wieder auf die Beine zu kommen.

„Es hat nicht geklappt, oder?"

„Nein, es hat nicht geklappt."

„Hab ich doch gleich gesagt!", rief die gestreifte Raupe von oben herab.

Die Raupe sah zu dem Brett hoch über sich und seufzte bei dem Gedanken an den langen Rückweg.

Herr Noah, der gerade durch die große Halle ging, wäre beinahe auf sie getreten.

„Du bist wohl heruntergefallen?", fragte er mitleidig, nahm sie auf und setzte sie vorsichtig auf das Brett.

„Ich hab versucht zu fliegen", flüsterte die Raupe verlegen. „Wenn es ein Wunder ist, dass die Hummel fliegen kann, obwohl sie so schwer ist, dachte ich, dass ich vielleicht auch ein Wunder haben könnte. Ich möchte doch so gern fliegen!"

Herr Noah lächelte.

„Es ist schon ein großes Wunder, dass wir alle in dieser Arche sicher und am Leben sind. Vielleicht solltest du damit zufrieden sein."

„Das hat mein Freund auch gesagt. Ich bin ja auch dankbar dafür. Aber ich hätte so gern ein kleines Wunder ganz für mich allein. Sozusagen ein Privatwunder. Wie kann ich denn mal eins machen, Herr Noah?"

„Wunder kommen von Gott. Und für Gott ist nichts unmöglich. Du musst nur hoffen."

Die Tage verstrichen. Die Raupen fraßen und fraßen und wurden immer dicker und runder, während die Hummeln fröhlich auf und ab flogen.

„Ach, wenn ich doch nur fliegen könnte", seufzte die grüne Raupe immer wieder. Aber jetzt war sie von ihrer ständigen Fresserei so groß und träge geworden, dass sie gar keine Lust hatte, es noch einmal zu versuchen.

Ich glaube nicht, dass ich jemals fliegen werde, dachte sie traurig und fraß weiter.

Ein paar Tage später merkten die Raupen, dass sie gar nicht mehr hungrig waren, nur sehr müde. Sie spannen feine Seidenfäden um sich herum, bis sie ganz und gar davon bedeckt waren. Dann fielen sie in einen tiefen Schlaf.

Die Tage vergingen. Plötzlich fuhr die grüne Raupe erschreckt hoch. Sie fühlte sich schwach und ein wenig benommen. Ihr war kalt. Mit einiger Mühe befreite sie sich aus ihrem Kokon und setzte sich auf den Rand des Brettes. Ihr Freund schlief immer noch, behaglich eingesponnen in seinem seidenen Kokon.

„Vielleicht habe ich mich überfressen", dachte die Raupe. „Oder ich bin zu schnell aufgewacht. Am besten bleibe ich hier eine Weile einfach ganz still sitzen."

Langsam fühlte sie sich kräftiger – und glücklich. Ihr war so leicht und fröhlich zumute wie schon lange nicht mehr. Sie blickte auf, und obwohl da nur das Dach der Arche über ihr war und der Regen unablässig darauf niederprasselte, spürte die Raupe, dass es ein sehr schöner Tag werden würde.

Die Hummel flog vorüber.

„Hallo, guten Morgen!", rief die Raupe ihr freundlich zu. „Was für ein schöner Tag es ist!"

„Wirklich?"

„Wenn ich doch nur fliegen könnte", fuhr die Raupe fort, „dann wäre das Leben vollkommen – trotz des Regens."

„Was hindert dich?", fragte die Hummel und schwirrte um den Kopf der Raupe herum.

„Aber überleg doch mal! Erinnerst du dich nicht

an meine erfolglosen Flugversuche? Ich habe keine Flügel."

„Du hast keine was? Soll das ein Witz sein?"

„Wieso Witz?"

„Du hast die wunderschönsten Flügel, die ich je gesehen habe", rief die Hummel begeistert aus. „Und wenn du mit diesen Flügeln nicht fliegen kannst, könntest du mit meinen erst recht nicht fliegen."

„Was meinst du damit?"

„Versuch es, und du wirst schon sehen!"

Also atmete die grüne Raupe, die gar keine Raupe mehr war, sondern ein wunderschöner Schmetterling, tief durch. Sie spürte, wie sich ihre Flügel bewegten. Sie erhob sich in die Luft und flog so leicht davon, als ob sie in ihrem Leben nichts anderes getan hätte.

„Wer sagt denn, dass heutzutage keine Wunder mehr geschehen?", rief sie der anderen Raupe zu, die noch immer in ihrem Kokon steckte.

Fitnesstraining in der Arche

Tapp, tapp, tapp, tapp! Herr Noah erschauerte, als die schweren Tritte an seiner Kabine vorbeikamen. „Links, rechts, links, rechts!" Tapp! Tapp …! Die Arche schwankte von einer Seite zur anderen.

„Wegen der Bisons musst du wirklich was unternehmen", sagte Frau Noah am folgenden Tag. „Sie machen solch einen Lärm und bringen die Arche so sehr ins Wanken, dass sie sicher bald kentern wird."

Tapp! Tapp!

„Herr Noah, kannst du diesen Bisons nicht Einhalt gebieten?", beklagte sich der Strauß. „Sie machen einen solchen Lärm, dass ich schreckliche Kopfschmerzen bekomme."

„Ich auch", fiel die Ziege ein. „Und sie machen nie eine Pause. Tag und Nacht, Nacht und Tag …"

„Schlimm genug, dass wir hier auf der Arche zusammengepfercht sind. Da müssen nicht auch noch zwei große, haarige Bisons hier herumdonnern", murrte der Pfau.

„Also gut", seufzte Herr Noah. „Ich rede mit ihnen."

Er musste die Bisons nicht lange suchen. Sie waren einfach nicht zu überhören.

Tapp! Tapp!

„Links, rechts, links, rechts, halt!", kommandierte das erste Bison. Beide hielten an.

„Herr Noah, zu Diensten!"

Sie scharrten mit den Hufen.

„Zwei Bisons melden sich ordnungsgemäß zur Stelle."

„Obwohl sie viel zu wenig Auslauf haben", warf die Frau des Bisons ein.

„Nicht, dass wir uns beklagen", versuchte ihr Mann zu erklären. „Wir Bisons sind dazu erzogen worden, aus jeder Situation das Beste zu machen. Nur so lässt sich das schwere Leben draußen in der Prärie meistern."

„Wir machen dir keinen Vorwurf, Herr Noah", ergänzte seine Frau.

„Befehle sind Befehle. Man muss ihnen gehorchen. Und du hast deine Anweisungen ja sogar von ganz oben erhalten."

„Aber es ist schon ein bisschen schwierig, das musst du zugeben."

„Was ist schwierig?", fragte Herr Noah.

„Es ist so eng hier."

„Eng?"

„Wir sind an die Weite der Prärie gewöhnt, Herr Noah", erklärte das Bison. „Wie sehr vermisse ich die endlosen Ebenen, die wir früher durchstreift haben."

„Natürlich sind wir überaus dankbar, dass wir

vor der Flut gerettet werden. Und wir versuchen ja auch, das Beste daraus zu machen. Aber es ist sehr langweilig, immer im Kreis in der Arche herumzuwandern", seufzte die Frau.

„Deshalb wollte ich euch sprechen", sagte Herr Noah, dankbar, dass er auch mal zu Wort kam. „Ich fürchte, euer ständiges Herumwandern hat einige der Tiere verärgert."

„Die Tiere verärgert?", wunderte sich das Bison. „Blödsinn! Nur weil sie selbst keinen Sport treiben, sollten sie sich nicht über diejenigen beklagen, die sich gern fit halten. Täte manchen von ihnen gut, ein bisschen mehr in der Arche herumzulaufen."

„Möglich", sagte Herr Noah.

„Ohne Frage. Ich sage dir, Herr Noah, manche dieser Tiere werden nicht in der Lage sein, von der Arche herunterzuspazieren, wenn die Flut zurückgeht – sie werden einfach zu fett sein. Sie brauchen ja noch nicht einmal ihre Beute zu jagen, wenn sie Hunger haben."

„Daran habe ich noch gar nicht gedacht", brummte Herr Noah nachdenklich.

„Ich sag dir mal was: Wir werden Fitnesskurse organisieren."

Seine Frau nickte begeistert. „Das ist eine gute Idee."

„Manche von diesen Faulpelzen müsste man mal

ordentlich auf Zack bringen", fuhr das erste Bison fort.

„Mir sind Klagen zu Ohren gekommen über den Lärm, den ihr veranstaltet", kam Herr Noah wieder auf sein Anliegen zurück.

„Lärm? Was meinst du mit – Lärm? Wir trotten nur über die Decks. Das ist alles."

„Wir können ja nichts dafür, dass wir so schwer sind", fügte die Frau des Bisons hinzu.

„Natürlich nicht. Aber könntet ihr nicht versuchen, ein bisschen leiser zu trotten? Nicht so laut stampfen, wenn ihr wisst, was ich meine. Und vielleicht nicht die ganze Zeit?"

„Wir werden unser Bestes tun", seufzte das Bison. „Aber wirklich, Herr Noah, wir brauchen nun mal unsere Bewegung." Es wandte sich an das zweite Bison. „Fertig?"

„Fertig."

„Vorwärts marsch! Links, rechts, links, rechts …"

Herr Noah erklärte den anderen Tieren die Situation und erzählte ihnen von dem Vorschlag der Bisons.

„Fitness?" Der Strauß rümpfte die Nase. „Fitness? Wie beleidigend!"

Das Krokodil lachte so sehr, dass es beinahe erstickte.

„Ein Bison gibt Fitnesskurse?"

„Das ist ja wohl das Letzte!", meinte das Känguru, und ihm liefen vor Lachen die Tränen über die Wangen.

„Was mich stört, ist die Anspielung, wir seien fett und faul", schnaufte das Schwein beleidigt.

„Aber das bist du doch", entgegnete das Krokodil. „Sehr fett und sehr faul."

„Das mag ja sein", meinte das Schwein. „Ich habe ja nur gesagt, dass es mir nicht passt, wenn ein vorlautes, trampeliges Bison mir das sagt."

„Ich kriege alle Bewegung, die ich brauche", sagte der Reiher. „Ich stehe erst auf einem Bein und dann auf dem anderen. Das ist ganz schön anstrengend."

„Aber ist es wirklich eine so schlechte Idee?" Herr Noah sah die versammelten Tiere der Reihe nach an. Die meisten dösten in der großen Halle träge vor sich hin. „Wir müssen fit sein für all die neuen Herausforderungen, die uns erwarten, wenn wir von der Arche herunterkommen."

„Ach, darüber solltest du dir nicht allzu viele Sorgen machen", meinte der Fuchs. „Man zeige mir ein paar Hühner, und ich bin fit wie ein Turnschuh."

„Ich betrachte diese Kreuzfahrt als eine willkommene Erholungsreise", meinte der Tiger und schwang seinen Schwanz träge hin und her. „Eine kleine Oase der Ruhe mitten in einem geschäftigen und stressigen Leben."

Der Löwe schnaubte. „Dein Leben war noch nie geschäftig! Alle Welt weiß, dass Tiger die faulsten aller Kreaturen sind!"

„Wirklich?", fragte der Tiger, und seine Augen glitzerten gefährlich. „Dann sollten wir vielleicht gleich eine kleine Aufwärmübung machen, und ich werde dir zeigen, wie fit ich bin! Hoch die Tatzen!"

Knurrend umkreisten sie einander.

„Tiger, Löwe", rief Herr Noah. „Nun reißt euch zusammen. Ihr seid meine Stellvertreter und solltet den anderen ein Vorbild sein. Also hört auf zu streiten!"

Von da an versuchten die Bisons, leise aufzutreten. Doch aus irgendeinem Grund war das Geräusch, das sie verursachten, weitaus schlimmer als zuvor. Schon bald beklagten sich die anderen Tiere erneut.

„Rechts, links, rechts, links!"

Herr Noah wartete, bis die Bisons bei ihm waren. „Halt!"

„Tut mir leid, Bisons, aber die Tiere beklagen sich immer noch über euch."

„Man kann nun mal keinen strammen Spaziergang machen, wenn man auf Zehenspitzen läuft", sagte das Bison.

„Wir versuchen ja, uns leiser zu bewegen", meinte seine Frau.

„Vielleicht solltet ihr versuchen, euch langsamer zu bewegen", schlug Herr Noah vor.

„Und wie halten wir uns dabei fit?", schnaubte dir Frau des Bisons ärgerlich, drehte sich um und trabte mit ihrem Gefährten davon.

„Habe ich vielleicht die Maße falsch verstanden, Gott?", fragte Herr Noah besorgt. „Hätte ich eine größere Arche bauen sollen?"

„Nein, Noah. Sie hat genau die richtige Größe. Aber du musst wissen, dass die Arche großen Tieren so klein vorkommt, wie sie kleinen groß erscheint."

Darüber dachte Herr Noah nach.

„Kann ich irgendetwas tun?"

„Sie werden sehr bald Hilfe bekommen", versprach Gott.

Am nächsten Tag wurden die Bisons mitten in ihrem Morgenspaziergang aufgehalten.

„Passt doch auf, wohin ihr eure großen Hufe stellt!", rief ein verängstigtes Stimmchen zu ihren Füßen.

„Was ist denn das?"

„Ich sagte, passt doch auf, wohin ihr eure großen Füße stellt!" piepste die Ameise, so laut sie konnte. „Ihr habt uns beinahe zerquetscht!"

„Tut mir furchtbar leid", sagte das Bison. „Ich hab euch nicht gesehen."

„Es ist sehr beängstigend, dass ihr beide hier

ständig herumtapst. Wir wissen nie, wann ihr wie-
derkommt."

„Das habe ich noch nie bedacht", meinte das Bison ein wenig erschrocken.

„Wir sind es gewohnt, in der weiten Prärie he-
rumzustreifen, statt in einer kleinen Arche zusammengepfercht zu werden", erklärte die Frau des
Bisons.

„Was meinst du mit einer kleinen Arche?", piepste die Ameise. „Sie ist doch riesig!"

„Sie ist so riesig, dass wir uns ihre Größe noch
nicht mal vorstellen können", fügte ihr Mann hinzu.

„Sie ist winzig, verglichen mit der Weite, an die
wir gewöhnt sind", sagte das Bison.

Die Ameise seufzte. „Jeder erzählt uns, dass wir in
einer Arche schwimmen und uns glücklich schätzen
können, dass wir hier sind und dass man uns vor der
Flut gerettet hat. Aber für uns ist es nicht anders, als
wenn wir an Land wären. Wir sind herumgelaufen
und haben versucht, so viel wie möglich zu sehen.
Aber selbst, wenn wir unser ganzes Leben auf der
Arche verbrächten, würden wir nie mehr als einen
Bruchteil von ihr kennenlernen."

„Und außerdem ist alles so aufregend", fügte ihr
Mann hinzu. „Wir werden noch unseren Enkeln
davon erzählen."

Das Bison sah seine Frau an. „Ich glaube, wir

sind ziemlich selbstsüchtig gewesen, meinst du nicht?"

„Aber es ist nie zu spät, etwas wiedergutzumachen", stimmte seine Frau zu.

Bald darauf waren die Tiere in der großen Halle erstaunt über den Anblick der beiden Bisons, die sehr langsam und sehr vorsichtig liefen.

„Dies", sagte das Bison, „ist die große Halle. Hier verbringen die meisten Tiere ihre Zeit. Gehe ich langsam genug?"

„O ja, danke", erwiderte die Ameise, die sich an seinen Rücken krallte.

Sie trabten hinaus.

„Na, so was!", staunte die Meerkatze und kratzte sich ihr rosarotes Hinterteil.

„Das haut mich um!", meinte das Känguru.

„Und hier", erklärte die Frau des Bisons, „befinden wir uns im Unterdeck. Dies sind die großen Türen, die Gott selbst geschlossen hat, als wir alle sicher hier drinnen waren."

„Können wir einen Augenblick anhalten? Es ist alles so groß. Wir können das alles gar nicht so schnell begreifen", piepsten die beiden Ameisen zugleich.

„Natürlich. Nehmt euch so viel Zeit, wie ihr braucht."

Beide Bisons hielten an und warteten geduldig.

„Es ist wirklich sehr freundlich von euch, mit uns eine Führung durch die Arche zu machen", sagte die zweite Ameise scheu. „Ihr habt sicher viel Wichtigeres zu tun."

„Uns macht's Spaß", erwiderte das Bison. „So sehen auch wir die Arche mit ganz anderen Augen. Und wir werden uns nie mehr beklagen, dass sie zu klein ist."

Herr Noah war auf seinem Weg in die große Halle und lächelte, als er die Bisons und die Ameisen erblickte.

„Danke, Gott", sagte er. „Ich wusste, dass du eine Lösung finden würdest."

„Ich sorge für die Kleinen wie für die Großen, Noah", erwiderte Gott.

Im Innern der Halle waren die Tiere ganz still in Gedanken versunken.

„Herr Noah", meinte schließlich das Känguru. „Ich hab mir noch mal alles durch den Kopf gehen lassen. Vielleicht ist diese Sache mit den Fitness-kursen ja gar keine so schlechte Idee. Würdest du mit den Bisons darüber sprechen?"

„Gern", lächelte Herr Noah.

Das finde ich überhaupt nicht komisch

Als Gott sagte, dass vor der großen Flut jeweils ein Pärchen von jeder Tierart in die Arche genom-men und gerettet werden sollte, hätte Herr Noah die Flöhe fast vergessen. Erst als er sah, wie sich die beiden Schimpansen ständig kratzten, fielen sie ihm ein, und er fragte Gott, ob auch sie mit in die Arche sollten.

„Zwei von *jeder* Tierart müssen gerettet wer-den", stellte Gott klar.

Herr Noah kratzte sich am Kopf. „Wenn du es sagst, Gott … Aber die anderen Tiere werden nicht gerade begeistert sein."

Herr Noah hatte recht. Die anderen Tiere waren überhaupt nicht begeistert. Nicht nur, weil die Flöhe sie bissen. Damit wären sie irgendwie fertiggeworden. Aber die kleinen Hüpfer gingen ihnen auch sonst auf die Nerven.

„Hör mal zu! Kennst du den von dem Hund, der in den Flohzirkus kam und den Flöhen die Schau stahl?", rief einer der beiden Flöhe und hüpfte auf den Rücken des Hundes.

Der Hund seufzte.

Der andere Floh gesellte sich zu ihm.

„Warum flog die Fliege?"

„Keine Ahnung", sagte der erste Floh. „Warum flog die Fliege?"

„Weil die Spinne sie erspähte!"

„Das finde ich überhaupt nicht witzig. Erzählt eure Scherze woanders!", bellte der Hund.

Beide Flöhe bogen sich vor Lachen.

„Wenn ihr schon Witze erzählen müsst, dann bitte nicht auf meinem Rücken", versuchte es der Hund noch einmal freundlich.

„Ist ja schon gut", meinte der erste Floh. „Wozu diese künstliche Aufregung?"

„Wohin gehen wir jetzt?", fragte der zweite Floh.

„Wie wär's ... mit dem Pferd? Es sieht aus, als könnte es ein wenig Aufmunterung gebrauchen."

„Jetzt schaut mal alle her!", rief der erste Floh.

„Mein Freund und ich werden unseren neusten todesmutigen Sprung vom Rücken des Hundes durch die große Halle hindurch direkt auf den Rücken des Pferdes vorführen."

„Muss das sein?", fragte das Pferd.

„Das tun wir", fuhr der erste Floh fort, „mit einem mächtigen Sprung, zwei Purzelbäumen rückwärts und einem Salto vorwärts! Noch nie in der Geschichte der Arche ist etwas so Waghalsiges unternommen worden!"

„Das heißt nicht viel. Die Arche ist ja noch nagelneu", warf der Mungo ein. „Aber mir ist's egal, was ihr macht, solange ihr nicht auf mir landet."

„Allez hopp!", riefen die Flöhe, und der Mungo begann sich zu kratzen.

„Ich glaube, du verstehst nicht ganz, wie glücklich du dich schätzen kannst, meinen Freund und mich bei dir zu haben", belehrte ihn der erste Floh. „Wir sind nicht etwa irgendwelche Feld-, Wald- und Wiesenflöhe. O nein. Wir sind Floho und Flohu, die weltberühmten Artistenflöhe. Wir entstammen einer langen Linie von Zirkusflöhen …"

„… deren Vorfahren bereits dafür sorgten, dass sich Adam und Eva im Garten Eden vor Lachen bogen", fügte der zweite Floh hinzu.

„… nun jedoch leider die einzigen Überlebenden dieser Sippe."

„Zählt nicht die Küken, bevor sie ausgeschlüpft sind", riet der Fuchs. „Wer weiß, wie lange ihr das noch behaupten könnt."

„Warum ging der Fuchs über die Straße?", fragte Floho.

„Weil er ein paar Hühner erspäht hatte!" Die Flöhe lachten.

„Jetzt ich", sagte Flohu. „Auf welcher Seite haben die Hühner die meisten Federn?"

„Ich weiß nicht, Flohu. Auf welcher Seite haben denn die Hühner die meisten Federn?"

„Auf der äußeren natürlich!"

Beide Flöhe lachten so sehr, dass sie sich fest an den Mungo klammern mussten, um nicht herunterzufallen.

„Wir machen uns nichts aus Witzen auf unsere Kosten", gackerte das Huhn.

„Wir machen uns überhaupt nichts aus euren Witzen", sagte der Fuchs.

„Aber wir sind hier, um euch zu unterhalten", erwiderte Floho. „Wir führen wunderbare akrobatische Kunststücke auf euren werten Rücken vor. Schaut mal her …!"

„Was?", schrie der Esel.

„Autsch!", rief der Ochse und begann, sich zu kratzen.

„Hast du nicht gesehen, wie wir einen Salto vom

Rücken des Mungo gemacht haben, uns dreimal in
der Luft gedreht haben und dann auf dem Rücken
des Ochsen gelandet sind?"

„Wie viele Ochsen braucht man, um …", begann
Floho.

„Runter von meinem Rücken!", brüllte der Ochse ärgerlich.

„Ich hab überhaupt nichts gesehen", sagte der Esel.

„Weil du deine Augen nicht aufgemacht hast",
erwiderte Flohu. „Ich stell dir mal eine Frage."

„Ich kann nicht so gut Fragen beantworten", meinte der Esel verschämt.

„Die hier schon. Hör jetzt genau zu."

Der Esel spitzte die Ohren.

„Regnet es draußen?"

Erleichtert atmete der Esel auf. „Darauf weiß ich die Antwort", sagte er stolz. „Ja, es regnet draußen."

„Regnet es jemals drinnen?", fragte Flohu, und beide Flöhe brachen in Gelächter aus.

Der Esel blickte verwirrt drein. „Ich glaube, das verstehe ich nicht ganz ...", stotterte er.

„Dann noch eine Frage. Wann siehst du Kühe mit acht Beinen?"

Der Esel schüttelte ratlos den Kopf. „Ich weiß nicht."

„Wenn zwei Kühe nebeneinander stehen!"

„Soll dieser geschmacklose Humor etwa während der ganzen Reise so weitergehen?", fragte der Emu.

„Aber sicher", freute sich Floho.

„Wenn das so ist, werde ich mich bei Herrn Noah beschweren!"

„Hat er hier das Sagen?", fragte Floho.

„Ja", erwiderte der Emu.

„Abgesehen von Gott", fügte die Haselmaus hinzu. „Gott trägt die eigentliche Verantwortung."

„Wir müssen leider weiter", bedauerte Floho. „Jetzt schaut mal alle her!"

Die Tiere schauten angestrengt in die Richtung der Flöhe. Aber erst, als sich der Jaguar zu kratzen begann, begriffen sie, dass die Flöhe gehüpft waren.

„Ich hab überhaupt nichts gesehen", murmelte der Esel enttäuscht.

„Dann hast du die Vorstellung meines Lebens verpasst", meinte Floho traurig. „Ich glaube, ich habe mich eben selbst übertroffen. Ich hab noch nie einen dreifachen Salto kombiniert mit einem dreifachen Rückwärtsdreher gemacht. Wahrscheinlich schaff ich das nie wieder."

„Das ist doch alles barer Unsinn", zischte der Jaguar scharf.

„Ist es nicht. Das war ein dreifacher Salto kombiniert mit einem dreifachen Rückwärtsdreher."

„Blödsinn! Es ist eine Illusion!"

„Ich dachte, das war Floho, der Floh, nicht eine Illusion", sagte der Esel. „Was ist eine Illusion? Noch ein Tier?"

„Eine Illusion ist, wenn du glauben sollst, dass du etwas gesehen hast, was gar nicht geschehen ist", sagte der Adler und schwang sich hinab von seinem Sitz hoch oben im Dachgebälk.

Der Esel schüttelte den Kopf. „Das verstehe ich nicht."

„Das überrascht mich nicht", bemerkte Floho.

„Ich hab das Gefühl, ich kriege gleich Kopfschmerzen", beklagte sich der Strauß.

„Anders ausgedrückt", erläuterte der Löwe hoheitsvoll „– und als König des Dschungels weiß ich über diese Dinge Bescheid – eine Illusion ist, wenn du an etwas glaubst, das du nicht sehen kannst und das es nicht gibt."

„Aber wenn du es nicht sehen kannst und es überhaupt nicht da ist, warum solltest du dann daran glauben?", fragte das Lama verwirrt.

„Ja, warum eigentlich?", meinte der Löwe, der es auch nicht wusste, aber nicht wollte, dass die anderen es merkten.

„Du meinst, eine Illusion ist so etwas Ähnliches wie Gott?", fragte der Esel nachdenklich.

„Nein", erwiderte der Adler. „Nicht wie Gott. Gott kann man zwar nicht sehen, aber es gibt ihn wirklich. Also ist er keine Illusion."

„Was uns wieder zu meinem dreifachen Salto mit einem dreifachen Rückwärtsdreher zurückführt", sagte Floho munter.

„Wenn ihr nervtötenden Flöhe nicht endlich aufhört, hin und her zu rutschen, sodass ich mich ständig kratzen muss, werde ich ernsthaft böse", drohte der Jaguar ärgerlich.

„Weißt du, welches Tier am wenigsten frisst?", fuhr Floho unbeeindruckt fort.

„Nein, welches Tier frisst am wenigsten?", fragte Flohu.

„Eine Motte. Sie frisst nur Löcher!"

Herr Noah fand sich bald von unzähligen verärgerten Tieren umgeben.

„Es ist einfach nervig, all diese Witze anhören zu müssen", stöhnte die Gans.

„Wenn es wenigstens noch Witze wären", ergänzte der Mungo.

„Wieso?", fragte der Esel. „Ich finde sie ziemlich gut. Zwar verstehe ich die meisten nicht so richtig, aber ich bin sicher, sie sind ziemlich witzig."

„Mir dröhnt der Kopf davon", jammerte der Strauß.

„Und diese Flöhe hüpfen von einem Tier zum anderen, ohne auch nur zu fragen: ‚Dürfte ich mal?' oder: ‚Macht es dir was aus, wenn ich eine Weile auf deinem Rücken sitze?'", beschwerte sich der Ochse. „Das ist sehr unhöflich von ihnen."

„Sie verursachen mir Juckreiz", sagte die Ratte.

„Schon gut, schon gut!", seufzte Herr Noah. „Ich werde mit ihnen reden."

Als die Flöhe Herrn Noah kommen sahen, beschlossen sie, mit ihm Verstecken zu spielen. Nachdem er eine Stunde lang in der ganzen Arche herumgerannt war, wurde Herr Noah sehr ärgerlich.

„Ich werde über euch beide mit Gott reden müssen", sagte er. „Ich hoffe also, dass ihr zuhört, wo immer ihr steckt."

„Wir sind hier", rief Floho.

Herr Noah kratzte sich an der Hand. „Wo?"

„Auf deiner Hand", erklärte Flohu.

„Dieses schlechte Benehmen müsst ihr euch abgewöhnen", sagte Herr Noah streng. Die Flöhe seufzten.

„Das ist aber ziemlich traurig", meinte Floho. „Wir wollen doch nur Freunde finden."

„Deshalb hüpfen wir von einem Tier zum andern", murmelte Flohu kleinlaut. „Wir wünschen uns nur, dass irgendeins uns so mag, dass es uns bei sich bleiben lässt."

„Ihr müsst aufhören, die Tiere zu ärgern."

„Na gut", willigte Floho ein.

„Wenn du es sagst", stimmte auch Flohu zu.

Zwei Tage später kam Frau Noah zu Herrn Noah.

„Herr Noah, du musst jetzt endlich etwas wegen dieser Flöhe unternehmen", schimpfte sie.

„Was haben sie denn nun schon wieder angestellt?"

„Wenn sie nicht zu mir hüpfen, dann zu Rahel und Miriam. Wir müssen uns dauernd kratzen. Besprich die Sache mit Gott. Es muss etwas geschehen!"

Also sprach Herr Noah mit Gott.

„Es scheint keine Lösung zu geben, Gott. Ich weiß wirklich nicht, was ich machen soll."

„Es gibt immer eine Lösung."

„Das Einzige, was mir einfällt, ist, sie zu ertränken."

„Dazu müsstest du sie erst einmal fangen", lachte Gott.

„Ich finde das überhaupt nicht komisch!", empörte sich Herr Noah.

„Tut mir leid, Noah, aber versetz dich mal in die Lage der Flöhe. Sie wollen angenommen werden. Sie wollen Freunde finden, aber alle weisen sie zurück."

Da klopfte es an der Kabinentür. Es waren die beiden Igel.

„Entschuldige, Herr Noah, wenn wir dich stören, aber wir haben einen Vorschlag wegen der Flöhe zu machen."

„Kommt rein. Jeder Vorschlag ist höchst willkommen."

„Die Sache ist die: Wir sind es gewohnt, Flöhen eine Unterkunft zu bieten. Wir haben eine dicke Haut, und sie machen uns nichts aus …"

„Solange sie sich gut benehmen", schränkte der andere Igel vorsichtshalber ein.

„Uns machen auch ihre Witze nichts aus, solange die Flöhe sie sich gegenseitig erzählen und uns nicht damit belästigen."

Herr Noah erhob sich.

„Ihr seid eine echte Gebetserhörung", sagte er schlicht.

So fanden die Flöhe endlich ein Zuhause auf dem Rücken der Igel. Sie einigten sich darauf, nur noch drei Witze am Tag zu erzählen. Und auf dem Fest, das von den Elefanten organisiert wurde, führten die Flöhe waghalsige Kunststücke vor. Alle klatschten Beifall, obwohl keiner ihre erstaunlichen akrobatischen Leistungen wirklich sehen konnte – nicht mal der Esel, der sich sehr anstrengte.

„Das war sicher das, was man eine Illusion nennt", sagte er später am Abend zu seiner Frau.

„Aber eine ganz raffinierte. Sie hat uns allesamt zum Narren gehalten."

Seine Frau sah ihn liebevoll an. „Wahrscheinlich hast du recht", sagte sie freundlich.

Ein Blatt bringt Hoffnung

Nach vierzig Tagen und vierzig Nächten Regen kam stürmischer Wind auf, der die Wolken über den Himmel trieb. Der Adler bemerkte es zuerst. Er flog durch die Luke im Dach und rief aus Leibeskräften: „Der Regen hat aufgehört!"

Herr Noah streckte den Kopf hinaus in die Luft und spürte, wie ihm der frische Wind um die Nase wehte. Die Tiere jubelten, während die Vögel in Scharen aus der Arche flogen und sich in die Lüfte schwangen. Da waren Lerchen und Spatzen, Schwalben und Buchfinken, Eulen, Amseln, Drosseln, Zaunkönige und noch viele, viele andere. Alle Vögel, die Gott geschaffen hatte, erhoben sich und flogen eine Runde nach der anderen, stießen im Sturzflug hinab, sangen und trällerten und waren überglücklich, wieder einmal den Wind unter ihren Flügeln zu spüren.

Alle freuten sich an diesem Tag – außer Hanna, der Frau von Herrn Noahs jüngstem Sohn Jafet.

Das war sehr merkwürdig. Denn in den vergangenen vierzig Tagen und Nächten war Hanna immer fröhlich geblieben und hatte stets ein Lächeln auf den Lippen gehabt, trotz des trüben Wetters und der oft sehr niedergedrückten Stimmung der Tiere. Sie hatte für jeden ein aufmunterndes Wort übrig und sang den ganzen Tag, ob sie den Tieren nun Essen brachte, ihre Quartiere sauber machte oder die Kranken und Verletzten versorgte. Sie war freundlich und sanftmütig.

„Hanna bringt den Sonnenschein in die Arche", hatte Herr Noah oft zu seiner Frau gesagt.

Aber an dem Tag, als es endgültig aufhörte zu regnen, brach Hanna in Tränen aus, nachdem sie den ersten Blick aus der Dachluke gewagt hatte.

„Was ist denn los?", fragte Jafet besorgt.

Hanna schüttelte den Kopf.

„Hanna, was hast du?", wollte auch Herr Noah wissen.

„Ich hab mir das einfach nicht vorstellen können", schluchzte sie.

„Was?"

„Ich habe nie wirklich geglaubt, dass die ganze Welt überflutet sein würde."

Herr Noah schwieg.

„Ich habe immer gedacht, wenn der Regen aufhört, gehen wir alle auf den Hof zurück, und der schöne Garten, den ich angelegt habe, ist immer noch da, mit den vielen Blumen und Vögeln darin. Ich habe einfach nicht geglaubt, dass wir niemals dorthin zurückkehren können."

„Jetzt verstehe ich", sagte Herr Noah traurig. „Das tut mir sehr leid."

Während die Sonne mit jedem Tag kräftiger wurde und die Flut sich langsam zurückzog, blieb Hanna in ihrer Kabine. Sie wurde blass und dünn, und alle machten sich große Sorgen um sie.

„Wenn wir auf Land stoßen, werden wir einen neuen Garten anlegen", versprach Herr Noah.

„Es wird nicht derselbe sein", sagte Hanna.

„Nein. Aber mit Gottes Hilfe wird er ebenso schön."

Die Tiere versuchten alles zu tun, um Hanna aufzumuntern, denn sie hatten Hanna sehr gern. Die Kuh gab ihr frische Milch, die Giraffe erzählte ihr eine lange und nicht sehr witzige Geschichte, die Spinnen spannen ihr einen hauchdünnen Schal, der Pfau schenkte ihr eine seiner kostbaren Schwanzfedern. Selbst der Löwe und der Tiger statteten ihr einen Besuch ab. Und die Vögel erst! Sie flogen unablässig in ihre Kabine hinein und wieder hinaus und sangen ihr alle ihre Lieblingslieder vor. Aber Hanna wurde von Tag zu Tag schwächer.

Es dauerte eine Zeit, bevor der Spatz von Han-

nas Elend erfuhr. Er war klein und fürchtete sich vor den anderen Vögeln in der Arche. Wenn irgend möglich, flog er ihnen aus dem Weg, denn sie waren nicht nett zu ihm gewesen.

„Wie kannst du es wagen!", hatte der Habicht geschimpft, als der Spatz einen kleinen Krümel vom Tisch der Vögel gepickt hatte. „Für wen hältst du dich eigentlich, dass du dir den letzten, den besten und den köstlichsten Bissen wegschnappst?"

„Nur für einen kleinen Spatz", piepte der Spatz bescheiden.

„Eben, ein Spatz", brummte der Habicht. „Ein ganz gewöhnlicher Spatz."

„Sehr gewöhnlich", sagte der Pfau und sah an seiner langen Nase herab. „Nicht so schön wie ich."

„Nein. Ich bin nicht schön."

„Und auch nicht begabt", trällerte die Nachtigall. „Ich glaube nicht, dass du singen kannst."

„Ich kann singen, aber nicht so gut wie du."

„Bist du klug?", fragte die Eule und blinzelte heftig. „Ich schon. Ich kann dir die genaue Position der Arche sagen – nur indem ich die Sterne anschaue."

„Und wem soll das was nützen?", gab der Habicht zurück. Er sah den Spatz an. „Du bist gewöhnlich", sagte er. „Der gewöhnlichste von allen wilden Vögeln. Du bist so gewöhnlich, dass ich dich noch nicht mal fressen würde, wenn ich kurz vorm Verhungern wäre."

Der Spatz flog davon und versuchte, sich in einer dunklen Ecke der Arche unter dem Dach zu verstecken.

„Die anderen Vögel nennen mich gewöhnlich", sagte er zu seiner Frau.

„Das meinen sie nicht so", entgegnete sie.

„Sie sagen, ich bin ganz durchschnittlich, nicht so schön wie der Pfau."

„Wer will schon so sein wie dieser hochnäsige Vogel?"

„Ich bin nicht so weise wie die Eule."

„Ich glaube, du bist sehr klug."

„Aber was sie sagen, ist richtig", seufzte der

Spatz. „Ich bin klein und braun und gewöhnlich, und darüber bin ich sehr traurig."

„Mach dir nichts draus", versuchte seine Frau ihn zu trösten. Doch der Spatz wurde immer unglücklicher. Er hörte auf zu fressen und wäre gestorben, wenn Hanna ihn nicht eines Tages gesehen hätte, wie er da in einer dunklen Ecke zusammengekauert saß. Sie hatte ihn in ihre Hände genommen, seine Flügel gestreichelt und freundlich mit ihm gesprochen. Sie fütterte ihn persönlich, bis er wieder zu Kräften gekommen war.

Als der Spatz nun hörte, wie krank Hanna war, flog er früh an einem Morgen in ihre Kabine, ließ sich auf ihrem Kopfkissen nieder und blickte mitleidig in ihr blasses, schmales Gesicht.

„Kann ich dir irgendwie helfen?", fragte er. „Ich kann zwar nicht singen wie die Nachtigall, und ich habe keine schönen Schwanzfedern wie der Pfau. Ich bin auch nicht so klug wie die Eule. Aber wenn es irgendetwas gibt, was ich für dich tun kann, dann sag es mir bitte."

Hanna drehte sich zu ihm um. „Ein Blatt von einem Baum aus meinem Garten", sagte sie mit schwacher Stimme. „Wenn du mir das bringen würdest, wüsste ich, dass nicht alles zerstört ist."

„Aber das ist unmöglich."

„Es ist das Einzige, was ich mir wünsche."

Traurig flog der Spatz davon.

„Ist alles in Ordnung?", fragte Herr Noah, als er ihn vorbeifliegen sah. Der Spatz erzählte ihm, was vorgefallen war, und Herr Noah schüttelte den Kopf.

„Ich habe keine Ahnung, wo wir überhaupt sind. Vielleicht ist Hannas Garten Hunderte von Kilometern entfernt. Und selbst wenn wir gerade darüber hinwegschwimmen, wäre jetzt nichts mehr von ihm übrig."

Herr Noah blickte den Spatz an. „Außerdem bist du nicht stark genug, um eine solche Reise zu unternehmen. Und es ist auch nicht notwendig. Die Taube ist schon ausgeflogen und schaut, ob Land in Sicht ist. Geh doch lieber wieder zu Hanna und sing ihr etwas vor. Ich weiß, wie gern sie dich um sich hat."

Der Spatz dankte Herrn Noah für seinen Rat und flog davon.

„Das hab ich doch richtig gemacht, Gott, oder nicht?", fragte Herr Noah, als der Spatz fort war.

„Du hast das getan, was dir am besten erschien", antwortete Gott.

In der Zwischenzeit war der Spatz zu seinem Nest zurückgekehrt, hatte eine große Mahlzeit eingenommen, seine Frau geküsst und war durch die Luke im Dach geflogen. Er hatte eine wichtige Aufgabe zu erfüllen.

Den ganzen Tag lang flog er über das Meer, und

seine kleinen, hellen Augen hielten Ausschau nach einem Stück Land. Er flog der Sonne entgegen, und als die Sonne sank und die Nacht hereinbrach, flog er beim Schein des Vollmonds.

Mit der Zeit wurde der kleine Spatz hungrig und durstig, und seine Flügel waren so müde, dass er sich kaum noch in der Luft halten konnte. Als die Sonne am folgenden Morgen aufging, konnte der kleine Spatz nicht mehr. Seine Kehle war völlig ausgetrocknet, seine Augen tränten, und seine Flügel schmerzten bei jeder Bewegung unerträglich.

„Herr Noah hatte recht", dachte der kleine Spatz. „Ich bin einfach zu schwach."

Und bei diesem Gedanken wich der letzte Rest von Kraft aus seinen Flügeln. Der kleine Spatz fiel.

Doch statt ins kalte Meer zu stürzen, landete er auf einem einzelnen Ast, der aus dem Wasser herausragte und eine Handvoll Blätter trug.

Mit letzter Kraft zupfte der Spatz eines ab.

„Es ist zu spät", dachte er traurig. „Ich werde es niemals schaffen, zur Arche zurückzufliegen." Und er schloss die Augen, als er spürte, wie er vom Ast herunterrutschte.

In diesem Augenblick kam ein Wind auf. Die Federn des Spatzen sträubten sich. Der Wind fuhr ihm unter die Flügel, hob ihn vom Ast empor und trug ihn hoch über das Meer.

In der Arche sprach Herr Noah mit Gott über den verschwundenen Spatz.

„Ich mache mir solche Sorgen um ihn, weil er so klein ist."

„Er hat ein großes Herz", sagte Gott.

„Ich weiß, aber er ist nicht stark. Ich habe Angst, er könnte ertrunken sein."

Während Herr Noah mit Gott redete, legte sich der Wind, und der Spatz fiel durch die Dachluke auf den Boden der Arche. Er hielt das Blatt immer noch fest im Schnabel. Keiner sah ihn kommen. Mit allerletzter Kraft schleppte er sich in Hannas Kabine und legte das Blatt auf ihr Kissen.

Hanna betrachtete es staunend. Vorsichtig berührte sie es. Dann sah sie den Spatz an und merkte, wie dünn und müde er war.

„Du hast das geholt, für mich?"

„Ja."

„Von einem Baum aus meinem Garten?"

Der Spatz seufzte. „Ich weiß nicht. Vielleicht."

Langsam setzte Hanna sich im Bett auf und nahm den Spatz behutsam in ihre Hände.

„Ganz sicher ist das Blatt aus meinem Garten." Sie lächelte den Spatz an und streichelte sein Köpfchen. „Danke. Vielen, vielen Dank. Jetzt müssen wir was zum Fressen und Wasser für dich holen. Dann schauen wir, wo trockenes Land ist und ein

Ort, an dem ich einen neuen Garten anlegen kann.
Willst du dort mit mir leben?"

„Ach ja, bitte", seufzte der Spatz völlig erschöpft,
aber überglücklich.

Kurze Zeit später klopfte Herr Noah an Hannas
Kabinentür. Als niemand antwortete, trat er in die
Kabine, doch sie war leer.

„Du findest Hanna und den Spatz auf dem
Dach", erklärte Gott.

Herr Noah nahm das kleine grüne Blatt in die
Hand, das immer noch auf Hannas Kissen lag, und
starrte es verwundert an.

„Stell keine Fragen", sagte Gott freundlich.

Land in Sicht!

Die Arche, die Herr Noah nach Gottes Anwei-
sung gebaut hatte, um seine Familie und jeweils
zwei von jeder Tierart vor der Flut zu retten, trieb
auf dem weiten, offenen Meer dahin. Der Regen
hatte aufgehört, und die Sonne strahlte von einem
wolkenlosen Himmel herab. Die Tiere freuten
sich, dass sie endlich an die frische Luft kamen,
setzten sich abwechselnd aufs Dach, streckten sich
in der Sonne aus und hielten Ausschau nach Land.

„Ich suche Land, obwohl ich nicht weiß, wie wir
an Land kommen sollen, selbst wenn wir welches
finden", jammerte der Affe. „Schließlich kann man
die Arche nicht steuern."

Der Biber schüttelte den Kopf. „Leider sind keine Ruder an Bord", sagte er. „Großer Fehler."

„Wir müssen nur warten, bis die Flut zurückgegangen ist", meinte der Tiger. „Mir macht das
nichts aus." Er streckte sich wohlig aus. „Das
ist das wahre Leben. Ich könnte mich direkt an
Kreuzfahrten gewöhnen."

„Das sagst du", erregte sich eines der Rentie-
re. „Für meinen Geschmack ist es hier etwas zu
warm."

„Wir werden bald Land sehen", gurrte die Taube

sanft. „Es ist schon einige Tage her, seit ich den Öl-baumzweig gefunden habe. Und die Sonne trock-net die Fluten sicher bald aus."

Der Adler, der hoch über ihnen schwebte, blick-te auf die Wassermassen um die Arche herum, seufzte und schüttelte den Kopf.

„Es ist doch ziemlich traurig, wenn man bedenkt, dass wir jetzt die einzigen Lebewesen sind, die auf der Welt übrig geblieben sind."

Aber da lag der Adler falsch. Es gab noch viele Le-bewesen auf der Welt, denn im Meer wimmelte es von Tieren. Und als die Arche in ihre Sichtweite kam, schwammen die Fische aufgeregt um sie herum.

„Komischer alter Kahn, wenn ihr mich fragt", bemerkte der Hai verächtlich.

„So was Sonderbares hab ich ja noch nie gesehen", meinte eine Flunder. Sie tauchte unter die
Arche. „Bin überrascht, dass das Ding überhaupt
schwimmt."

„Seht ihr all diese Tiere?", fragte eine Sardine.

„Wenn das Ding sinkt, gibt's reiche Beute",
grinste der Hai und zeigte seine messerscharfen
Zähne. Die kleineren Fische schwammen hastig
davon.

„Glaubst du denn, dass es kentern wird?", fragte
ein Wal.

„Und ob!"

„Ich hab so was auch noch nie gesehen", sagte
ein Delfin. „Was mag es wohl sein?"

„Irgendein Spinnkram", meinte ein Zitteraal.

„Kommt weg, Kinder! Sonst tut ihr euch noch weh", rief ein großer Tümmler seinen Jungen zu und bugsierte sie aus der Gefahrenzone.

Die Tage vergingen, und die Arche war immer noch nicht gesunken. Allmählich verloren die meisten Meerestiere das Interesse und schwammen davon. Aber der Delfin blieb in der Nähe der Arche und fragte sich immer wieder, warum hier ein so seltsames Gefährt herumschwamm.

„Wohin es wohl will?", fragte er einen Seeigel.

„Was weiß ich."

„Das ist doch sehr seltsam: Es hat kein Segel, und niemand rudert."

Noch immer schwamm die Arche auf dem Wasser umher.

„Ich wäre so gern auf diesem Schiff", sagte der Delfin zu einem Heilbutt.

„Ich nicht", entgegnete dieser. „Nicht bei all diesen fischfressenden Tieren an Bord. Eins kann ich dir sagen", fuhr er mit warnender Stimme fort. „Es ist noch nie was Gutes dabei herausgekommen, mit Landtieren Umgang zu pflegen."

Aber der Delfin hörte gar nicht zu, und der Heilbutt schwamm davon.

Vierzig Tage und vierzig Nächte lang war der Delfin neben der Arche geschwommen. Als der Regen endlich aufhörte und die Sonne hervorkam, erhoben sich die Vögel scharenweise in den strahlend blauen Himmel, und die anderen Tiere drängten sich auf dem Dach der Arche zusammen. Der Delfin schwamm näher heran und wünschte sich sehnlichst, bei den anderen zu sein. Schließlich hielt er es nicht mehr länger aus. Er wartete, bis eine große Welle kam, und als die ihn hochtrug, tat er einen mächtigen Sprung.

Er landete auf dem Deck, direkt auf dem Tiger.

„Uff!", rief der Tiger. „Was war denn das?"

„Wirft Gott etwa Blitze vom Himmel?", fragte die Eidechse.

„Tut mir leid", sagte der Delfin. „Ich wollte dich nicht zerquetschen."

„Hallo", rief Herr Noah erfreut. „Wo kommst denn du her?"

„Aus dem Meer."

Mittlerweile hatte sich eine Gruppe interessierter Tiere versammelt, die argwöhnisch um den Delfin herumlief.

„Na, das ist ja was!", bemerkte der Affe erstaunt. „Diese Reise steckt wirklich voller Überraschungen. Kaum habe ich all die wundersamen Tiere in der Arche kennengelernt, da fällt noch ein Fisch vom Himmel!"

„Ich bin kein Fisch", stellte der Delfin klar. „Ich bin ein Säugetier."

„Du bist ein blinder Passagier", zischte die Gans. „Und du dürftest überhaupt nicht auf dieser Arche sein!" Sie streckte ihren langen Hals drohend aus.

„Hör auf damit", wies Herr Noah sie zurecht. „Der Delfin ist unser Gast."

„Aber ein ungebetener", murmelte der Mungo.

„Hast du etwa deine Fahrt bezahlt?", wandte das Erdferkel ein.

„Nö."

„Und du auch nicht", fuhr die Eidechse das Erdferkel an. „Also mach mal halblang."

„Wir sind die Auserwählten Gottes", sagte die Gans selbstgerecht. „Dich hat Gott nicht ausgewählt. Also solltest du besser wieder verschwinden."

„Tut mir leid, aber ich weiß nicht, ob das möglich ist."

„Wie bist du überhaupt an Bord gekommen?", fragte Herr Noah. „War es ein Unfall?"

„Nun ja", murmelte der Delfin. „Eigentlich nicht. Ich bin euch während der ganzen Reise gefolgt. Es wurde sehr langweilig auf der Welt, nachdem alles überflutet war. Nirgends gab es mehr Buchten, die ich auskundschaften konnte, und das mache ich doch so gerne." Er seufzte. „Für mich sah es so aus, als hättet ihr großen Spaß auf der Arche."

„Spaß!", höhnte der Affe verdrießlich. „So würde ich das nun wirklich nicht nennen."

„Ich finde, es ist sehr schön, einem Delfin zu begegnen", freute sich der Elefant. „Mal ein anderes Wesen, das man normalerweise nicht trifft. Ich bin entzückt, deine Bekanntschaft zu machen."

Die Nachricht von der Anwesenheit des Delfins verbreitete sich in Windeseile. Im Nu war er von einem stetigen Besucherstrom umgeben. Doch als die Stunden vergingen und die heiße Sonne erbarmungslos auf den Rücken des Delfins niederbrannte, wurde er allmählich müde.

„Es war wirklich sehr schön bei euch. Aber ich glaube, ich sollte jetzt lieber nach Hause gehen", sagte er schließlich mit schwacher Stimme. „Ich fühle mich gar nicht gut."

Herr Noah berührte ihn vorsichtig. Die Haut des Delfins fühlte sich trocken und rau an.

„Wasser", hauchte der Delfin mit letzter Kraft. „Ich brauche Wasser. Meine Haut darf nicht austrocknen."

„Ich werde sehen, was ich tun kann."

Herr Noah ging in seine Kabine, um mit Gott zu sprechen.

„Rede mit den Elefanten", sagte Gott. „Sie werden helfen."

Also redete Herr Noah mit den Elefanten.

„Überlass das uns", sagten sie und lehnten sich über die Bordwand der Arche. Sie saugten mit ihren langen Rüsseln Wasser auf, drehten sich um und besprühten den Delfin damit. Der Delfin wurde langsam wieder munter.

„Wie dumm ich doch bin", sagte er schließlich zu Herrn Noah. „Wenn ich im Meer geblieben wäre, würde ich auf den Wellen reiten und mit den anderen Delfinen spielen. Wie konnte ich nur glauben, ich hätte in der Arche mehr Spaß?" Sehnsüchtig blickte er in die Fluten. „Ich wünschte, ich könnte zurück."

Herr Noah sprach wieder mit Gott.

„Wie kann ich ihn wieder ins Meer schaffen,

Gott? Er ist so schwer und noch dazu so glitschig. Ich habe Angst, ihn zu verletzen. Aber ich glaube nicht, dass er in der Arche lange überleben wird."

„Nein", sagte Gott. „Er muss zurück ins Wasser. Sprich doch mal mit den größten Tieren. Vielleicht haben sie ja eine Idee."

Also berief Herr Noah eine Versammlung der größten und schwersten Tiere ein. Das Nashorn, das Nilpferd, das Bison, der Ochse und all die anderen „Schwergewichte" gesellten sich zu den Elefanten, die bei dem Delfin standen.

„Worum geht es eigentlich?", wollte das Nashorn wissen.

Aber keiner antwortete, denn die Arche begann sich unter dem Gewicht der schweren Tiere, die sich alle auf einer Seite versammelt hatten, bedenklich zu neigen. Und als noch mehr Tiere hinzukamen, kippte das Schiff noch weiter.

Langsam begann sich der Delfin zu bewegen. Schneller und schneller rutschte er auf den Rand des Decks zu, bis er mit einem Riesenplatsch ins Meer glitt. Dabei schwappte eine mächtige Welle hoch, die den umherstehenden Tieren eine kräftige Dusche verpasste.

„Macht schnell!", rief Herr Noah ihnen zu. „Die Hälfte von euch läuft jetzt auf die andere Seite der Arche, sonst kentern wir!"

Und so stampften das Bison und das Nashorn mit lautem Getöse auf die andere Seite, und die Arche richtete sich wieder auf.

„Mir ist schlecht", stöhnte der Emu. „Bestimmt bin ich seekrank geworden."

„Danke!", rief der Delfin und tauchte fröhlich in die Wellen.

„Danke, Herr Noah! Danke, ihr Elefanten und anderen Tiere! Kann ich euch auch einen Gefallen tun?"

„Wenn du Land siehst, komm her und sag es uns!", rief Herr Noah zurück. Fröhlich sauste der Delfin davon.

„Diese kleine Aufregung hätten wir auch noch gut überstanden", seufzte der Tiger am nächsten Tag und ließ sich wieder oben auf dem Dach nieder.

„Es war äußerst unangenehm", meinte der Emu. „Ich war sicher, wir würden kentern."

„Endlich mal was anderes", meinte das Erdferkel. „Ein bisschen Spaß in einem ansonsten stinklangweiligen Leben." Es blickte aufs Meer hinaus. „Kein Land in Sicht."

„Überhaupt nichts in Sicht", gackerte die Gans.

„Aber das Land kann nicht weit weg sein", behauptete die Taube. „Ich hab doch ein Blatt und einen Zweig gefunden."

Der Emu rümpfte die Nase. „Und das musst du uns ständig unter die Nase reiben."

„Du bist doch nur neidisch, weil du es nicht gefunden hast", sagte das Erdferkel.

Bevor sie weiter streiten konnten, herrschte plötzlich große Aufregung an Deck. Der Delfin war zurückgekehrt und schwamm neben der Arche hin und her.

„Land!", rief er. „Sagt Herrn Noah, dass ich Land entdeckt habe!"

Herr Noah kam angerannt. „Wo? Ist es weit weg?"

„Nicht weit", sagte der Delfin, drehte sich um und schwamm davon. „Folgt mir!"

„Das können wir nicht! Wir können die Arche nicht steuern."

Der Biber schüttelte den Kopf. „Was hab ich gesagt?", rief er in die Runde. „Es war ein großer Fehler, dass wir keine Ruder mitgenommen haben."

Der Delfin schwamm zurück. „Ihr könnt die Arche nicht steuern?"

„Nein", sagte Herr Noah. „Wir haben weder Segel noch Ruder."

Der Delfin war auf einmal verschwunden.

„Du wirst sicher deine Gründe haben, warum wir kein Segel und keine Ruder mitnehmen sollten", sagte Herr Noah zu Gott. „Bitte glaube also nicht, dass ich an dir zweifle, denn du hast uns diese ganze Reise lang gut geführt. Aber es ist schon ein dummes Gefühl, zu wissen, dass das Land so nah ist und wir nicht hinkommen können."

„Aber Noah", sagte Gott, „hab doch ein wenig mehr Vertrauen."

„Ja", seufzte Noah. „Ich will es versuchen."

Früh am nächsten Morgen, als Herr Noah oben auf dem Dach der Arche stand und den Sonnenaufgang beobachtete, bemerkte er aus dem Augenwinkel eine Bewegung im Wasser. Zuerst sah es aus wie mächtige Wellen, aber als es heller wurde, konnte Herr Noah erkennen, dass riesige Fischschwärme den Wirbel verursachten. Der Delfin führte sie an.

„Wir sind gekommen, um euch an Land zu führen", rief der Delfin. Und seinen Freunden befahl er: „Also los, umrundet die Arche!"

Vier Delfine, zwei Haie, ein Killerwal und eine ganze Schar Tümmler verteilten sich um die Arche.

„Alles klar?", rief der Delfin. „Jetzt schwimmt!"

Die Meerestiere nahmen die Arche in ihre Mitte und schwammen los.

„Danke!", rief Herr Noah.

„Danke, danke!", ertönte es aus allen Winkeln der Arche, während die Vögel sich hoch hinauf in die Lüfte erhoben.

Rasch wurde die Arche vorwärtsgeschoben, und bald konnte Herr Noah Land sehen.

„Jetzt werdet ihr von der Strömung an Land ge-spült", sagte der Delfin.

„Auf Wiedersehen, Herr Noah. Auf Wieder-sehen, Elefanten. Danke, dass ihr mir das Leben gerettet habt. Auf Wiedersehen, ihr Tiere. Hat Spaß gemacht, euch alle kennenzulernen."

Der Delfin winkte noch ein letztes Mal mit seiner Flosse, drehte dann ab, und die anderen Meeres-tiere folgten ihm.

„Dank Gott", sagte Herr Noah, als die Arche sich schließlich endgültig auf das Land zubewegte.

Das große Versprechen

Die Arche landete mit einem Ruck auf dem Gipfel des Berges Ararat.

„Wir sind da!", rief die Giraffe, die gerade auf dem Dach stand. In ihrer Aufregung stolperte sie die Leiter hinunter und fiel in die große Halle.

„Bist du sicher?", zweifelte der Panther.

„Autsch!", stöhnte die Giraffe und rieb sich den langen Hals. „Natürlich bin ich sicher!"

„Hurra!", trompetete der Elefant.

„Endlich!", rief der Gepard aus. „Wie freue ich mich auf den ersten rasanten Lauf an der frischen Luft!"

„Ein Galopp durch die Weite der Prärie!" Das Bison war begeistert.

„Sich in einem erstklassigen Wasserloch wälzen!", rief das Nashorn dröhnend.

„Ein oder zwei Flüsschen zum Dämme bauen", murmelte der Biber bescheiden.

Die Tiere blickten einander an und verstummten plötzlich.

„Und doch …", begann der Biber.

„Genau", nickte der Gepard.

„Das habe ich auch gerade gedacht", meinte der Elefant.

„Wie wird es wohl draußen aussehen?", fragte der Strauß. „Ist es – nun – sicher?"

„Die Arche hat sicher ihre Nachteile, aber zumindest ist sie ein sicherer Ort", bemerkte der Emu nachdenklich.

Der Tiger blickte ihn erstaunt an. „Ich hatte den Eindruck, dass du nicht gerade gern hier bist. Du hast oft genug gejammert."

„Ja, ich weiß", gab der Emu verlegen zu. „Aber so bin ich nun mal – ein wahrer Jammerlappen. Ihr hättet das nicht so ernst nehmen sollen."

„Das haben wir auch nicht", sagte der Tiger.

„Ruhe!", rief der Adler. „Der große Augenblick ist gekommen!"

„Das hätte ich sagen müssen", beklagte sich der

Löwe. „Schließlich bin ich Herrn Noahs Stellvertreter."

„Einer von Herrn Noahs Stellvertretern", stellte der Tiger klar.

Herr Noah, seine Frau, seine drei Söhne und ihre Frauen kamen in die große Halle.

„Merkwürdig", meinte der Fuchs. „Daran habe ich noch nie gedacht."

„Woran?", summte die Wespe.

„Warum hat Gott wohl Herrn Noah erlaubt, seine ganze Familie mit auf die Arche zu bringen? Von uns sind schließlich nur jeweils zwei da."

„Günstlingswirtschaft", sagte der Affe verdrießlich. „Gott liebt Menschen mehr als uns."

„Ach, das glaube ich nicht", erwiderte der Biber. „Ich glaube, wir sind alle sehr begünstigt und haben keinen Grund, uns zu beklagen."

„Hört, hört!", rief der Emu, und alle starrten ihn verwundert an.

„Acht", sagte die Eule plötzlich.

„Acht was?", fragte der Biber.

„Acht Menschen. Herr Noah, Frau Noah – das macht zwei. Ihre Söhne, Sem, Ham und Jafet – das sind drei mehr und macht …" Sie dachte einen Augenblick nach. „… Fünf. Und ihre drei Frauen – das macht acht."

„Na toll", meinte der Affe sarkastisch.

„Ja, das ist toll", meinte der Esel aufrichtig. „Ich könnte nicht so gut kopfrechnen."

„Mir liegt das eben", erklärte die Eule.

„Ich glaube, Gott hat Herrn Noah erlaubt, seine ganze Familie in die Arche zu bringen, weil es hier viel zu viel Arbeit für zwei Personen gab", sagte die Haselmaus nachdenklich. „Es war sicher nicht leicht, sich um uns alle zu kümmern."

„Wenn Herr Noah nicht gewesen wäre, wären wir nicht vor der Flut gerettet worden", fügte der Biber hinzu.

„Wenn es überhaupt keine Menschen gegeben hätte, hätte Gott gar keine Flut schicken müssen", murmelte der Schakal leise. Aber keiner hörte ihm zu, denn in diesem Augenblick öffnete Herr Noah die großen Türen der Arche.

Sonnenlicht strömte herein. Die Tiere stürzten zum Ausgang.

„Stellt euch hier auf!", knurrte der Tiger und erinnerte sich plötzlich an seine Aufgabe als einer von Herrn Noahs Stellvertretern. „Immer zwei nebeneinander, so ist's richtig. Bitte kein Gedrängel. Wir wollen Gott zeigen, dass wir uns zu benehmen wissen."

Die Tiere stellten sich paarweise auf, und Herr Noah führte sie aus der Arche hinaus auf das trockene Land. „Fühlt sich ... irgendwie komisch an", sagte das Schwein und trottete unsicher auf dem dichten, grünen Gras herum. „Habt ihr nicht das Gefühl, dass immer noch alles von einer Seite auf die andere schlingert?"

„Ach wie gut, wieder die Beine ausstrecken zu können!", freute sich das Bison. Es sah auf die Ameisen hinab, die neben ihm hertrippelten. „Können wir euch irgendwohin mitnehmen?"

Die Ameisen hielten in ihrem Lauf inne. „Nein", sagte eine von ihnen unsicher, „denn ich weiß gar nicht, wohin wir gehen sollen."

Und tatsächlich blieben alle Tiere plötzlich stehen und blickten sich beinahe ängstlich um.

„Es ist nur ein bisschen ... nun, beängstigend, wieder neu anzufangen", sagte der Maulwurf. „Wir könnten anfangen zu graben, denke ich, aber irgendwie ..." Er verstummte.

Selbst die Vögel hatten sich auf dem Boden niedergelassen, als fürchteten sie sich, fortzufliegen.

„Es ist alles so ... so groß", staunte das Bison unsicher. „Blöd eigentlich, dass ich das sage. Schließlich habe ich mich immer darüber beklagt, dass die Arche so klein ist."

„Wir haben uns an die Arche gewöhnt", bemerkte der Leopard.

„Zu sehr gewöhnt", meinte die Ratte trocken. „Wir sind wie Gefangene, die sich fürchten, wenn sie wieder in die Freiheit entlassen werden."

„Und du weißt natürlich alles über Gefängnisse", sagte der Pfau. Er entfaltete seinen prachtvollen Schwanz und fröstelte. „Der Wind fühlt sich so merkwürdig an."

Alle verstummten und wandten sich Herrn Noah zu. Er hatte den ganzen Morgen damit verbracht, eine lange Abschiedsrede vorzubereiten. Nun blickte er auf die Tiere und hatte alles vergessen, was er sagen wollte. Er fühlte sich genauso unsicher wie sie.

„Ich wünschte fast, wir wären immer noch an Bord der Arche", dachte er.

Plötzlich schob sich eine Wolke vor die Sonne. Der Fuchs blickte auf.

„Schaut lieber nicht hin! Aber ich glaube, es fängt wieder an zu regnen", sagte er. „Da haben wir den Salat. Alle Mann zurück in die Arche!" Das klang gar nicht fröhlich.

Als die ersten Regentropfen vom Himmel fielen, liefen die Tiere aufgeregt zur Arche zurück.

„Ist das wahr, Herr Noah?", meckerte die Ziege. „Wird es wieder eine Flut geben?"

„He, wartet einen Augenblick", sagte das Schwein und blieb plötzlich stehen. „Ich dachte, wir hätten fast alle Vorräte aufgebraucht. Wie sollen wir jetzt überleben?"

Die Tiere blieben stehen und starrten Herrn Noah an. „Fängt jetzt etwa alles wieder von vorne an, Gott?", fragte Herr Noah.

„Sieh mal nach oben, Noah", antwortete Gott.

Herr Noah blickte auf. Obwohl es immer noch regnete, war die Sonne wieder hinter der Wolke hervorgekommen. Ganz deutlich konnte Herr Noah am Himmel einen bunt schimmernden Bogen erkennen. Rot, orange, gelb, grün, blau und violett strahlte er auf.

„Dieser Regenbogen ist mein Versprechen an dich", sagte Gott. „Nie wieder werde ich eine Flut schicken, welche die Erde zerstört. Wann immer du einen Regenbogen am Himmel siehst, wirst du an dieses Versprechen erinnert. Jetzt rede mit den Tieren, Noah. Gib ihnen Hoffnung für die Zukunft und mach ihnen Mut für die Herausforderungen, die vor ihnen liegen."

„Aber ich habe selbst Angst, Gott", sagte Herr Noah. „Und ich habe die Rede ganz vergessen, die ich vorbereitet hatte."

„Sprich einfach frei von der Leber weg und sage, was du fühlst", riet Gott. „Überlass mir den Rest."

So trat Herr Noah zum letzten Mal vor und erhob die Hände. Die Tiere verstummten.

„Liebe Tiere", rief Herr Noah. „Meine Freunde. Ich habe versucht, das zu tun, was Gott von mir wollte, und manchmal habe ich es bestimmt nicht sehr gut gemacht. Aber Gott war es, der in Wirklichkeit die Verantwortung trug und immer tragen wird. Vertraut auf ihn, und es wird euch gut gehen."

„Werden wir dich jemals wiedersehen?", fragte die Haselmaus.

„Ihr wisst, wo ihr mich finden könnt", antwortete Herr Noah. „Ihr seid jederzeit willkommen." Er sah die Flöhe an. „Ihr alle."

Nach diesen Worten hob er noch einmal die Hände, segnete alle Tiere und rief ihnen ein herzliches Lebewohl zu.

464